蓝 天◎著

sudoku

数独技巧

从入门到精通 ·游戏版·

中国铁道出版社有限公司
CHINA RAILWAY PUBLISHING HOUSE CO., LTD.

内 容 简 介

  数独是一种充满乐趣的逻辑推理游戏。它规则简单，且能全面锻炼人们的逻辑思维能力、推理判断能力、观察能力，因此广受欢迎、让人着迷。如果能运用一些技巧，那么就能体验到数独的更多乐趣。

  本书内容涵盖了数独初级、高级和终极的内容，生动具体地介绍了数独游戏的技巧和心法，又针对比较有代表性的谜题做了全面详解，把重点放在如何在解题中更好地运用这些技巧，帮助读者在实战中快速掌握，灵活运用，真正做到精通数独。

  同时还提供了网站、论坛、贴吧等多种方式，让读者与作者在手机端和 PC 端都能做题及 PK，以便能够更好地学习交流。

图书在版编目（CIP）数据

数独技巧从入门到精通：游戏版/蓝天著.—
北京：中国铁道出版社有限公司，2021.4
  ISBN 978-7-113-27526-6

  Ⅰ.①数… Ⅱ.①蓝… Ⅲ.①智力游戏 Ⅳ.
①G898.2

  中国版本图书馆 CIP 数据核字(2020)第 260894 号

书 名：数独技巧从入门到精通（游戏版）
     SHUDU JIQIAO CONG RUMEN DAO JINGTONG（YOUXIBAN）
作 者：蓝 天

策 划：巨 凤   读者热线电话：（010）83545974
责任编辑：巨 凤 韩丽芳
编辑助理：魏 明
责任印制：赵星辰   封面制作：宿 萌

出版发行：中国铁道出版社有限公司（100054，北京市西城区右安门西街 8 号）
印 刷：三河市兴达印务有限公司
版 次：2021 年 4 月第 1 版 2021 年 4 月第 1 次印刷
开 本：710 mm×1000 mm 1/16 印张：14.25 字数：238 千
书 号：ISBN 978-7-113-27526-6
定 价：45.00 元

前 言

数独作为益智休闲游戏、训练思维的健康媒介、综合测评反应速度和逻辑能力的科学方式，受到越来越多人士的欢迎及认可。由于其规则简单、做题形式便捷，使初学者很容易上手。但数独题的难易度跨度很大、技巧也很庞杂。如果对相关常识和技巧原理不甚了解，轻则在提升道路上困难重重，重则误入歧途损耗精力和热情。

现今网络时代资讯爆炸，网上题源和技术资讯都比之前丰富了很多，但也因此使得相关资讯过于杂乱、名词注解各执一词、心得教程参差不齐、技术体系鱼龙混杂，往往让新手一头雾水而不容易深入领略数独的奥义。

笔者因酷爱数独，自 2007 年接触数独以来，担任过"欧泊颗"数独网站站长、百度数独吧吧主、数独兴趣部落大酋长，平日可以接触到各层次数独爱好者群体，深知新手之所需，现有幸得此机会写一本全面介绍标准数独技巧概况的科普书籍，能为广大数独爱好者拨云见日，尽一点绵薄之力而倍感欣慰。书中介绍了国内数独实战技术前沿内容及分享了多年的数独心得见解，也为自己将近十年接触数独做个阶段性的总结。

1．本书结构

本书内容和结构主要分为"技巧讲解""分级题库"和"例题详解"这三大部分。

书中技巧讲解部分是本书的灵魂内容。采用大跨度技巧融于一书的讲解方式，为各水平爱好者全面了解技巧体系提供了范本。无论作为入门者

I

的学习资料还是进阶者补遗查缺的技巧知识，都是较为实用和系统的。

关于技巧分类，本书的标准是建立在玩家真实解题感受之上的，无论是基础篇中针对新手进阶和竞速玩家的建议，还是高级篇、终极篇中对于技巧的分类归纳，都是以玩家真实做题和观察作为出发点的，并不是按照某些数独分析软件上的机械式或程序思维进行分类的。

2. 玩家类型及定位

本书对数独玩家类型进行了分类，为圈内爱好者明确自身定位和了解其他爱好者，进而了解整个数独圈的组成提供参考。通常意义上的数独爱好者都是"娱乐玩家"，主要是以休闲娱乐或锻炼思维为目的进行数独游戏的。在娱乐玩家中，按追求目标不同大致又会分出两类玩家，一类是以竞速为目的和乐趣的"竞速玩家"，另一类是以使用并发现高难技巧为乐趣的"技巧玩家"。本书的技巧讲解就按上述三类玩家的定位不同分别给予不同的建议和指导。所以读者在阅读本书时可先对自己的类型和水平做初步评估，这样更利于选择针对性的内容进行阅读和学习。

由于书中技巧篇和心法篇所涉及内容较多、难度跨度较大，很可能出现某些内容是目前你并不需要或暂时不能理解的，千万不要认为只看几天书，书中所讲的概念和原理就可以全部掌握，马上成为高手，这显然是不现实的。无论是竞速高手还是技巧高手无一不是进行大量练习，具备丰富实战经验才可能诞生的。本书作为纲领帮你在这个修炼过程中指引方向，具体能走多远还要看自己的兴趣和能力。

对于普通娱乐玩家来说，通读一遍了解一些数独常识也是有益的，只是在做题练习时尽量做适合自己难度的数独题，否则徒然浪费精力和热情。当然，数独爱好者分类还有变形数独玩家、出题玩家和理论研究者等。

3. 本书特点及各章节简介

本书技巧篇将数独技巧按"理解难度"和"观察难度"进行分级，是笔者根据多年做题经验和对不同数独爱好者的观察后，综合给出的一个参考标准，为读者理解学习技巧提供一个宏观上的难度指标。理解难度主要针对学习此技巧时产生的难度，观察难度是在学会此技巧后做题时应用的难度。此外，还将技巧定位进行简单阐述和概括式总结放于各技巧的前面，方便后续查阅。

在初级技巧篇中，分类较细，完全按照初学者从接触数独开始到直观技巧熟练，所需要逐步掌握的技巧和观察模式进行分类。为新手学习和竞速玩家划分出一个技巧范围，让你有的放矢地可以针对技巧进行学习和练习。其中初级心法篇列举和解答了新手常遇到的问题，并给出相应的解决办法，为新手上路铺平了道路。

高级技巧篇对常见定式的结构进行条理性划分，每个技巧分类都用典型的技巧示意图举例讲解，为爱好者整理了完备的素材。心法篇中详细讲述了链的原理，为你在熟悉技巧的结构后再深入了解其原理做了详尽的说明，并为后续接触终极技巧做了铺垫。

对于"链"在这里简单说明几句。首先这个概念只是将朴素逻辑思维进行概括抽象的一个名词，其原理并不复杂深奥，只要理解准确并进行练习，相信大部分爱好者都可以掌握。但切记不要急于求成，链的学习和掌握本来就是一个漫长的过程，只有在解题时可以灵活运用并理解清晰才算掌握，并不是了解其定义就认为是真的懂"链"了。

最后的终极技巧篇将技巧分了几个大的类别，为高级技巧熟练后的玩家指引了提升的方向。书中并没有大篇幅介绍和划分终极技巧的分支和复杂结构，而是将技巧组合和重视原理作为解超难题的起点，毕竟最终是需要由玩家自己去亲自观察和运用逻辑推理的，并不像软件程序那样机械性地搜索和遍历暴力破解。笔者坚信只有人发现的奇思妙解才具美感，软件只在速度上有优势，但与美感还相距甚远。

4. 蓝天分级数独题库简介

书中的分级题库算是笔者一次新的尝试，将数独玩家可触及的解题范围按技巧和难度划分为九级，为不同玩家的不同游戏需求提供更多的选择空间。分级尽量做到不同级别间层次分明、各有特点、各有固定的爱好者群体；同难度内技巧组合丰富，观察变幻感十足，并朝着这个方向不断调整题库的精准度和多元度。

例题详解部分分别选取了不同难度的一道题，讲解了解题思路和大体策略，为初学者解题提供了一个参考范本。当然每个难度只讲一题远远不能涵盖这个难度中技巧的组合变化，玩家应在理解大概思路的基础上，自己在后期的实战解题中慢慢体会提高。

5．数独社交扩展资源

如果你在数独道路上遇到困难或有所心得，欢迎到百度数独贴吧、腾讯数独兴趣部落，以及蓝天数独读者的数独 QQ 群（118974946）等社交媒体上与爱好者沟通分享。在线的欧泊颗数独网站（www.oubk.com 或扫二维码进入）也是数独爱好者的乐园，上面有与本书难度对应的蓝天分级题库，此外还可以多人 PK，是人气极高的在线数独 PK 场所，在 PC 端和手机端均可以登录做题。

读者扫描二维码，配套的欧泊颗题库任你玩儿。

手机端界面

PC 端界面

6．总结及感谢

总之，本书是以技巧为脉络，心得体会为灵魂，实战讲解为指导，各种资源为支持的立体式数独教程。让你对数独常识、技巧体系、实战解题、数独圈概况有全方位的了解。本书目的及宗旨是为广大数独玩家提供一本技巧实战的秘籍，让有潜力的爱好者更轻易入门和提高，并能全方位地了解数独，提升数独圈整体的竞技水平和理论水准，传播"竞速与技巧"这两种数独理念。

最后由衷感谢"胡蒙汀（网名：探长）"为本书技巧体系提出的建议、提供的精彩解题思路和在技巧篇内容校正上做出的无可替代的贡献。

蓝天

2020 年 9 月

目 录

扫描二维码，配套
欧泊颗题库任你玩儿

数独解题技巧

一、数独规则与基本元素

数独是一种以数字为元素的益智游戏,从其规则中推演出的各种基础解题技巧和进阶解题定式,对解题者的逻辑思维能力、学习领悟力、观察力、专注力和应变能力等方面的提高有一定的辅助训练作用。

数独题难易跨度极大,同为九宫标准数独,简单的题在了解规则后,大多数人都可以轻易上手。而难度大的题对于有几年做题经验的老手来说也非常棘手。这种既可轻松入门又可深奥复杂,形式看似简单实则变幻无穷,同时兼具古朴经典与现代时尚的脑力游戏,注定受到不同层面爱好者的喜爱和追捧。

我们在这个部分中,需要了解数独的规则及常见基本元素,为我们了解数独和学习后面的解题技巧做好充分的铺垫。首先,我们先来看一道数独题,了解一下数独的样子,如图 1-1 所示。

1			7			5		
	2			9			6	
		3			8			2
8			4			3		
	9			5			1	
		1			6			8
4			6			7		
	5			1			8	
		2			7			9

图 1-1

下面来看一下这道数独题填满后得到答案的样子，如图 1-2 所示。

1	8	9	7	6	2	5	3	4
7	2	4	3	9	5	8	6	1
5	6	3	1	4	8	9	7	2
8	7	5	4	2	1	3	9	6
2	9	6	8	5	3	4	1	7
3	4	1	9	7	6	2	5	8
4	1	8	6	3	9	7	2	5
9	5	7	2	1	4	6	8	3
6	3	2	5	8	7	1	4	9

图 1-2

图中，黑色数字为已知数字，灰色数字为我们填入的数字，这个答案中的所有数字符合数独的规则——盘面中每一行、每一列、每一宫的数字都是 1 ~ 9 各出现一次。

下面我们来归纳总结一下数独的规则，并认识一下数独中行、列、宫等元素。

标准数独：将数字 1～9 填入空格内，使每行、每列及每宫内的数字均不重复。

图 1-3 中用灰色区域表示出三种不同的区域。横向九格组成的区域称作“**行**”，图中将 B 行涂成了灰色；纵向九格组成的区域称作“**列**”，图中将 7 列涂成了灰色；由粗线划分出的 3×3 格组成的区域称作“**宫**”，图中将四宫涂成了灰色。下面我们再把所有行、列、宫的位置名称介绍一下。

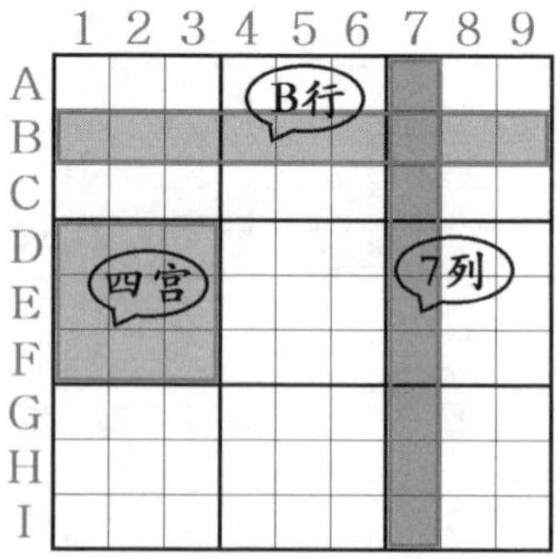

图 1-3

图 1-4 中"行"从上到下分别为 A 行~I 行;"列"从左往右分别为 1 列~9 列;"宫"从左上至右下分别为一宫~九宫。虽然宫的概念大家在日常生活中很少接触,但这个概念在数独中非常重要,而且这九个宫的位置也很重要,入门者需要熟记。

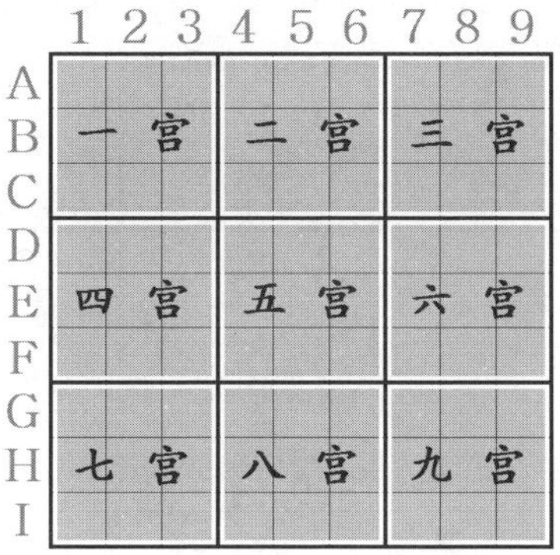

图 1-4

在了解行列位置的基础上我们要知道每个**格的位置名称**,其实也很简单,也就是将这个格的行坐标字母与列坐标数字组合在一起,如 F 行与 5 列交叉位置的格子我们就叫它 F5 格。

除了对行、列、宫、格子坐标等区域元素了解外,我们还要简单介绍一下数字的不同元素,对于刚刚接触数独的人来说,对已知数、候选数等大小不同的数字不太了解,往往会产生概念上的误解。

图 1-5 中黑色大个的数字为"**已知数**",也就是数独题初始时的已知条件,如 A2 格中的 3,已知数已作为题的初始条件必须给出一定的量,它是我们解题的依据。

灰色大个的数字为"**已确定数**",也就是我们根据已知数推理得到的确定正确的数字,如 A1 格中的 8,在大多数情况下,已知数和已确定数并没有什么区别,其作用都是继续推理余下空格中未确定数字的依据。

	1	2	3	4	5	6	7	8	9
A	8	3	2	1 4 5 9	4 5	4 5 6	4 5 9	5 6 9	7
B	4 6 9	1	4 5 6	7	2	4 5 6	3	5 6 9	8
C	4 6 9	7	4 5 6	4 5 9	3	8	4 5 9	2	4 5 6
D	5	4 9	1	2	7	3	6	8	4 9
E	3	2	4 8 9	6	4 5	1	4 5 9	7	4 5 9
F	4 6 9	4 6 8 9	7	4 5 9	4 5 9	4 5 9	2	1	3
G	2	4 5 8 9	4 5 8 9	3	6	4 5 7	1 7 9	5 9	1 9
H	1	4 5 6	4 5 6	8	9	2 4 5 7	5 7	3	2 5 6
I	7	5 6 9	3	1 5	1 5	2 5	8	4	1 2 5 6 9

图 1-5

盘面中除了确定的数字，还有很多小号灰色的数字，我们通常将其称为"**候选数**"或者"**提示数**"，如 B1 格中的 4、6、9 三个数字。候选数是指当前题中空格内可能填入的数字，也就是说图 1-5 中标有候选数的格子其实还是空格，只是由于观察需要或记忆需要时，我们可以在这些空格中标出格内有可能填入的数字。至于候选数的标与不标、标多与标少，标在哪里这些细节问题将在后面章节中详细讨论，这里只是给初学者一个基本介绍，具体如何用全凭个人习惯、流派和水平不同而有所差异。

二、基础数独技巧概述

（1）基础直观技巧释义

数独的解题过程就是一步步推理的过程，利用逻辑关系将数独规则中的要求变为一条条解题思路，本章介绍数独题中理解起来比较简单、应用比较便利、可以应对常规难度数独题的解题技巧。

所谓基础数独技巧，指数独题中常见或出现频率高的一些解题方法，通常我们也称之为"直观技巧"，顾名思义也就是不需要依靠太多候选数和标注，凭借观察已确定数字就可以应用的方法。

（2）学习技巧的建议

本章介绍的十余种技巧，难度差别还是较大的，尤其对于初学者而言，将这些技巧全部理解和掌握需要一些时间和练习。在这个过程中切莫急于求成，不要在没打好基础时就贸然去做难题或学习后面更难的技巧，否则很容易产生挫败感而对数独失去信心。这里给一个大概的时间参考，如果只为了娱乐和尝试新鲜思路技巧，建议选用的数独题在 10 ~ 30 分钟完成比较合适。如果为了练习熟练度，想参加竞速数独比赛，那选用的题应该在 2 ~ 10 分钟内完成比较合适。

本章内除了后两种方法思路稍复杂外，其余技巧理解起来并不困难。如果领悟能力强，大概半天时间就能理解。但在实战中做到灵活应用却需要做大量练习和反复改进调整。确切地说，掌握本章基础篇的技巧足以应付国内外各等级的数独比赛。因为比赛中的数独题对技巧的要求往往不会太高，但比赛中会有相当比例的变形数独，大多数变形数独的基础技巧和标准数独中的基础技巧相同，所以在接触变形数独前熟练掌握本章技巧也是非常必要的。变形数独由于新式条件的加入会演变出一些特有的技巧，这部分内容不在本书中讨论，有兴趣的爱好者可以参考其他书籍或网络资料。

（3）基础直观解法的必要性

如果在实战中能对本章内容熟练运用，达到炉火纯青的境界，恰好你的反应速度还比较快的话，那么恭喜你，你已经步入国内实战高手的行列，甚至还可以在一些数独比赛中崭露头角。对竞速方面比较感兴趣的爱好者可以看本章的解法和心得。

（4）需要耐心系统地逐步学习技巧

本章的技巧是所有数独爱好者都应该了解甚至需要全部掌握的解法和思路。考虑到读者的数独水平、年龄差距和理解能力的不同。本章讲解用最简单、最通俗、多角度的叙述方式，反复强调技巧重点，力求让所有读者都能看懂这一章的内容。本章技巧按照从易到难进行排列，不少技巧之间都有上下衔接关系，需要递进式学习。如果觉得本章内容过于简单，并且对数独技巧已经有了一定的了解，又对高级技巧感兴趣的爱好者也可以直接看后面的技巧篇章。

下面我们开始学习本章技巧篇的内容，在了解这些技巧的同时，请结合相对应的心法知识一起学习，只有对数独理解达到一定的认识程度时才能熟练地运用出所学的技巧招式。

初级技巧篇

1．单区唯一余数法

（1）技巧综合指数及定位

理解难度：0级　　**观察难度**：0级

技巧定位：任何难度的数独题中后期均可能出现的补数技巧，常与排除法一起运用，通常不单独讨论该技巧。

原理由来：由数独规则直接推导出的方法。

相似技巧：唯余解法。

（2）概念

首先我们来解释一下这个技巧的名字，单区指的是单独的一个区域。而区域是数独中非常常见的一个专有名词，我们可以简单地理解为一个区域就是填入一组1~9数字的格子。而标准数独中区域都有哪些呢？我们在第一章基本元素中已经有所介绍，那就是行、列和宫这三种不同的区域。

了解了单区这个概念后，唯一余数就好理解了，也就是说某一个区域内，如果只剩下最后一个空格，我们将这个空格填入数字的方法就叫单区唯一余数法。这个方法的原理很简单，由于数独规则要求每行、每列及每宫内的数字都是1~9各出现一次，那么在某行、某列或某宫中如果已经出现了八个数字，那么直接数一下缺少的数字填入即可。

（3）技巧示意图

	1	2	3	4	5	6	7	8	9
A	2	4	5			3			
B	6	3	8	7	4	2	9	5	?
C	1	7	?			5			
D						6			
E						1			
F						?			
G						9			
H						4			
I						7			

图 1-6

图 1-6 中一宫内只有 C3 一个空格，数一下此宫内已知的数字，发现缺少数字 9，所以 C3 格内只能填入数字 9，我们可以用 C3=9 来表示。同理，B 行唯一空格 B9=1，6 列唯一空格 F6=8。

这个技巧属于数独中最为简单的填数方法，只要知道数独规则就可以应用。

2. 宫内排除法

（1）技巧综合指数及定位

理解难度：1 级　　**观察难度**：1-2 级

技巧定位：任何难度的数独题中使用率都很高的技巧，是填数效率最高学习数独、了解数独所要掌握的第一技巧。

原理由来：由数独规则中“每行、每列和每宫内的每个数字只能出现一次”的要求推导出的方法。

相似技巧：行列排除法、区块排除法。

（2）概念

由于单区唯一余数法过于简单且实用性有限，通常来说数独技巧讲解的开篇都是宫内排除法。宫内排除法作为数独的第一个技巧已成为圈内共识，标准数独中，宫内排除法的使用频率也是非常高的，对于大多数玩家来说，解出一道题用到的大部分方法都是宫内排除法。

在讲宫内排除法之前，我们先来了解一下“排除”二字是什么意思，看下面示意图（见图 1-7）：

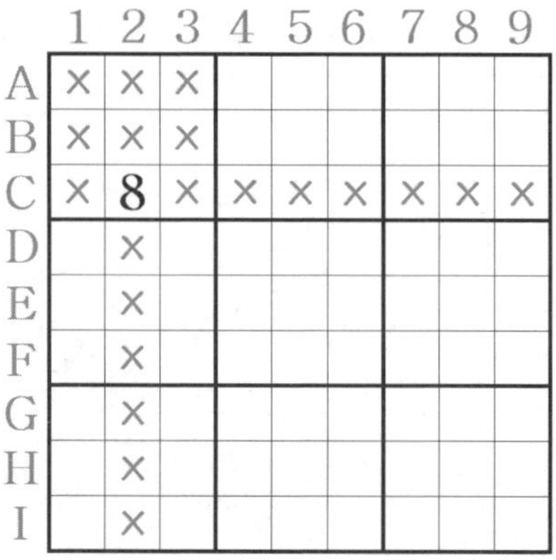

图 1-7

图 1-7 中 C2 格内有已知数 8，根据数独规则，每行、每列及每宫内同一个数字只能出现一次。那么与这个 8 同行、同列和同宫中的其他格内就不能再出现数字 8，否则就与数独规则相违背。我们在图中这些格内打了叉，表示这些格内不能再填入数字 8。这种根据已知数推导出在其同行、同列和同宫其他格不能再填入该数的思路就叫排除。

了解什么是排除后，我们再来进一步了解宫内排除法。简而言之，**利用某数字排除同区域其他格内该数字的作用，使得某宫内只有一个格子可以填入该数，就是宫内排除法。**

（3）技巧示意图

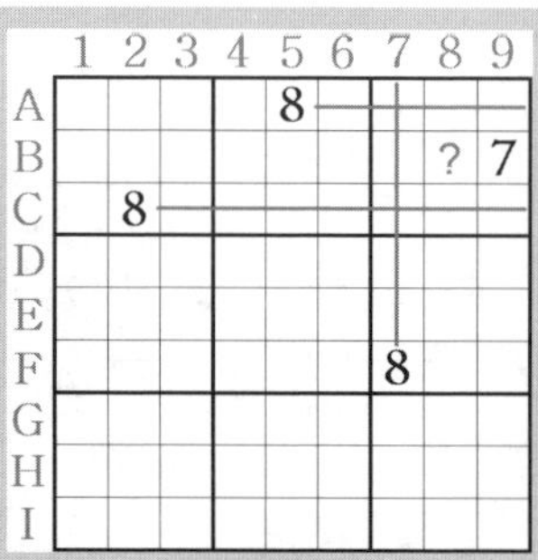

图 1-8

图 1-8 中 A5、C2 和 F7 这三格有已知数 8，这三个 8 都对三宫产生排除效果。三宫内目前并没有 8，根据数独规则三宫内必须出现一个 8，而三个已知的 8 把三宫中一些格子填入 8 的可能性给排除掉了。最终三宫内只有 B8 一个格可以填入 8。

图中用灰色直线来表示排除效果，便于读者观察排除路线，在解题时并不需要进行这些辅助画线，直接用眼睛判断排除的位置即可。

前面利用数字 8 对三宫进行排除后，使得三宫内仅有一格可以填入 8，符合我们所说宫内排除法的描述，是典型的宫内排除法技巧。除此之外宫内排除法还有几种不同的情况，需要大家简单了解一下：

图 1-9 中利用数字 7 对六宫进行排除，得到 F8=7。

图 1-10 中利用数字 1 对五宫进行排除，得到 F4=1。

图 1-11 中利用数字 6 对五宫进行排除，得到 E5=6。

图 1-12 中利用数字 9 对五宫进行排除，得到 F6=9。

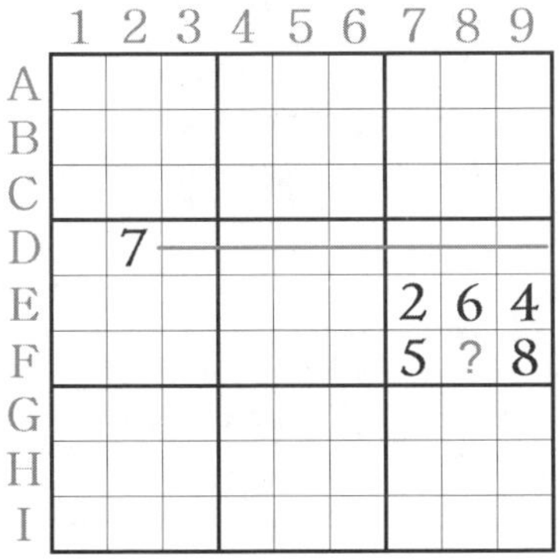

图 1-9

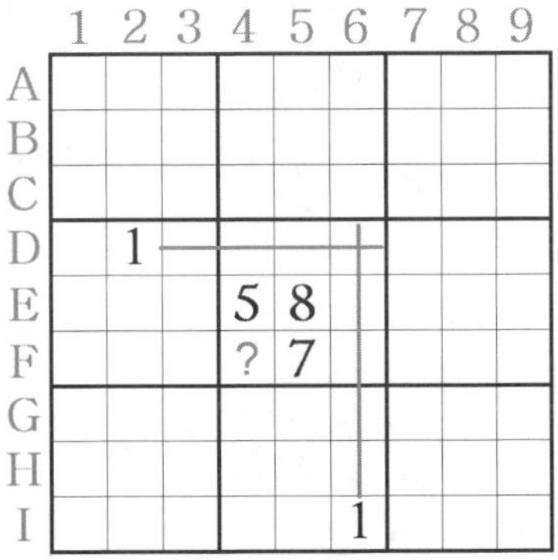

图 1-10

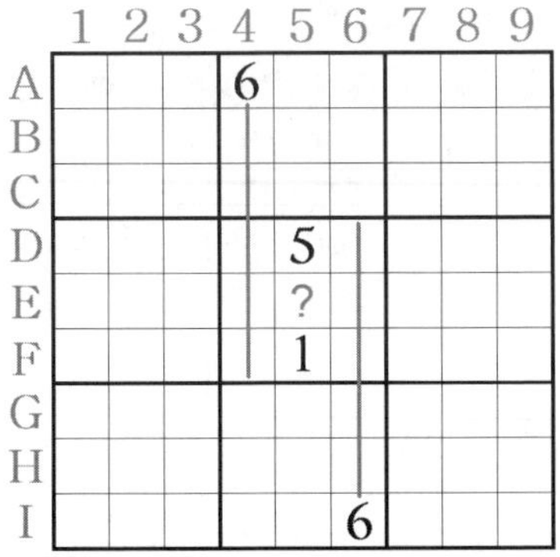

图 1-11

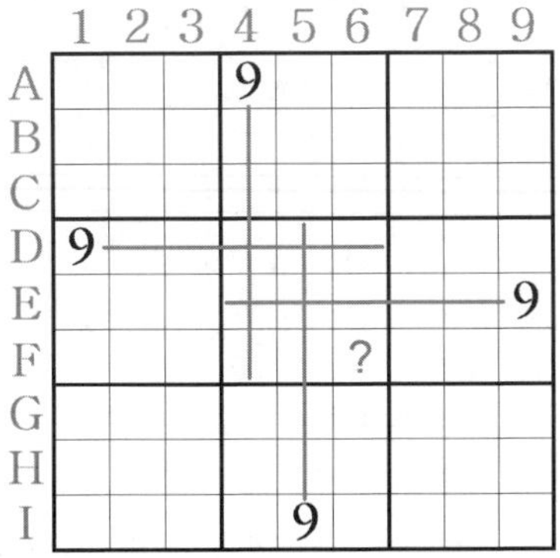

图 1-12

9

（4）总结

　　每位数独爱好者都应熟练掌握该解题技巧，虽说不一定练到用极短的时间就能找到盘面中所有的排除位置，但务必要做到经过仔细观察后不漏看宫内排除的程度。

　　对于刚接触数独的爱好者而言，需要停留在这个技巧上多练习一些针对性的数独题，再进阶掌握后续的技巧。这个过程的长度因人而异，短则需要几个小时做几道题即可，长则需要几天，对于年龄较小的初学者而言则需要进行较长时间的练习和消化，如果很快就接触后面的技巧，容易产生观察思路上的混淆，对深入学习解法不利。

　　对于竞速选手来说，宫内排除法的基本功一定要非常扎实，可以做到用不同思路、针对盘面不同状况都能达到快速、准确处理的程度。竞速中除了难点突破的时间差异外，更多是来自细微点滴累计后的差异。如果能非常熟练地应用排除法，对衔接后续技巧的观察也是非常必要的。

3．行列排除法

（1）技巧综合指数及定位

理解难度：1-2 级　　**观察难度**：1-4 级

　　技巧定位：与宫内排除法互补的技巧，初级、中级难度数独题中常遇的卡点，初学者遇到的第一个较难逾越的瓶颈，与区块排除法有千丝万缕的联系。

　　原理由来：由数独规则中"每行、每列和每宫内的数字每个数字只能出现一次"的要求推导出的方法。

　　相似技巧：宫内排除法、区块排除法。

（2）概念

　　我们知道宫内排除法是利用某个数字对某个宫进行排除，最终得到这个宫内只有一格可以填入该数字的方法。那么行列排除法就是将某宫换成某行列，由于在数独中行和列只是观察方向不同造成的差异，并没有本质区别，所以数独中常把行和列放在一起讨论。**行列排除法就是利用某数字对某行或某列进行排除，最终得到该行或该列内只有一格可以填入该数的方法。**

（3）技巧示意图

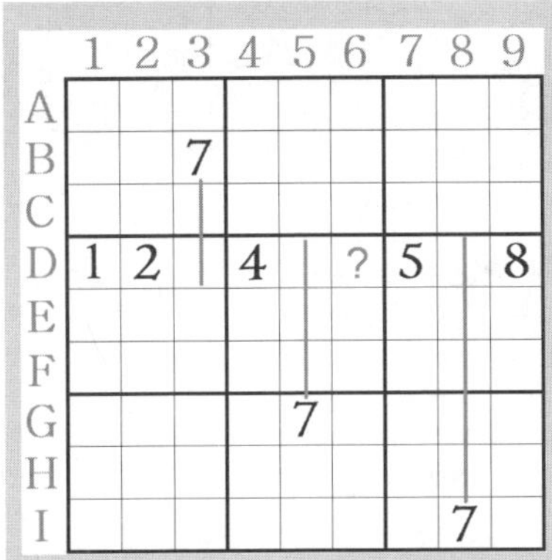

图 1-13

图 1-13 中 B3、G5 和 I8 三格内的 7 都对 D 行产生排除效果，经过排除后 D 行内只剩 D6 格可以填入数字 7。这是利用数字 7 对 D 行这个区域进行的排除，而 D 行内必须出现一个 7，只能填在唯一没被排除的格内，是典型的行列排除法。

刚接触数独并习惯用宫内排除法的初学者，在刚刚接触行列排除法时可能有些不适应，这时需要转换观察视角，将目标锁定在某行或某列中，不要只盯着宫的范围观察了。

我们再来看其他不同的行列排除法：

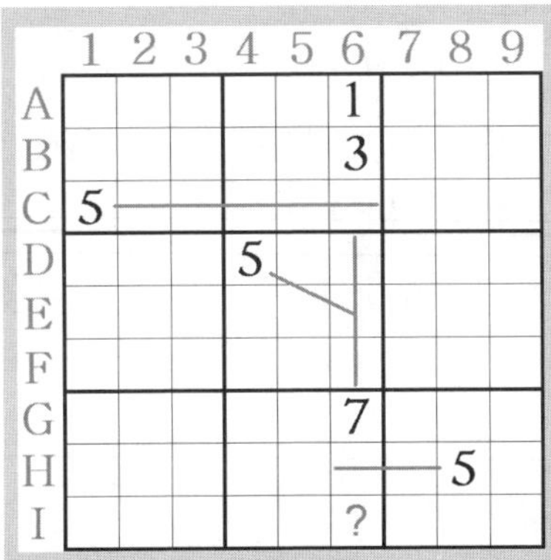

图 1-14

图 1-14 中 C1、D4 和 H8 三格内的 5 对 6 列进行排除，经过排除后 6 列只剩 I6 格内可以填入数字 5。对比图 1-13 和图 1-14，除了数字排除的目标由行转变为列，最大的区别在于图 1-14 中 D4 格的 5 是利用宫内数字不能重复的规则，将 D6、E6 和 F6 三格中的 5 全部排除了，这种利用宫内排除效果的行列排除法初学者常常容易忽视掉。

在看过两种典型的行列排除法示意图后，我们再举例说明行列排除法的几种形态，有时行列中空格比较少，使得行列排除法比较容易被发现，而有时空格多的时候，行列排除法确实比较难被找到，如图 1-15 ~ 图 1-18 所示。

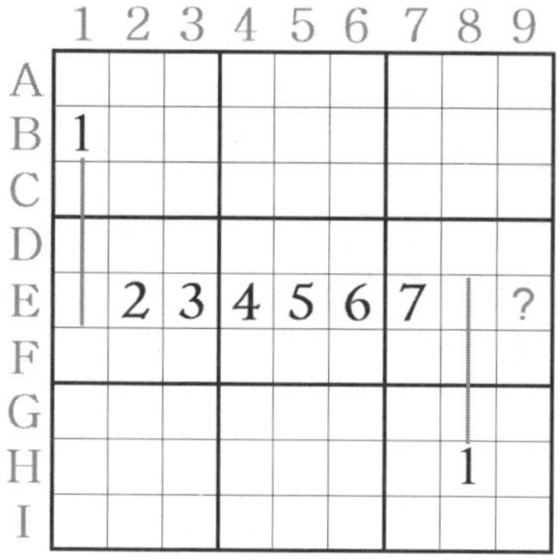

图 1-15

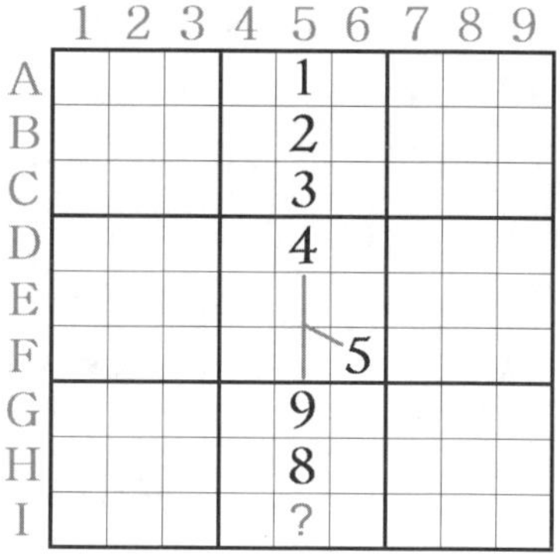

图 1-16

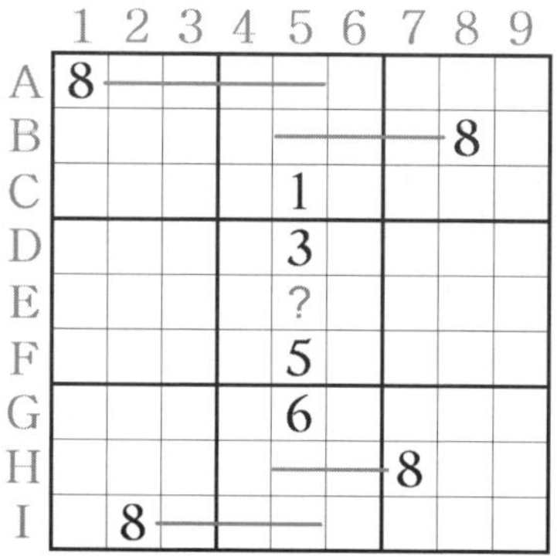

图 1-17

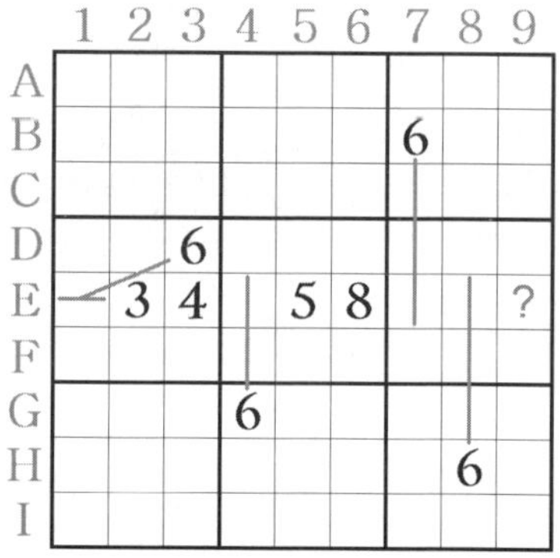

图 1-18

图 1-15 中利用数字 1 对 E 行进行排除，得到 E9=1。

图 1-16 中利用数字 5 对 5 列进行排除，得到 I5=5。

图 1-17 中利用数字 8 对 5 列进行排除，得到 E5=8。

图 1-18 中利用数字 6 对 E 行进行排除，得到 E9=6。

（4）总结

一部分玩家常以宫作为主要观察区域寻找线索，行列排除法的定位通常是辅助宫内排除法,在宫内排除找不到线索时再尝试用行列排除找到线索。但由于观察行列与宫的角度完全不同,使得观察宫内线索后再逐一观察行列线索过于费时。所以多数情况下,以观察宫作为主要线索的玩家,通常用区块排除法来替代行列排除法,具体如何替代会在下面内容中详细介绍。

技巧

详解

虽说区块排除法几乎可以替代所有行列排除法,但某些题中已知数位置更利于从行列角度去观察,还有一部分玩家也把行列作为比较优先观察的区域,使得他们可以较早发现行列排除法的线索填出数字。

总的来说,行列排除法的理论并不难理解,但在实际做题中如何做到不漏线索、快速观察所有行列的线索,是竞速玩家需要自己思考的,这方面突破后基本功算是比较扎实了,就可以学习掌握后续技巧了。

4. 区块排除法

(1) 技巧综合指数及定位

理解难度:2-4 级　　**观察难度**:2-4 级

技巧定位:是数独直观技巧中的灵魂技巧,是串联衔接其他技巧的核心,常与宫内排除法一同观察,与之结合后宫内排除法效率与威力大增,任何难度的数独题中都会使用,与很多技巧可以结合出升级版技巧。

原理由来:利用多格内必含某数的条件,排除掉这个多格共同影响范围格内的该数。

相似技巧:宫内排除法、行列排除法。

根据区块形成的前提不同,在标准数独中区块分为宫内区块和行列区块,我们在本章中将分别介绍这两种区块,并加以对比。

(2) 宫内区块

① 概念及技巧示意图:

宫内排除法和区块排除法利用的前提都是格内确定的数字,此外还可以利用区块内所含的数字作为使用条件。下面来看一个区块排除法的示意图：

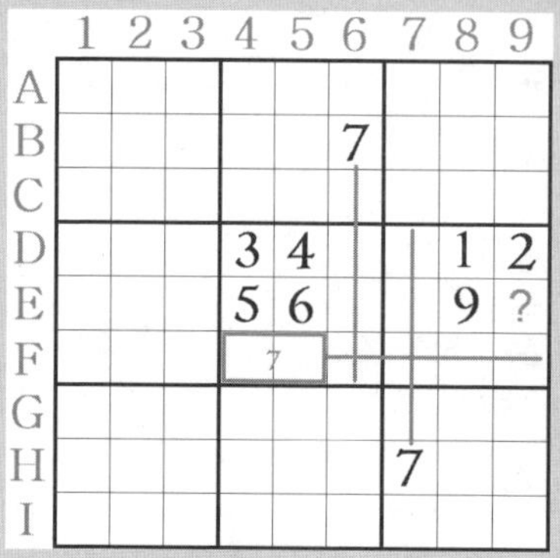

图 1-19

图 1-19 利用 B6 格的 7 对五宫进行排除，在五宫内得到数字 7 只能在 F4 格或 F5 格。这时我们来分析五宫内的数字 7，无论 7 在 F4 格内还是在 F5 格内，现在都可以做出 F 行其他格内不能再填入 7 的判断。因为 7 只能在这两格内，对 F 行其他格产生了排除效果，我们将这种**并排几格必含某数字的位置叫做区块**。在这个示意图中，可以叫做五宫内含 7 的区块，利用该区块对六宫进行排除，再考虑 H7 格的 7 对六宫排除的效果，得到六宫内只有 E9 格可以填入 7。

这种在某宫内形成的可以对行列和其他格产生排除效果的区块为**宫内区块**。这种区块使用率很高，同样也是初学者必备的解题技能，大家常说的区块大多指的都是宫内区块。

下面我们再来看一个宫内区块的示意图：

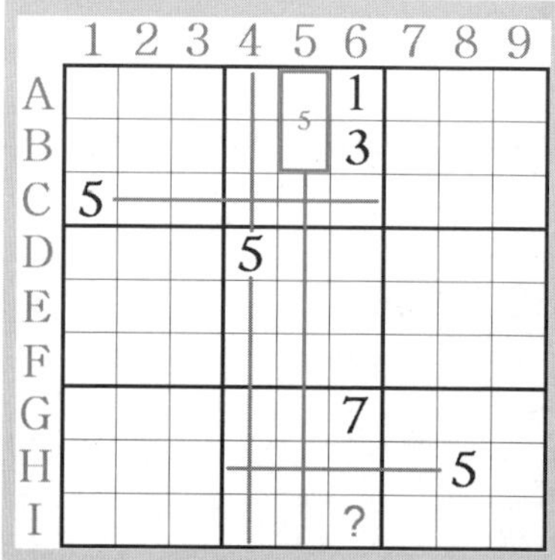

图 1-20

图 1-20 中利用 C1 格的 5 对二宫进行排除，在二宫内形成了一个含 5 的区块，这个区块由 A5 格和 B5 格组成，由于这个区块是纵向的，所以不管哪格最终为 5 都可以对 5 列其他格产生排除效果。利用该区块再结合 D4 格和 H8 格中的 5 对八宫进行排除，得到八宫内只有 I6 格可以填入 5。

② 区块排除法与行列排除的相互转换：

下面我们来对比一下图 1-14 和图 1-20：

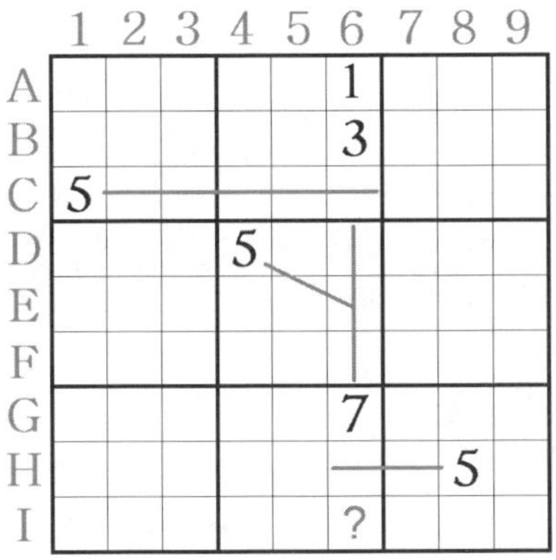

图 1-14

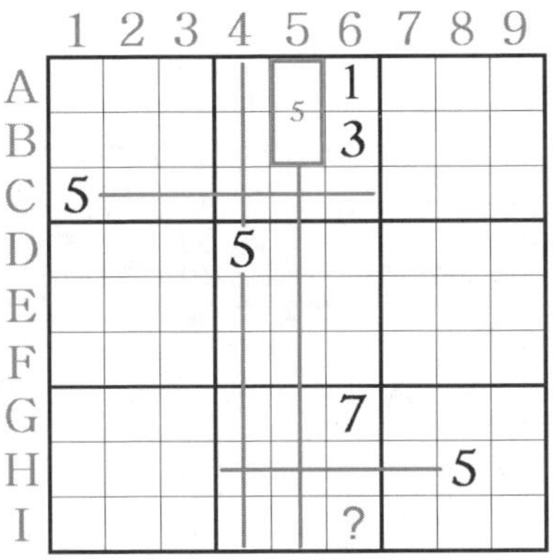

图 1-20

对比上面两幅图我们会发现，这两幅图中所给的已知条件完全一样，所得到的结论也相同。但两种方法的解题思路、观察线索却不尽相同，这首先说明行列排除法与区块排除法在有些情况下可以直接转换，也就是说你观察行列可以得到确定数字，你以宫为线索观察区块也可以得到确定数字。

上述两种排除法在不同玩家做题时都有可能被用到，有时同一玩家在做不同数独题时也会根据不同的情况而选择不同的思路。总之，两种解题思路大家都需要掌握，在解题时首先发现哪个线索就用哪种思路进行推理。

（3）行列内区块

前面我们说的是宫内区块，除此外还有其他类型的区块吗？当然有，那就是**行列内形成的区块**，只是这种解题思路比宫内区块理解和应用起来难度更大，通常在中高级难度的数独题中才偶尔会出现，使用频率较低，所以很多爱好者容易忽略这个技巧，下面来看示意图（见图 1-21）：

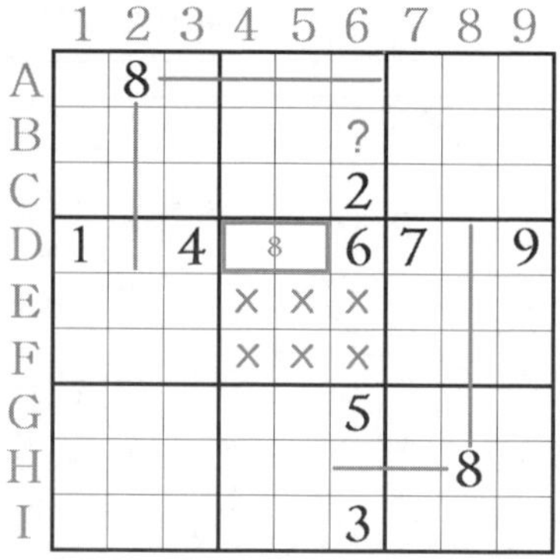

技巧

详解

图 1-21

图 1-21 中利用 A2 和 H8 两格内的 8 对 D 行进行排除，使得 D 行中的数字 8 只能在 D4 和 D5 格内，无论 D 行中的 8 在 D4 格还是 D5 格中，都可以对这两格共同所处的五宫中的其他格产生排除 8 的效果。利用 D 行内 8 的区块将五宫中 E6 和 F6 两格的 8 排除掉，再结合 A2 和 H8 格格的 8 对 6 列排除，得到 6 列内只有 B6 格内可以填入 8。

从上述示意图可以看出，行列内形成的区块产生的效果是对这个区块所在宫内的其他格产生排除效果，行列区块常常和唯余解法配合一起使用，我们在直观解法综合一节中会再将两者结合讲解。

（4）区块组合

下面再来看一下区块的其他用途，我将之称为**区块组合**的用法。

图 1-22 中利用 A2 格的 8 对四宫进行排除，在四宫内形成一个含 8 的区块。利用 H8 格的 8 对六宫进行排除，在六宫内形成一个含 8 的区块。我们观察这两格区块的位置会发现，它们都处在 E 行和 F 行内，可以简单分析出，如果四宫的 8 在 E3 格则六宫的 8 一定出现在 F7 格；如果四宫的 8 在 F3 格则六宫的 8 一定出现在 E7 格。无论哪种可能性出现，E 行和 F 行中其他格内的 8 都不能再出现，也就是说这两格区块进行组合产生了排除效果。

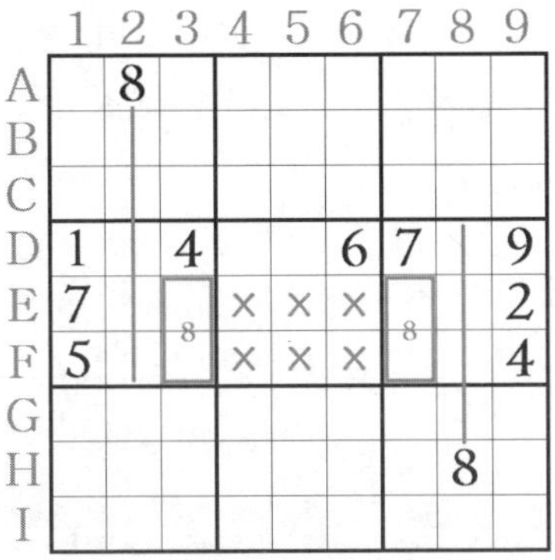

图 1-22

对比图 1-21 和图 1-22，大家会发现这里数字 8 的区块组合排除效果与在 D 行内形成 8 的区块的效果完全相同，一个思路以观察宫内线索为主，另一个思路则以观察行列线索为主。

以上示意图是教大家利用观察宫内区块组合的线索进行排除，达到行列排除法或者行列内区块的实用效果。当然，观察宫内区块组合和观察行列区块这两种思路大家也同样都需要掌握，只有这样才能在遇到不同情况时灵活处理。

（5）技巧示意图

下面我们再来看几种常见区块的样子（见图 1-23 和图 1-24）:

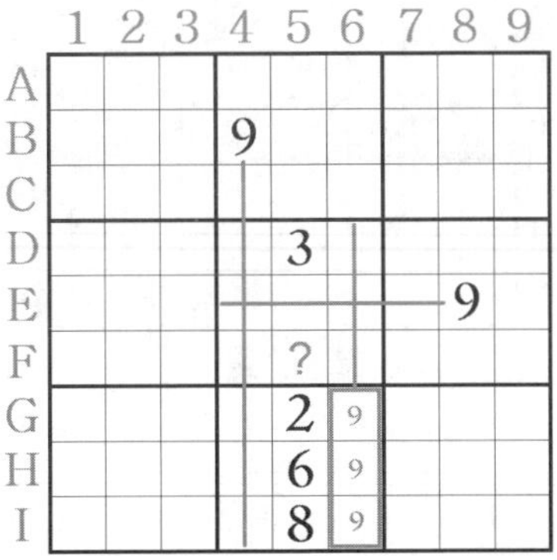

图 1-23

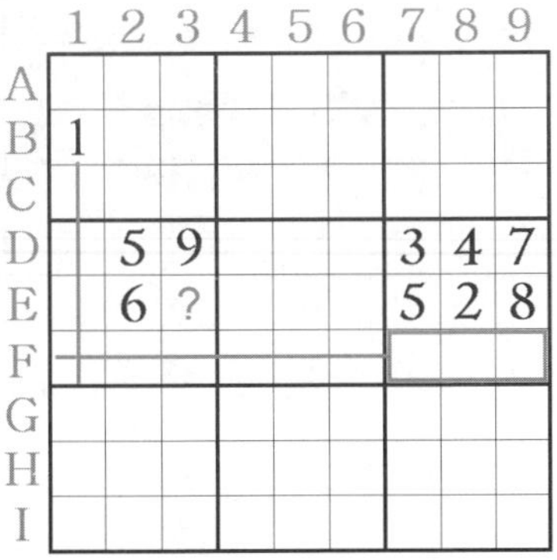

图 1-24

图 1-23 中利用 B4 格的 9 对八宫进行排除得到一个含 9 的区块,利

用该区块和 B4、E8 两格的 9 再对五宫进行排除，得到 F5=9。这个例子是并排同向三格形成的区块，同样无论哪格是 9，都可以对 6 列其他格产生排除 9 的效果。

图 1-24 中六宫有三个空格剩余三个数字是 1、6、9，这里可以看成是三个数字都形成了区块，在 F 行中的 1、6、9 只能在这三格内，其他格不能再填入数字 1、6、9，我们用这个区块中的 1 结合 B1 格的 1 对四宫进行排除，得到 E3=1。

图 1-25 中利用 B2 格的 3 对四宫进行排除，得到一个含 3 的区块，利用该区域对六宫进行排除，又得到一个含 3 的区块，再利用六宫中含 3 的区块集合 B2 格的 3 对三宫排除，得到三宫内只有 A9=3。

图 1-26 中 H2 格的 5 对九宫排除，得到一个含 5 的区块，利用该区块结合 F1 和 H2 两格的 5 对 C 行进行排除，在 C 行中形成一个含 5 的区块。C 行中的区块由 C4 和 C6 格组成，这个区块可以对二宫其他格产生排除 5 的效果，再结合 F1 和 H2 两格的 5 对 5 列进行排除，得到 5 列内只有 E5=5。

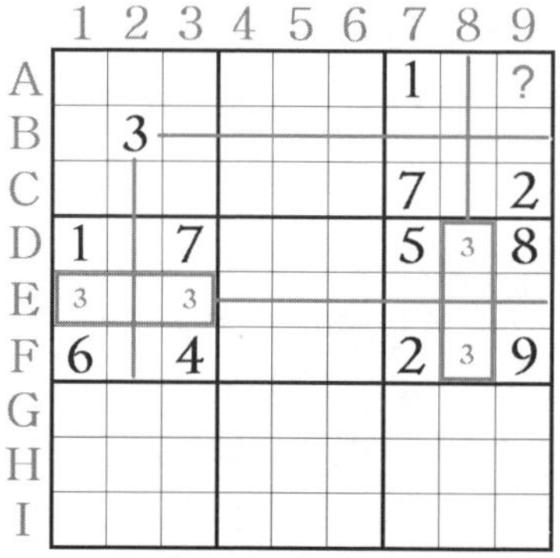

图 1-25

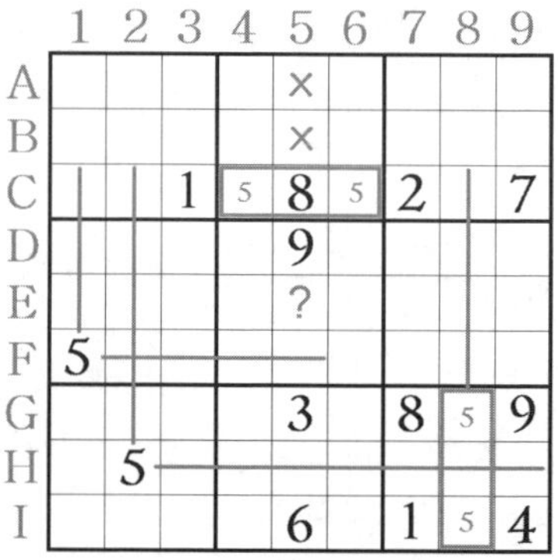

图 1-26

（6）总结

本节区块内容相对较多，有些思路容易混淆，需要读者反复细心揣摩，并在实际解题时尝试使用，才能完全掌握。初学者如果觉得行列区块不容易理解掌握，那么可以先放下不管，只掌握宫内区块的应用即可。

其他区块在学习后续的技巧后再返回来强化学习。

基础解法的核心内容就是区块，有不少爱好者掌握了很多技巧甚至一些高级解题技巧，但在实战解题中如果不能快速灵活运用区块技巧，我们也很难说他的解题能力有多好。所以希望基础不是很好的爱好者对我们讲过的排除法和区块内容进行一定的强化练习，在排除法和区块能够熟练运用后更容易学习掌握后面的技巧内容。

技巧

详解

5．唯余解法

（1）技巧综合指数及定位

理解难度：1 级　　**观察难度**：1-4 级

技巧定位：一些情况下唯余法较难发现，与排除法原理相反，较难熟练掌握，是爱好者接触数独技巧第二个较难逾越的瓶颈。

原理由来：根据数独规则，格内必须填入一个数字，如果有八种数字不能填，只剩最后一种可以填入。

相似技巧：单区唯一余数法。

（2）概念

唯余解法的全名是唯一余数解法，指的是某格中如果有八种数字都不能填，那么只能填入最后一种数字的方法。我们在开始讲解技巧时提过一种单区唯一余数法，它就是唯余解法的特例，本节的唯余解法并不是由一个区域中八种不同数字影响形成的唯一余数，而是由多个区域影响形成某格中只剩余一种数字可填的情况。

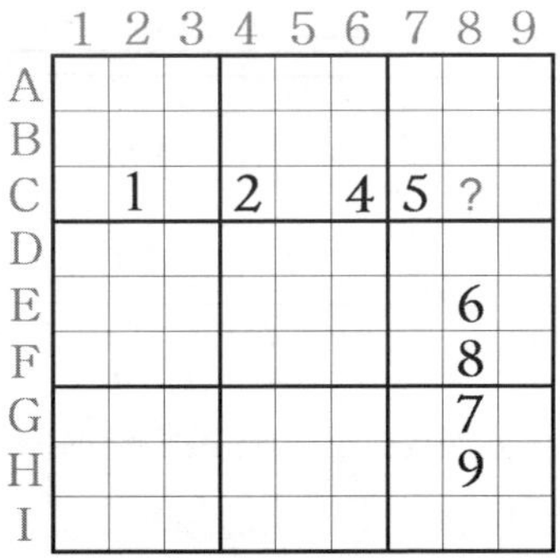

（3）示意图（见图 1-27）

图 1-27 中 C 行有已知数 1、2、4、5，8 列有已知数 6、7、8、9，这两个区域交汇处的 C8 格不能填入上面出现的

图 1-27

八种数字，C8 格内只剩数字 3 可以填。这种利用八种不同数字同时影响一格，并确定该格内数字的方法就是唯余解法，本示意图是由行和列两个区域形成的唯余解法。

下面我们再来看看唯余解法其他一些情况（见图 1-28 至图 1-31）：

图 1-28

图 1-29

图 1-30

图 1-31

图 1-28 中 E 行有已知数 1、2、3、7、8、9，5 列有已知数 4、6，两个区域交汇处 E5 格内只能填入 5。

图 1-29 中二宫有已知数 2、4、7、8、9，4 列有已知数 1、3、6，两个区域交汇处 C4 格内只能填入 5。

图 1-30 中 D 行有已知数 2、3、4，六宫有已知数 7、8、9，7 列有已知数 1、5，三个区域交汇处 D7 格内只能填入 6。

图 1-31 中 D 行有已知数 1、3、4，五宫有已知数 2、8，4 列有已知数 5、6、7，三个区域交汇处 D4 格内只能填入 9。

（4）总结

唯余解法地观察模式与排除法截然不同，虽然理解起来并不难，但实战中是否能快速应用却很看功力。唯余解法难度跨度很大，有些两个区域构成的唯余很好发现，有些三个区域构成的唯余却不容易发现。想玩竞速数独的玩家在排除法应用较熟练后，应花一定精力针对性练习含唯余解法的数独题。

排除流玩家和唯余流玩家寻找唯余卡点的先后顺序和思路完全不同，如何快速发现难度较大的唯余卡点是每位玩家都会面临的一个瓶颈，如果想在此处有所突破，那玩家应该找到适合自己的解题模式和体系。后续几个技巧大多数不难掌握，很容易融合到已成型的解法体系中。

6. 宫内数对占位法（隐性数对）

（1）技巧综合指数及定位

理解难度：3 级　　**观察难度**：2-3 级

技巧定位：中高级难度的数独题前中期常见卡点，划分不同水平的关键性技巧，数对概念是很多技巧的基础，竞速玩家必须熟练的技巧。

原理由来：宫内排除法的升级版本，由一数只能填在一格升级为两数只能占据两格。

相似技巧：宫内排除法、区块排除法、行列数对占位法、宫内数组占位法。

（2）概念

宫内数对占位法可以说是宫内排除法的升级，在宫内排除法中我们需要找到某数在宫内只有一格可以填入的情形，而在宫内数对占位法中我们是寻找某两个数字在宫内对应两格的情形。可以将数对占位看成是由两个数字的区块重叠而成的，在实战中，大多利用标注区块来实现寻找数对占位的。

利用某两种数字在某宫内构造出一个占据两格的结构，虽然数对内两数当前无法定位，但却可以排除其他数字，为其他数字的排除法提供条件，或为其他数字形成区块提供条件。

（3）技巧示意图

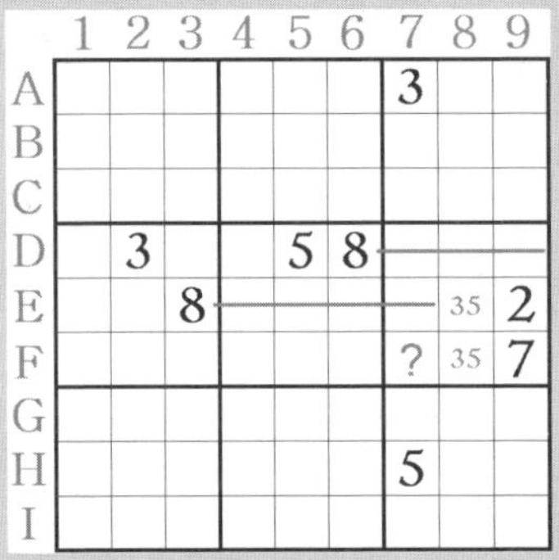

图 1-32

图 1-32 中根据 D 行的已知数 3、5、8 和 7 列的已知数 3、5 对六宫进行排除，在六宫内数字 3 和 5 只能在 E8 和 F8 两格内。我们可以形象地认为数字 3 和 5 将六宫内 E8 和 F8 两格占据了，虽然暂时无法确定这两数的具体位置，但可以作为间接条件排斥其他数字进入这两格，否则六宫内数字 3 或 5 将缺失。这时再结合 D6 格和 E3 格的 8 对六宫进行排除，得到六宫内只有 F7 格可以填入 8。

下面我们来看一下宫内数对占位法的一些其他情形（见图 1-33 至图 1-36）：

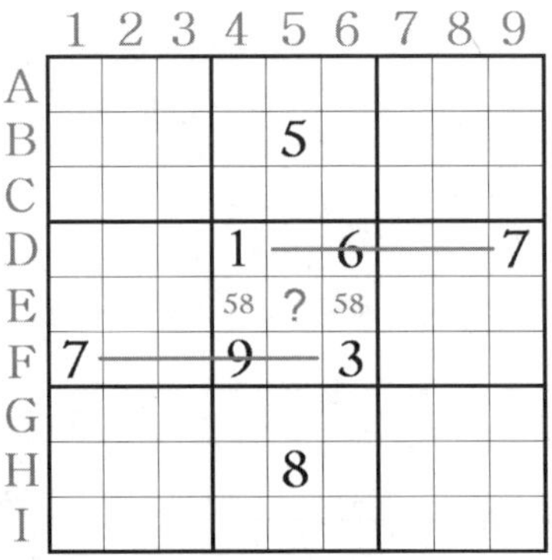

图 1-33

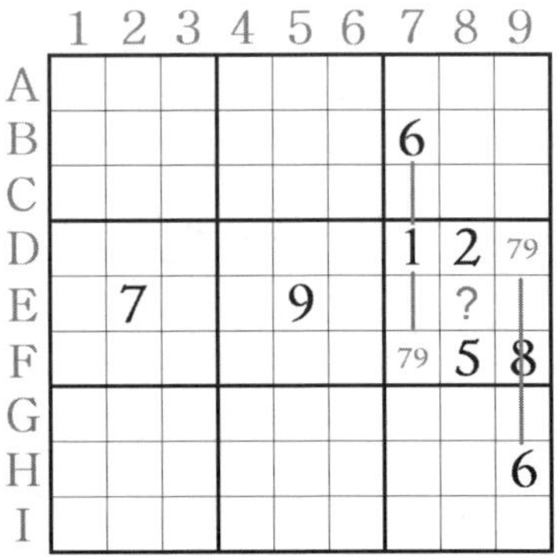

图 1-34

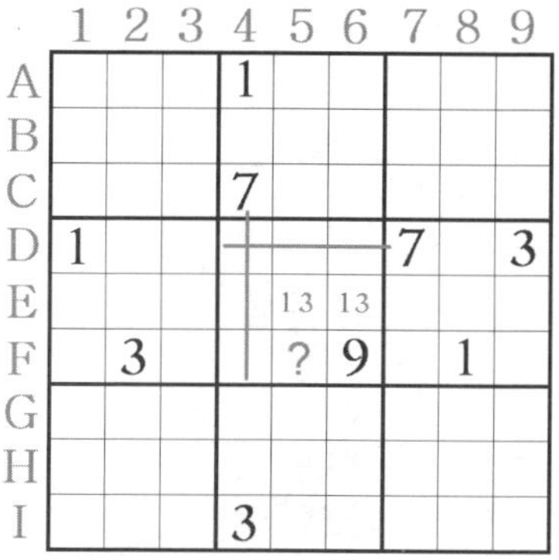

图 1-35

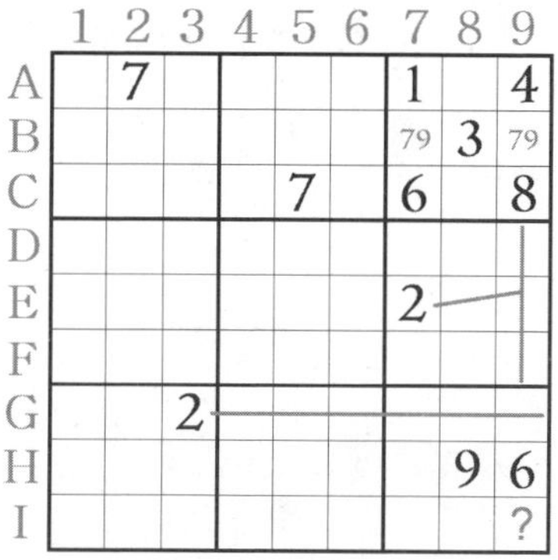

图 1-36

图 1-33 中根据 5 列已知数 5、8 对五宫进行排除，在五宫内形成数对占位，使 E4、E6 两格内不能再填入其他数字，再利用 D9 和 F1 两格的 7 对五宫进行排除，得到 E5=7。

图 1-34 中 E 行已知数 7、9 对六宫排除，在六宫内形成数对占位，使得 D9、F7 两格内不能再填入其他数字，再利用 B7 和 H9 两格的 6 对六宫进行排除，得到 E8=6。

图 1-35 中 D 行、F 行、4 列的已知数 1、3 对五宫进行排除，在五宫内形成数对占位，使 E5、E6 两格内不能再填入其他数字，再利用 C4 和 D7 两格的 7 对五宫进行排除，得到 F5=7。

图 1-36 中根据 A2 和 C5 两格的 7 对三宫进行排除，在三宫内 7 只能在 B7、B9 两格内。再利用 H8 格的 9 对三宫进行排除，在三宫内 9 也只能在 B7、B9 两格内。两个数字在三宫内都只能在相同的两格，则形成数对占位，使得其他数字不能再出现在 B7、B9 两格。再利用 E7、G3 两格的 2 对 9 列进行排除，得到 I9=2。

（4）总结

数对占位法是基础解法中非常重要的一种解题思路，能熟练直观地找到数对占位是迈向高手的重要一步。不少爱好者一下子学习了很多技巧，但由于找数对占位的功力不够，期望借助全盘标注候选数来解题，使得某些本应快速突破的卡点变得很慢，甚至在标注候选数后反而使线索更难被发现。

我们来研究一下某数独 App 上的一道题（见图 1-37），这道题的卡点在贴吧和 QQ 群里被问过多次，都是由于找数对的基本功不够，寄希望候选数全标出后能突破，但反而使得突破难点更大了。

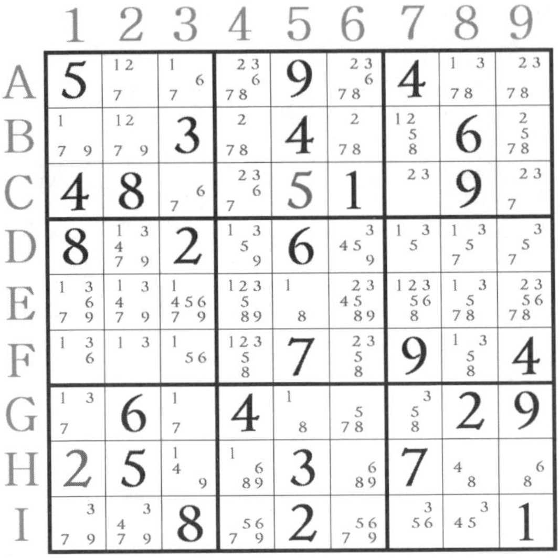

图 1-37

图 1-37 中做题者做到目前的位置无法继续进行了，而且把全盘的候选数全部标出来了，但还是很难找到突破口。这个情况是典型的由于数对占位技巧不过关出现的情况。如果拿着全标候选数的图去问高手，高手往往也会被引入"歧途"，高手第一时间可能会认为是一道很难的数独题，开始检索高难度技巧而浪费时间。

其实这道题是很典型的数对占位，利用 D 行和 8 列的数字 2、6 对六宫进行排除，在六宫内可以形成一个数对占据 E7 和 E9 格，然后再利用 D1 格的 8 对六宫排除，形成区块，再利用该区块对 H8 格进行排余，最终得到 H8=4。

这个卡点综合运用了数对占位、区块和唯余这几个不同的技巧。让我们了解到数对占位法最好在初期直观推理阶段能运用数对占位法，否则就算标出全部的候选数也很难得出结果。还有数对占位后，往往会在这个区域形成其他数字的区块条件，这个也是初学者需要了解掌握的。

在开始学习技巧的过程中，通常都是按照寻找宫内排除、宫内区块线索推进解题的，很多情况下，数对占位常常是利用标注的区块发现的，比如上面例子中，如果六宫内数字 2 和数字 6 的区块都标注出来了，那么发现这个数对并不困难，反而是下一步 8 的区块再寻找唯余有些困难。

7. 宫内数组占位法（隐性数组）

（1）技巧综合指数及定位

理解难度：3 级　　**观察难度**：2-5 级

技巧定位：高级数独题中会出现的技巧，数对占位熟练后方可练习，终极竞速高手必学技巧。

原理由来：宫内数对占位法的升级版本，由两数只能占据两格升级为三数只能占据三格。

相似技巧：宫内数对占位法、行列数组占位法。

（2）概念

在了解两个数字对应某宫内两格位置形成数对后，再扩展一步，如果三个数字对应三格形成占位，那么我们将其称之为数组占位。当然，实战中偶尔也会出现四个数字占据四格的情况，但由于出现概率较小、难度较大，我们就不在本书中单独讨论了，有兴趣的爱好者可以根据数对扩展成数组的思路自己推演一下。

（3）技巧示意图

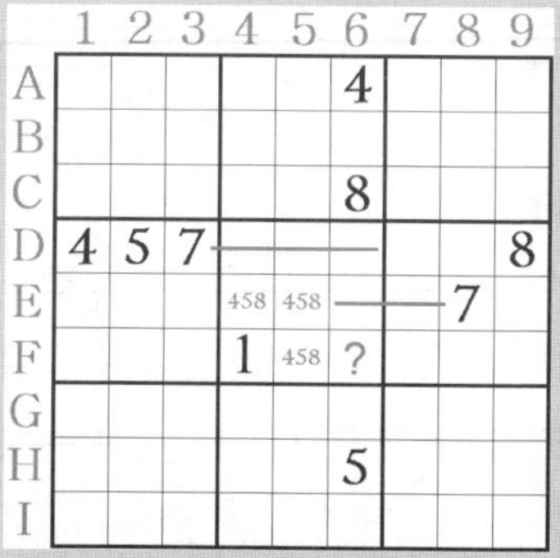

图 1-38

图 1-38 中 D 行和 6 列的已知数 4、5、8 对五宫进行排除，在五宫内 4、5、8 这三个数字只能出现在 E4、E5 和 F5 这三格中，形成了数组占位。这时别的数字也不能再填入被 4、5、8 占位的三格中，否则五宫内的 4、5、8 将会缺失。这时再利用 D3 格和 E8 格的 7 对五宫进行排除，得到 F6=7。

我们再来看看宫内数组占位的其他样子（见图1-39和图1-40）：

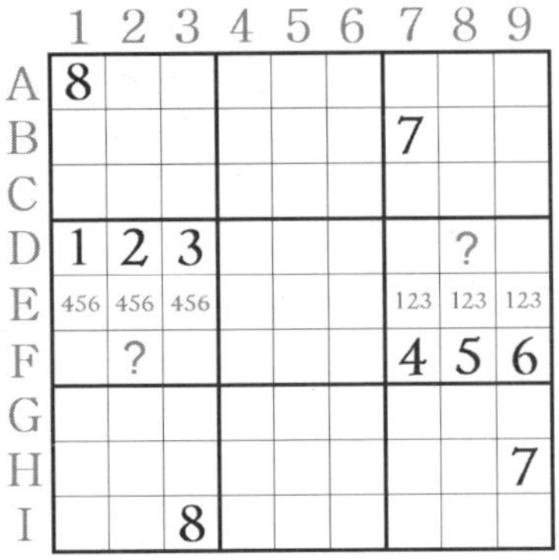

图 1-39

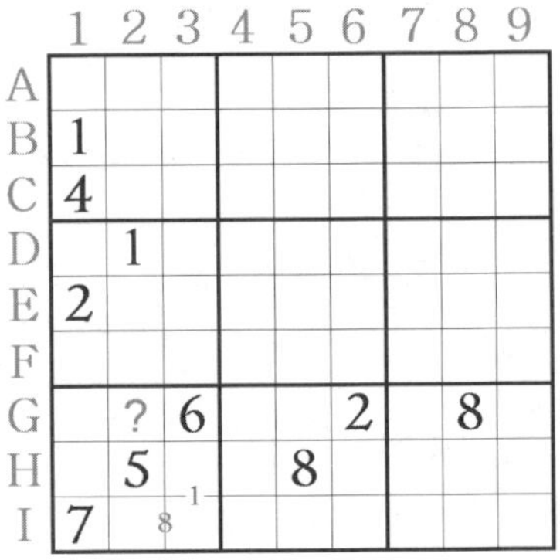

图 1-40

图1-39中四宫里有已知数1、2、3，六宫内有已知数4、5、6，这两组数组可以相互排除，彼此在对方宫内形成数组占位。再结合周围数字已知数7、8可以得到D8=7和F2=8。

图1-40中B1和D2两格的1对七宫排除，得到七宫内一个含1的区块，G8和H5两格的8对七宫排除，得到一个含8的区块。再用E1和G6两格的2对七宫排除，观察数字2在七宫内只有三格可以出现。恰好数字1、2、8出现的位置在同样的三格内，符合数组占位的条件，在七宫中形成了1、2、8的数组占位，占据了H3、I2和I3这三格。这时再利用C1格的4对七宫排除，得到G2=4。

这个例子属于宫内数组占位最复杂的情况之一，由于三个数字并不是相同的排除线路，对七宫进行排除形成的数组占位，所以很难在第一时间发现，往往需要很强的数组意识，及添加标注区块的配合才能在实战中发现。这里举例出来，是希望爱好者了解到数组占位还有可能出现这种情况。当然如果这种情况实在找不到的话，可以把七宫候选数全部标出来，可以从另外一条显性数组的思路上突破，但那样的话会浪费一些时间。如果是以竞速高手为目标，那么这里要做到可以直观发现1、2、8数组。如果对于速度没要求，那么这个思路了解一下即可，大部分人都会从显性数组进行突破。

（4）总结

对比宫内数对占位与数组占位，如果依靠大部分宫内数对占位区块辅助发现，那么发现数组的难度将更大，主要是很难依靠三个数字的区块标注将其凑出来，只能将其整体观察一步成型地找到。另外需要有数组的意识和寻找习惯，否则很难在实战解题中快速寻找到数组的线索。当然数组占位技巧确实有一定难度，对于初学者来说了解即可，在排除、区块、唯余、数对占位都很熟悉后，可以找一些针对性的数独题加以练习。

8. 行列数对占位法（隐性数对）

（1）技巧综合指数及定位

理解难度：4级　　**观察难度**：2-5级

技巧定位：中高级难度数独题常见卡点，是爱好者学习数独技巧第三个难以逾越的瓶颈，大部分玩家的技巧应用极限就停留在此，是竞速玩家必须熟练的技巧，直观技巧体系搭建完成的标志性技巧。

原理由来：行列排除法的升级版本，由一数只能填在一格升级为两数只能占据两格。

相似技巧：行列排除法、行列数组占位法。

（2）概念

数对占位不仅可以在宫内形成，也可以在某行列内形成。由于在行列内不能依靠标注区块来寻找行列数对为线索，使得该技巧难度较大，属于直观技巧中较难掌握的技巧之一。

行列数对占位后，由于占位的两格可能不挨在一起，使得构建出该技巧后提供的下一步线索的观察点比较分散，寻找下一步线索的难度也比较大。

（3）技巧示意图

图 1-41

图 1-41 中四宫和 6 列的已知数 5、6 都对 D 行进行排除，使得 D 行内的数字 5、6 只能在 D5 和 D9 两格中，这时其他数字不能再出现在这两格内，否则 D 行的数字 5 或 6 会缺失。这样在 D 行中形成了数字 5、6 的数对占位，再利用 A7 格和 H8 格的 4 对六宫进行排除，得到 F9=4。

我们再来看行列数对占位的其他情况：

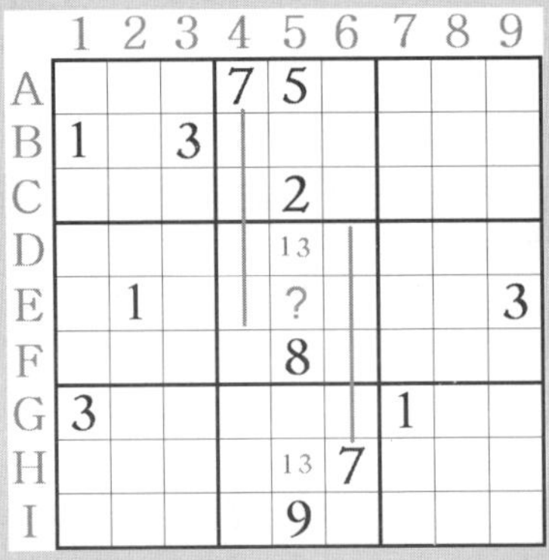

图 1-42

图 1-42 中 B 行、E 行和 G 行的已知数 1、3 都对 5 列进行排除，在 5 列内数字 1、3 只能在 D5 和 H5 格中，形成了行列数对占位，其他数字不能在出现在这两格中。再利用 A4 和 H6 格的 7 对五宫排除，得到 E5=7。此例与示意图 1-41 最大的区别在于，对目标列进行排除的线索全部由几个行提供，并没有出现像示意图 1-41 中四宫内数字 5、6，这种由宫内数字进行排除提供的线索。

（4）总结

由此可见行列数对占位法在不同情况下，处理起来的观察点、思路和感觉都会有微妙的变化，使得此技巧很难达到熟练应用的程度。

行列数对占位是行列排除法的延伸，行列排除法还可以利用区块思路转换成观察宫内可以推理的线索，但行列数对占位很难依靠其他方法替换。只能通过观察行列缺少数字的情况，按数对思路进行寻找，是一种掌握起来较难的技巧。这个技巧对一般爱好者没有硬性要求，如果不能非常熟练地掌握此前的技巧，那么也很难运用此技巧进行解题。属于高手修炼，融会贯通所有技巧的一个关键点。此技巧和思路熟练后，标志着直观技巧体系及思路基本完成，可以接触更难的数独游戏如变形数独的解题技巧。很多变形数独玩得不错的玩家对于标准数独中的该技巧也很头痛，之所以有些变形数独爱好者不太喜欢标准数独，可能受这个技巧的影响较大。

9. 行列数组占位法（隐性数组）

（1）技巧综合指数及定位

理解难度：4 级　　**观察难度**：3-5 级

技巧定位：中高级难度数独题常见卡点，与行列数对占位法的思路和观察没有太大差别，娱乐玩家可以跳过此技巧，竞速玩家必须熟练此技巧。

原理由来：行列数对占位法的升级版本，由两数只能占据两格升级为三数只能占据三格。

相似技巧：行列排除法、行列数对占位法。

（2）概念

将行列数对占位法升级发生量变,由观察两数占位两格升级成三数占位三格。虽然说数量发生了一定变化，但难度并没有明显提升，因为行列数对占位法已经有相当高的观察难度,如果可以熟练掌握行列数对占位法，再来观察行列数组在难度上并没有质的提升，几乎是在同时寻找行列数对和数组，根据数独题具体情况，是出现数对还是数组，甚至有时按两个技巧都可以推理出相同的线索。行列数组占位可以说是直观技巧中最难掌握的一个技巧。

（3）技巧示意图

图 1-43

图 1-43 中四宫和 6 列的已知数 1、2、3 对 D 行进行排除，在 D 行中数字 1、2、3 只能在 D5、D8 和 D9 三格中，这时其他数字不能再出现在这三格中，否则 D 行的数字 1、2、3 会缺失。这样 D 行形成了用数字 1、2、3 组成的数组，对 D5、D8 和 D9 三格进行占位，再利用 B7 格的 9 对六宫进行排除，得到 F9=9。

我们再来看一下行列数组占位法的其他情况：

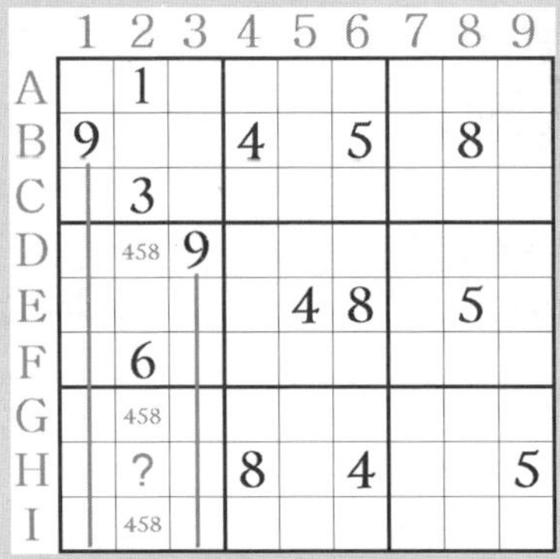

图 1-44

图 1-44 中 B 行、E 行和 H 行的数字 4、5、8 对 2 列进行排除，在 2 列中形成 4、5、8 数组占据 D2、G2 和 I2 三格，其他数字不能再填入这三格。再利用 B1 和 D3 两格的 9 对七宫进行排除，得到 H2=9。此例利用的条件是由三行中的相同三数构成的，这种情况观察难度比图 1-43 中三宫利用宫内排除掉一些格的情况还不好处理。

（4）总结

虽然行列数组占位与行列数对占位相比，难度没有很大的提升，但由于变为三数占三格，使得实际做题中很难将有用的三数同时聚齐，很难在直观解题过程中快速发现这种技巧的线索。

通常在做题时，如果找不到该技巧都是通过大量标注候选数，用行列内显性数组将其替代来解决。虽说大多情况下选择实战中利用显性技巧来解决，但尽量追求直观技巧能在标注量不大的情况下找到就是高手的目标了，排除人与人之间反应速度的差异，终极高手和一流高手之间的区别可能就是这些细节的处理。如果不利用标注候选数辅助就很难发现行列中的数组，可能会比标注节省不少时间，这样一个卡点的处理方式不同在比赛中足以产生决定性的差异。

10．显性数对

（1）技巧综合指数及定位

理解难度：2 级　　**观察难度**：直观 3-5 级，全标候选数 2 级

技巧定位：中高级难度数独题中后期常见技巧，对于大多数玩家中后期把候选数标注一定量后并不难发现，所有玩家必须掌握的利用候选数组合的技巧，是数对（数组）占位观察遗漏后的重要补充技术。

原理由来：唯余解法的升级版，由格内唯余一个数字升级为同区域内有两格唯余出两个相同的候选数，这两格内候选数构成数对。

相似技巧：唯余解法，显性数组。

（2）概念

虽然显性数对与数对占位都属于数对，属于两数对于两格的情况，两者的区别在于形成的前提和形成后的作用不同。数对占位是利用两数对某区域进行排除后得到的两数占据两格。而显性数对是两格内只唯余剩下两个相同候选数，而这两格处在同一区域，这两格内数字构成数对，并对该区域其他格产生排除这两数的效果。

初学者和一般玩家并不需要把显性数对和隐性数对（数对占位）分辨得很清楚，只要在做题中灵活运用即可。观察显性数对出现在宫内还是行列内，在标注出候选数后几乎没有差别，所以此技巧就不再区分是宫内还是行列内形成的了。

技巧
详解

（3）技巧示意图

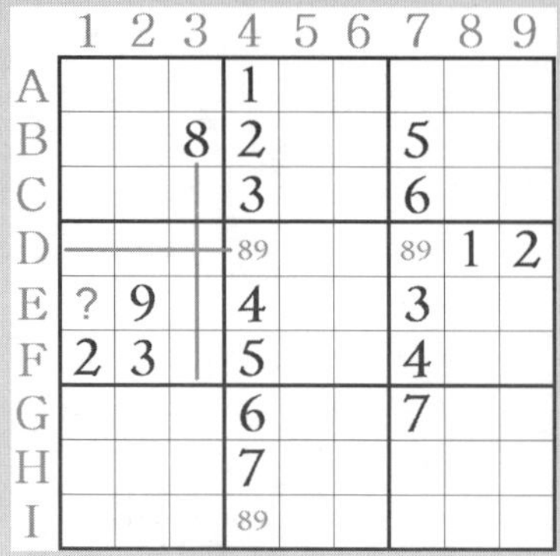

图 1-45

图 1-45 中 4 列两空格 D4 和 I4 内剩候选数 8、9 可填，D7 格内也只剩候选数 8、9 可填。恰好 D4 和 D7 两格同处于 D 行且两格内都只剩候选数 8、9，这时 D 行中的数字 8、9 只能在这两格内，虽然现在还不能定位，但可以确定 D 行其他格内不能再出现数字 8、9。这两格内的候选数 8、9 形成显性数对，对 D 行其他格有对 8 和 9 进行排除的效果，再结合 B3 格的 8 对四宫进行排除，得到 E1=8。

我们再来看一下在宫内形成显性数对并对宫内产生影响的情况：

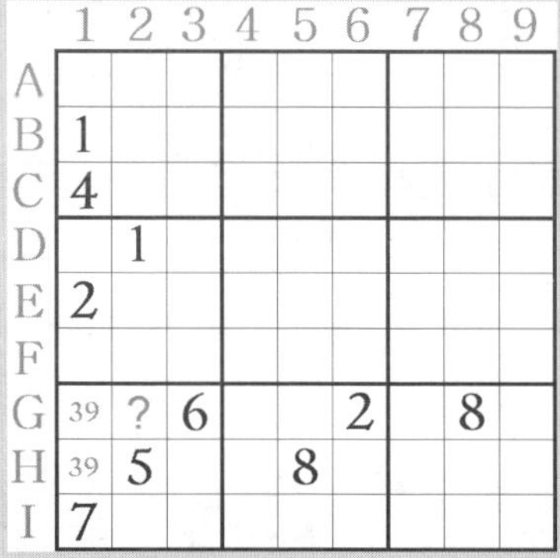

图 1-46

图 1-46 中根据 1 列、七宫和 G 行、H 行的已知数，可以得到 G1、H1 两格内唯余后都只剩候选数 3、9，这些形成显性数对，且七宫内其他格对 3 和 9 进行排除。这时再观察 G2 格，排除 3、9 后 G2 格唯余只能填入 4。其实本图和图 1-40 已知条件完全相同，只不过在图 1-40 中我们讲解的是观察隐性的数组占位，而这里是利用显性的数对，两种思路和观察完全相反，但得到的结论却是一致的。从此处可以看出，显性技巧和隐性技巧有着对应互补的关系，但隐性是从观察已知大数入手，而显性是观察候选小数入手，在后面的心法篇中会专门来讨论隐性技巧和显性技巧的关系。

（4）总结

在前中期直观填数阶段较难快速发现显性数对，当然在数独题线索比较规律或标注运气好的情况下，有时会较早发现显性数对并快速突破卡点。更多的时候在中后期或被卡之后，不得不全盘标注候选数才能发现显性数对。

对于普通玩家来说按部就班地直观推理，受阻后标注候选数，肯定可以慢慢做完高级难度的题，而标出全部候选数之后，再寻找显性数对难度就很小了，只要标注不出现低级错误（多标或漏标导致观察出错），通过一段时间都可以较顺利地解题。但对于竞速玩家来说，如何快速发现显性数对或者利用难度较大的隐性数对（数组），快速突破数独题中的卡点便成了提高解题速度的关键所在。

11．显性数组

（1）技巧综合指数及定位

理解难度：3 级　　**观察难度**：直观 4-5 级，全标候选数 2-3 级

技巧定位：中高级难度数独中后期常见技巧，通常需要标出全部候选数之后才能发现，所有玩家必掌握的利用候选数组合的技巧。

原理由来：显性数对的升级版，由同区域内有两格唯余出两个相同的候选数形成的数对升级为同区域内三格唯余出三个相同候选数的数组。

相似技巧：唯余解法，显性数对。

（2）概念

同区域内有三格内只唯余三个相同的候选数，我们将其称为显性数组。形成显性数组后，可以对区域其他格中的这三个数进行排除。显性数组与显性数对相比并没有发生质的变化，在中后期标出全部候选数的情况下也并不难观察。只是有时在实战中显性数组会出现四数组或五数组的情况，这种时候需要细心观察，同时具有找数组的意识才能顺利发现。

对于资深玩家来说，找两个候选数形成的显性数对和找四个候选数形成的显性数组并没有太大差别，但对于新手玩家来说有时格内缺少某个候选数是否还能算是数组，会有些不确定或不清楚这样是否为数组。本节主要对这方面加以详细说明。

（3）技巧示意图

	1	2	3	4	5	6	7	8	9
A		9							
B					6				
C					7				
D		123			?		123	4	123
E							5	6	7
F		5					8	9	123
G		6			8				
H		7			9				
I		8							

图 1-47

图 1-47 中 D2、D7 和 D9 三格内都只含候选 1、2、3，那么 D 行中数字 1、2、3 就只能在这三格内，D 行其他格内将不能再出现数字 1、2、3。利用 D 行中显性数组 1、2、3 再结合 5 列已知数 6、7、8、9 和 D8 格的 4，D5 格唯余得到数字 5。

下面我们来看一下显性数组中某些格内缺失候选数的情形：

	1	2	3	4	5	6	7	8	9
A			1						
B			2		6			1	
C					7	1		2	
D	6				2				
E	3		89		?	489		49	
F			4			5		7	
G			5			6		8	
H						7		5	
I			7					6	

图 1-48

图 1-48 中 E3 格内剩候选数 8、9，E6 格内剩候选 4、8、9，E8 格内剩候选数 4、9。E3、E6 和 E8 这三格同处于 E 行中，且所含的候选数也只有 4、8、9 这三种，但 E3 格内缺失候选数 4、E8 格内缺失候选数 8，这种情况与我们第一个示例中三格内候选数都是满值的状态有些不同，那么这时这三格内的候选数 4、8、9 是否构成显性数组呢？

答案是肯定的，虽然这三格中有的格内的候选数有两个，有的格内的候选数有三个，但这三格所包含的候选数都在 4、8、9 这三数之中，所以同样形成显性数组，E 行中 4、8、9 这三个数只能出现在这三格内。这时再结合其他条件，可以对 E5 格唯余出 1。

（4）总结

对于刚接触的爱好者来说，只要了解有些时候在格内数字缺少的情形下同样可以形成显性数组就可以了,因为在真实数独题的中后期候选数全部标出后,缺失状态的显性数组是常态,我们需要观察这些格中同区域内的三格中只含三种候选数,或者四格内只含四种候选的情况,找到这些数组后就可以对同区域其他格进行排除,进而删除一些候选数,甚至可以填入确定的数字。

我们用数字 1、2、3 再举例说明显性数组都有哪些情况? 如果三格内候选数分别为{123}、{123}和{123},那三格是满值情况的显性数组;如果呈现出{123}、{13}和{123}这种情况,有一个格内缺失一个候选数 2 也是显性数组。进一步缺失还可以出现{123}、{13}和{12}这种情况,甚至{23}、{13}和{12}这种状况都符合显性数组的要求。总之,只要同区域内三格内只含三种候选数,那么不管是否有缺失的情况都属于显性数组。

我们再来简单地说一下由四个数字构成显性数组的情况,原则同样是找同区域内四格内只含四种候选数的情况。如果四格内候选数分别为{678}、{789}、{78}和{69},是否形成显性数组呢? 我们只需要判断这四格内所含的候选数是否只有四种? 经过简单判断很容易发现这四格内只含候选数 6、7、8、9 四种,可以确认这四格形成显性数组,然后在同区域的其他格对 6、7、8、9 这四个数字进行排除。

12 . 唯一矩形

（1）技巧综合指数及定位

理解难度：5 级　　**观察难度**：2-3 级

技巧定位：仅靠自己很难发现和领悟的技巧体系,是化解数独题卡点、降低解题难度的神技;是竞速玩家必备的实战技巧体系;是衡量是否真正进入数独圈的标志性技巧。

原理由来：根据标准数独只能有唯一解的特性,衍生出的一个特殊的解法体系。

相似技巧：BUG。

（2）概念

利用数独只能具有唯一解的标准，在解题过程中为避免出现数独题局部多解的情况，而采取避免出现多解的结构所产生出的解题思路。数独题为什么必须只能具有唯一解，这个问题我们将在数独心法篇中进行详细讨论。

在学习这个技巧前，先来介绍一下什么是多解的结构——致命模式，同时大家还要了解这个技巧的原理，完全理清这个技巧需要费一番周折，需要思考很多数独方面的相关知识，虽然这个技巧原理很难理清，但并不妨碍我们在解题时能够很容易地观察出来这个技巧，也非常容易使用。大家只要能熟练应用即可，至于是否能完全理解，甚至能将原理讲解给其他人对解题而言并不太重要。

致命模式也就是局部多解的结构。我们先来看两个示意图（见图 1-49 和图 1-50）：

	1	2	3	4	5	6	7	8	9
A	3	6	4	9	1	8	5	7	2
B	5	1	9	4	7	2	8	3	6
C	7	8	2	5	6	3	1	9	4
D	9	37	6	1	2	5	4	8	37
E	1	37	8	6	4	9	2	5	37
F	2	4	5	3	8	7	6	1	9
G	6	9	3	2	5	1	7	4	8
H	8	2	1	7	9	4	3	6	5
I	4	5	7	8	3	6	9	2	1

图 1-49

	1	2	3	4	5	6	7	8	9
A									
B									
C									
D		37							37
E		37							37
F									
G									
H									
I									

图 1-50

图 1-49 中的数独题解到最后出现这种情况，D2、D9、E2 和 E9 四格内数字 3 和 7 都可以填，而且两种填的情况都是正确的，都符合数独中行、列、宫中数字不重复的规则，那么这道题我们称为多解题，对这类题而言是有两个解的。

再看图 1-50，将产生多解的四格单独呈现出来，我们发现这是一个形成矩形的四格结构，这四格中都只含两个相同的候选数，组成两行乘以两列的矩形且**只在两宫内出现**。满足上述条件，我们就可以判断这四格结构是多解的结构，也就是致命模式。在唯一解数独中是不允许出现这种结构的，如果出现要么是自己在前面的解题过程中出错了，要么就是这道题有问题，并不是唯一解的数独题。如果你在某本书、某个数独题库或者某个手机数独 App 中遇到几个这样的多解题，那么建议你不要再做这个题库或 App 里的题了，因为这样的题并不是标准的数独题，也不能运用逻辑推理出唯一的答案。当然并不是说这道题没有解，相反是这道题有很多解，填到后期怎样填都可以得到一个答案。

了解了致命模式后，我们要在解题中避免出现这种结构，唯一矩形是一类解题技巧的总称，具体呈现出的结构有多种不同的情况，本节中可以直观地运用唯一矩形情况一一列举，供爱好者集中学习。当然唯一矩形的结构还可以推导出一些链的结构和更复杂的应用，这些我们将在高级技巧篇中再次讨论。

（3）技巧示意图

① 唯一矩形 1 型：

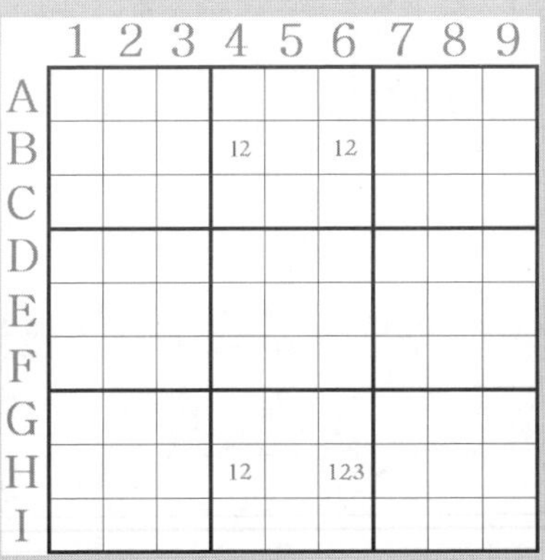

图 1-51

图 1-51 中 B4、B6、H4 和 H6 四格中，除了 H6 格多了一个候选数 3 外，其他格内都只含候选数 1、2，由于这四格的位置符合出现在两行、两列和两宫的致命模式的位置结构，可以应用唯一矩形技巧将 H6 取值为 3。否则这四格将形成致命模式，导致这道题出现局部多解。

② 唯一矩形 2 型：

图 1-52 与"唯一矩形 1 型"示意图比较，形成矩形的四格中，除了候选数 1、2 外有两格内都多了一个相同的候选数 3。我们根据致命模式理论，如果这两格中的 3 都消失，那么这四格就形成致命模式了。

所以反向推理，这两格内有一格肯定是 3，但目前位置尚不确定，可以删除这两格共同影响到的范围，图中打叉的格内不能再填入数字 3。这里两格待定的 3 很像我们之前学过的区块结构，我们可以理解为这里由唯一矩形形成了一个含 3 的区块。

图 1-53 中同样唯一矩形的四格内，有两格含多出的候选数 3，不过这时含候选数 3 的两格处在对角的位置。但推理原理相同，这两格内的 3 至少有一个是真的，如果两个 3 都消失，那么这四格又变成致命模式结构了。所以可以推理出这两格共同影响范围内不能再填入 3，即图中打叉的格内不能再填入 3。

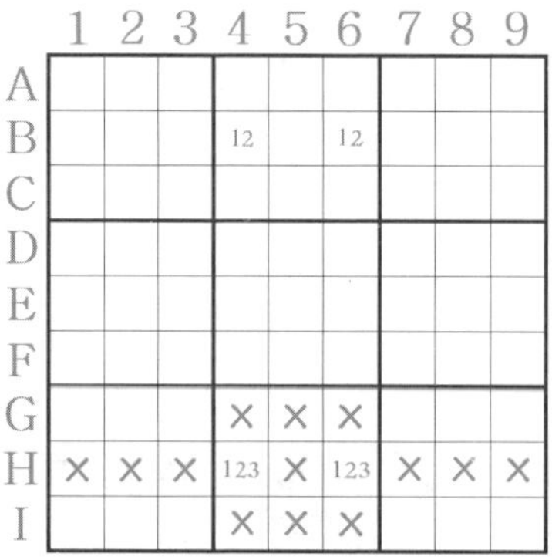

图 1-52

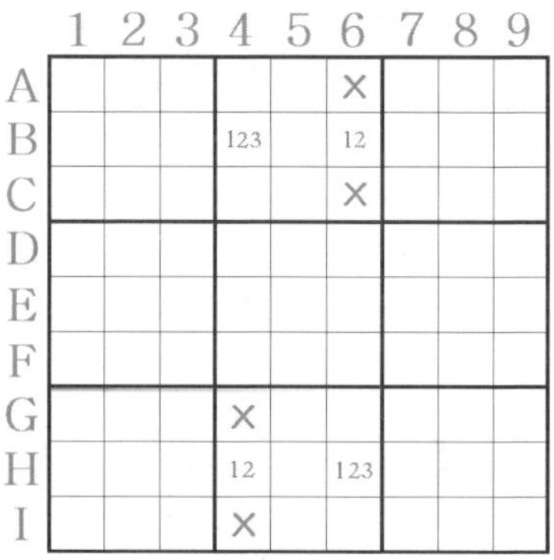

图 1-53

③ 唯一矩形 3 型：

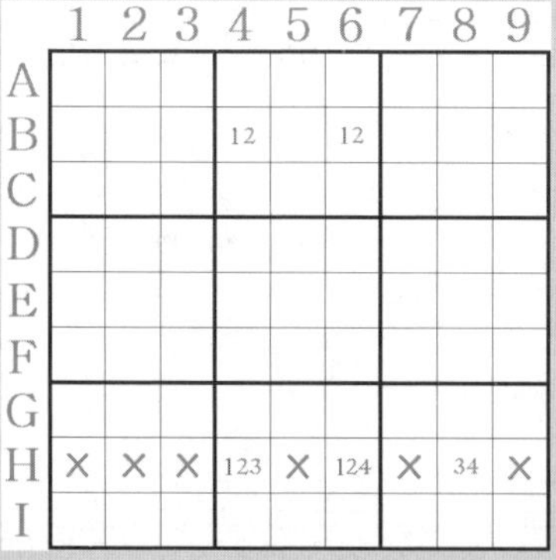

图 1-54

图 1-54 中形成唯一矩形的四格，下面两格里一格多了个候选数 3；另一个格多了个候选数 4。根据致命模式理论，这两格内的 3 和 4 至少有一个是真的，如果两个都消失那么就会形成致命模式。而与这两格同在 H 行的另一格 H8 内也只剩候选数 3、4。那么唯一矩形中的候选数 3、4 与 H8 格中的 3、4 可以形成显性数对，这时 H 行其他打叉的格内将不能再填入数字 3、4。

	1	2	3	4	5	6	7	8	9
A									
B				12		12			
C									
D									
E									
F									
G									
H	✕	345	✕	1235	✕	124	✕	34	✕
I									

图 1-55

图 1-55 中，形成唯一矩形的四格，第七宫中的两格里一格多了候选数 3、5；另一格多了候选数 4。根据致命模式理论，这两格内的候选数 3、4、5 至少有一个是真的，否则就会形成致命模式。而与这两格同在 H 行的另外两格 H2 和 H8 内，也都只含候选 3、4、5，我们可以理解为唯一矩形中的候选数 3、4、5 与 H2 和 H8 两格中的候选数 3、4、5 形成了显性数组。这时 H 行其他打叉的格内将不能再填入数字 3、4、5。

唯一矩形 3 型形成的显性数对和数组，由于构成用到的格子数字看似比候选多一个，例如图 1-54 中形成显性数对 3、4 其实用到了三格，这里与我们前面所学的，纯粹的显性数对有所不同，基础不好的初学者可能会产生疑问与不解。这里只能说此处理解难度稍大，如果实在不能理解可以先放一放，此种情况在解题中出现率较低。

④ 唯一矩形 4 型：

	1	2	3	4	5	6	7	8	9
A									
B				12		12			
C									
D									
E									
F									
G									
H				①		①			
I									

图 1-56

图 1-56 中如果形成唯一矩形的四格中，上面两格 B4、B6 中只含候选数 1、2，下面两格 H4、H6 内存在一个 1 的区块，这个含 1 的区块不管是宫内形成的还是行列内形成的，根据致命模式理论，都可以删掉 H4 和 H6 格内填 2 的可能性，因为不管是 H4 格还是 H6 格内填 2，都会使这四格中出现两个是 1 两个是 2 的情形，而这种情形的两种可能性是可以随意调换的，同样是双解情况。所以为了避免这种双解情形，H4 和 H6 两格内必须删除候选数 2。

⑤ 唯一矩形占位：

<table>
<tr><td></td><td>1</td><td>2</td><td>3</td><td>4</td><td>5</td><td>6</td><td>7</td><td>8</td><td>9</td></tr>
<tr><td>A</td><td></td><td></td><td></td><td></td><td></td><td></td><td></td><td></td><td></td></tr>
<tr><td>B</td><td></td><td></td><td>12</td><td></td><td>12</td><td></td><td></td><td></td><td></td></tr>
<tr><td>C</td><td></td><td></td><td></td><td></td><td></td><td></td><td></td><td></td><td></td></tr>
<tr><td>D</td><td></td><td></td><td></td><td>4</td><td></td><td></td><td></td><td></td><td></td></tr>
<tr><td>E</td><td></td><td></td><td></td><td></td><td></td><td></td><td></td><td></td><td></td></tr>
<tr><td>F</td><td></td><td></td><td></td><td></td><td></td><td></td><td></td><td></td><td></td></tr>
<tr><td>G</td><td>1</td><td></td><td>?</td><td>3</td><td></td><td></td><td>2</td><td></td><td></td></tr>
<tr><td>H</td><td></td><td></td><td></td><td>9</td><td></td><td></td><td></td><td></td><td></td></tr>
<tr><td>I</td><td></td><td></td><td></td><td>7</td><td>8</td><td></td><td></td><td></td><td></td></tr>
</table>

图 1-57

图 1-57 中在 B4、B6 两格内只剩下候选数 1、2。这时观察八宫，由于 G 行有已知数 1、2 对八宫排除，使得八宫内的数字 1、2 只能在 H4、H6 和 I6 三格中，我们知道八宫内的数字 1 和 2 只能占据两格，现在分析一下这三格位置和唯一矩形技巧是否有可以总结出推理的条件。根据致命模式我们知道，如果 H4 和 H6 两格内是数字 1、2

的话，那么就和上面的 B4、B6 两格形成了致命模式。而如果 H6 和 I6 两格内是数字 1、2 的话，那么上面 B6 格将无数字可以填。综合考虑上述两种都不能出现的情形，只能得到八宫内的数字 1、2 占据 H4 和 I6 两格，相当于在八宫内形成数对占据了这两格。再结合 D6 格的 4 被八宫排除，得到 G4=4。

此种唯一矩形的应用并没有在国际技巧体系中介绍命名，但在解高级数独题中偶尔会出现，由于其应用和观察很接近直观技巧，所以在这里简单介绍，同样由于该情况理解难度较大，初学者如果不能顺利理解可先跳过也无妨。

（4）总结

唯一矩形技巧体系的核心原理是致命模式，初次接触容易混淆唯一矩形的几种不同删除技巧，只要把握核心原理就可以慢慢理解消化。实战中如果思路混淆也不必死记硬背定式，而应该是退回到致命模式原理，看此处矩形如何取值或删除才能保证不出现多解结构。

唯一矩形对结构和前提条件要求较高，千万不要认为技巧相似就乱用，否则很容易出现推理漏洞导致出错。**还记得致命模式位置的前提限制吗？**形成矩形的四格必须只能出现在两宫，如果出现在四个宫内的矩形四格，就算候选数也是相同的两个，也不能使用唯一矩形技巧。因为这四格还分别都受到宫内其他条件的影响，并不能变成可以交换成双解的结构。我们来看一个例题（见图 1-58）：

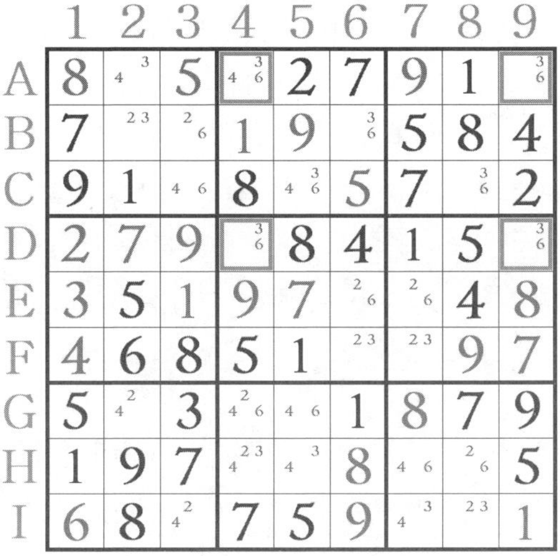

图 1-58

图 1-58 中 A4、A9、D4 和 D9 四格形成矩形位置，但是处在四个宫内的四格，除了 A4 格内有候选数 4 外，四格内其余候选数只有 3、6。看上去很像我们在本节中介绍的唯一矩形 1 型，如果这里按唯一矩形技巧推理对 A4 格取值 4 的话，那么就出错了，本题的答案中 A4格并不是填 4。所以牢记唯一矩形的使用是初学者务必要牢记的前提。

13. 唯一矩形的扩展模式

（1）技巧综合指数及定位

理解难度：5 级　　**观察难度**：3 级

技巧定位：唯一矩形衍生出的扩展模式，虽然出现率不高，但由于掌握后可以大幅度降低技巧难度和观察难度，同样是竞速玩家必须掌握的解题技巧。

原理由来：唯一矩形的升级版本，结构并不是严格的矩形，但原理同样是致命模式。

相似技巧：唯一矩形。

（2）概念

上一节中唯一矩形技巧都是基于四格中只含两个候选数形成的致命模式衍生出的解法，但致命模式本身也可以扩展为更多格和更多候选数的情形。我们在本节中将致命模式的其他情况简单介绍一下，为有兴趣的玩家扩充一下解题思路。由于致命模式的结构是唯一矩形技巧的核心，而且根据致命模式唯一矩形技巧可以衍生出不同形态的删数方法，所以本节只介绍不同形态的致命结构，具体如何应用才能避免出现这种结构，读者可以参考上一节不同方式的唯一矩形进行推理。

（3）技巧示意图

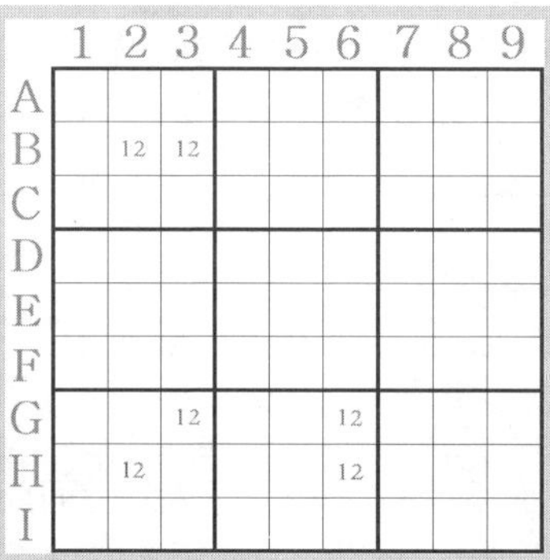

图 1-59

图 1-59 中一宫、七宫和八宫内只含候选 1、2 的六格形成了一个"拐角矩形"结构，如果出现此种情况，那么这六格内的数字 1、2 同样可以互换形成两个解，所以此结构也是致命模式。

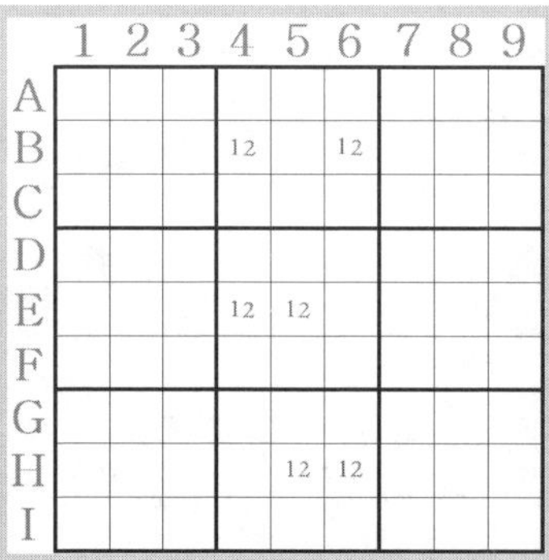

图 1-60

图 1-60 中二宫、五宫和八宫内只含候选数 1、2 的六格形成了一个"三层矩形"结构，如果出现此种情况，那么这六格内的数字 1、2 同样可以互换形成两个解，所以此结构也是致命模式。

图 1-61 中二宫、五宫和八宫内形成三层矩形结构的六格内的候选数分别只有{12}、{12}、{13}、{13}、{23}和{23}，这里和我们之前遇到的情况不同，这六格内出现三种候选数字，但不管出现几个候选，

我们分别用两种情况去尝试，发现两种填数的方式都是符合数独规则的，也就是说这里的六格同样形成了双解结构——致命模式。

图 1-62 与图 1-61 相比矩形结构的六格内都含相同的候选数 1、2、3，这时这六格内的数字也存在多种填法从而导致多解。我们了解到图 1-61 和图 1-62，这六格内只要含三个候选数，无论是满值的情况，还是缺失的情况，都会造成多解结构。

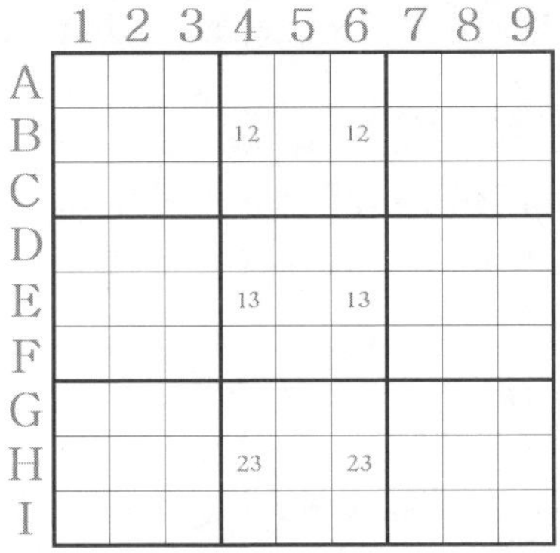

图 1-61 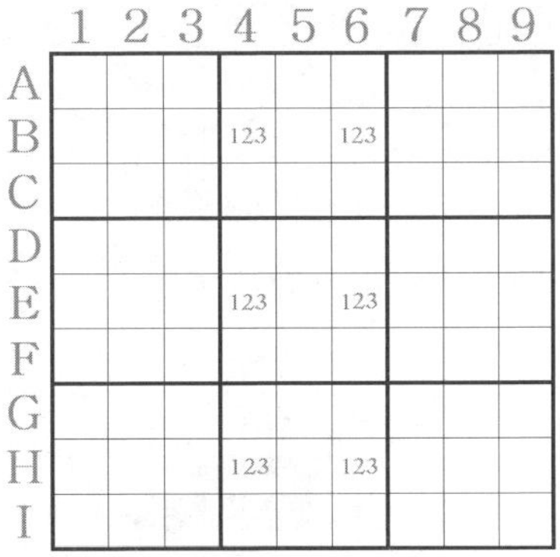　　　　　　　　　　　图 1-62

（4）真题卡点

图 1-63 中被标记方框的六格内形成 1、6、9 三个候选数构成的三层致命矩形，为避免多解只能将 H7 格内填入 5。

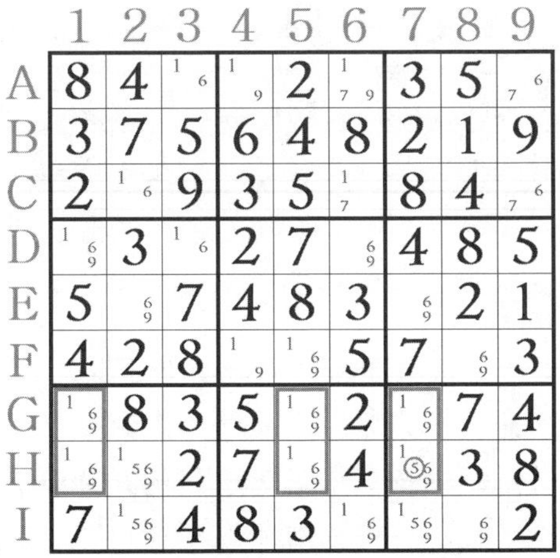

图 1-63

（5）总结

唯一矩形的扩展模式使唯一矩形技巧体系的实用性更加丰富，作为竞速玩家在熟练掌握基础四格矩形的删数方式后，掌握这些变形的矩形并不困难，如果搞懂原理，了解结构并有意识，在实战中快速应用并不困难。

对于数独初学者来说，突然接触这么多不同结构和删数方式的解题方法，难免会出现混淆。建议先理解基础四格的唯一矩形中最简单最常用的方式并熟练使用，然后在以后解题过程中慢慢地理解消化唯一矩形的扩展模式。

14．欠一数对与互补思路

（1）技巧综合指数及定位

理解难度：5级　　**观察难度**：5级

技巧定位：一种高级推理思路，非传统直观技巧，但可用较直观的方式应用于解题，顶尖竞速高手需要具备的推理思路。

原理由来：根据互补思路使某格内的候选数等价于另一个相关位置格内的候选数。

相似技巧：Sue de Coq

（2）概念

欠一数对从字面上理解就是还差一点就形成数对了，通常意义上，数对就是两数与两格的对应关系，如果两数对应多格并不能形成传统意义上的数对概念。但在特殊结构时，两数对应多格也可以得到某些推理线索，这种思路通常称为"互补"。

这里说的"互补"一词和数学中该词的含义并不相同，甚至和日常生活中的该词含义也不太相同，只是国内数独圈内爱好者约定俗成的一种称呼，用较准确的描述应该为"利用某种前提条件使两个或两组有一定位置关系的格内候选数等价"。例如：某格只剩候选数1、2，如果满足一定条件使另外一格内候选数与前者一致，形成只剩候选数

1、2 的情况，我们就说这两格互补。

我们先来举个简单的例子（见图 1-64）说明一下互补思路：

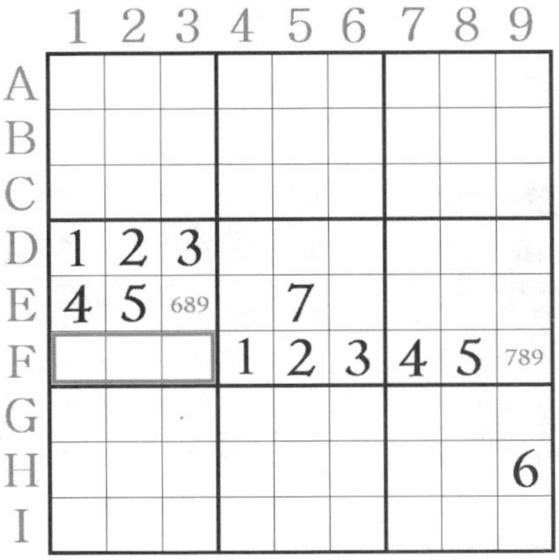

图 1-64

图 1-64 中 E3 格内剩候选数 6、8、9，F9 格内剩候选数 7、8、9。我们观察一下这两格位置是否有特殊关系？发现 E3 格与 F1、F2、F3 三格形成数组关系，而 F9 格与 F1、F2、F3 三格也形成数组关系。两者都与相同的三格形成数组关系，说明 E3 格与 F9 格内最终应该是相同的数字，虽然此时不能判断具体为哪个数字，但可以确定两格内都只剩候选数 8、9。因为如果 E3 内保留候选数 6 的话，F9 内也不能出现候选数 6，所以 E3 格中的候选数删除，同理 F9 格中的候选数 7 也删除。经过上述步骤处理，使 E3 格与 F9 格内候选数变为相同的，我们可以说这两格是互补关系。

当然，基本功好一些的读者马上会发现此处用区块思路也可以得到相同的结论，由于 E3 格内候选数为 6、8、9，所以四宫的 7 只能在区块 F1、F2、F3 三格中，利用该宫内区块可以删掉 F9 格中的候选 7。又由于 F9 格内候选数为 7、8、9，所以 F 行内 6 只能在区块 F1、F2、F3 三格中，利用该行列区块可以删掉 E3 格内的候选数 6。经过上述两步同样可以得到这两格内都剩下候选数 8、9 的结论。

此处虽然可以用两次区块得到相同的结论，但对互补思路熟悉后，可以直接一步得到两格内候选数相同的结论，将两步整合为一步，在实

45

战中节省了解题时间，还使数独盘面中局部关系更加整体化、清晰化。以上我们只是简单介绍一下互补思路，下面再来看欠一数对的结构到底是什么样子的。

（3）技巧示意图

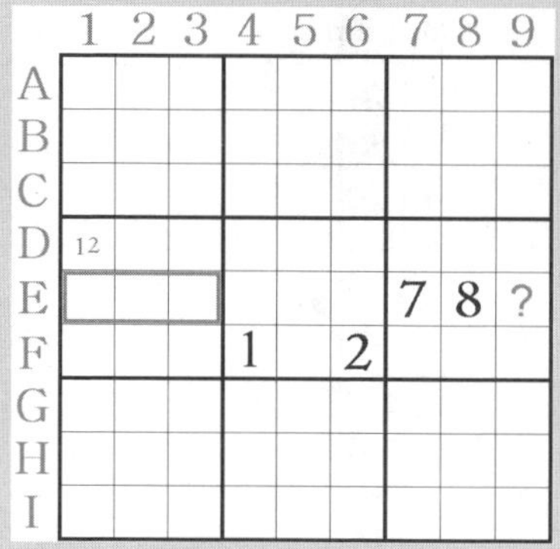

图 1-65 中 D1 格内候选数只剩 1、2，五宫内已知数 1、2 使 E4、E5 和 E6 三格内不能再出现数字 1、2。这时观察 E 行内数字 1、2 可以填入哪些格中呢？

图 1-65

由于 D1 格内候选只剩 1、2，使得 E1、E2 和 E3 三格内只能有一个 1 或一个 2，如果数字 1、2 都在这三格中的话，那 D1 格将无数可填。但 E 行中除了 E1、E2 和 E3 三格外也只剩 E9 格可以出现数字 1、2 了。所以做出如下的判断，在 E 行中数字 1 和数字 2，有一个在 E1、E2、E3 这三格中，另一个在 E9 格中。由于目前还不能确定数字 1、2 具体的位置，所以也只能判断出四宫内除了 D1 格的候选数 1、2 外，跟它凑成"数对"的另一组候选数 1、2 在 E1、E2 和 E3 这三格内，当然 E9 格内的候选数只能是 1、2 了，否则 E 行的数字 1、2 将至少缺失一个。

我们将四宫中 D1 格内的候选数 1、2 与 E1、E2、E3 格中含的另一半候选数 1、2 称为欠一数对，因为这个 1、2 数对与四格对应。而 D1 格的候选数与 E9 格互补，都只剩 1、2。

还可以用另一种更朴素的思路来得到上述结论。由于 D1 格只剩候选数 1、2，假如 D1=1，根据排除法得到 E9=1；假如 D1=2，根据排除法得到 E9=2。而 D1 只有这两种可能，且结论是 D1 格内和 E9 格内的数相同，同样可以得到 E9 格内候选数与 D1 格内相同，只剩候选数 1、2 的结论。

（4）真题卡点

	1	2	3	4	5	6	7	8	9
A	3			1	9			4	8
B	1			3		7		6	
C	45						3	1	
D		5			3			2	
E		4		9		5		8	
F	27				6			9	
G		1	2			3			
H		3		2					1
I	7	8	45	45	1	9	2	3	6

图 1-66

观察图 1-66 中 I3 格内的候选数 4、5，四宫内已知数 4、5 和 1 列中数字 4、5 的位置，会发现和我们图 1-65 中讲解的技巧示意图完全符合。可以根据欠一数对和互补思路马上得到 C1 格内的候选也只剩 4、5。再利用 G3 格内的 2 在对一宫排除形成区块 2，将 F2 格唯余得到 7。

技巧
详解

此处欠一数对的观察和处理顺理成章，下面 I3 格剩余候选数在解题中属于正常标注，而沿着一宫、四宫和七宫的方向观察，如果利用互补思路找到该线索并不困难，比较容易突破该卡点。如果不能利用该线索突破，该卡点的常规思路是在 B 行中找到隐性数对 4、8 的占位，我们稍加分析可以看出这时突然跳到观察 B 行并找出 4、8 数对占位，对观察要求很高且比较耗时。如果上述两种情况都没有发现，那么只能将全盘候选标出，在标注过程中会发现 B 行中的 2、5、9 显性数组将突破卡点。

假设一名基本功比较好的玩家来解该题，如果能够比较顺利地发现欠一数对，不用过多标注就能顺利解题，大概用时 3～4 分钟；如果利用 B 行 4、8 数对占位进行突破，大概需要 4～5 分钟；如果被迫开始全盘标注候选数的话，用时则需要 6～8 分钟。从上面模拟一个基本功不错的玩家利用三种不同思路突破该题的对比可以看出，对于竞速玩家而言，多掌握一种实战思路在解题时会占较大的优势。

对于一般爱好者并且不以竞速为目标，可根据自己的理解能力来决定是否需要学习该技巧。因为该技巧对于初学者而言确实不太容易理解，就算理解了概念在解题过程中也不容易找到可用的线索，所以一般不建议使用该技巧解题。

初级心法篇

1.新手起步注意事项

　　本节内容针对刚刚接触数独或没有成功解出过数独题的新手玩家，普及几个做数独题的注意事项，让新手玩家顺利进入数独世界，少走一些弯路。

　　（1）做数独题前的知识和用具准备

● 了解数独规则。

● 了解数独中宫的概念。主要包括宫的位置边界，数字可以对同宫其他格进行排除等。

● 理解宫内排除法技巧，如果了解区块概念会更好。

● 填写数字最基本的思路及步骤。如初期利用出现个数较多的数字开始运用宫内排除法，或者数出空格比较少（2~3个空格）的区域内的剩余数字并应用排除法。

● 填写数独需要使用铅笔，并备有橡皮可以及时涂改。

● 找一两道有32~40个已知数的入门级难度或初级难度的标准数独题。

● 填数时务必保证填写的数字一定是按照逻辑推理出的确定数字，如果当前不确定的数字一定不要填，如果填了就有可能导致后面出错。

● 填满数字或填到一半时发现已经出错，那么就需要全部擦掉重新填写。除非是刚填错就及时发现或只是笔误填错一两个数字，那么只需要改正填错的数字即可。

　　如果对以上概念基本了解，数独题和笔都准备好，就可以尝试解题了。如果上述注意事项都满足了，只要再用一些时间和耐心，相信你一定能够解出数独题。

　　（2）真题讲解注意事项

　　对于初学者而言，初次解题应该选择一道难度较低的数独题，基本只需要用排除法就可以解出来。拿到题后考虑使用宫内排除法进行解题，首先要知道数独盘面中不管横向还是纵向都是由三个宫并排组成的，我们考虑宫内排除法通常观察同方向的三个宫内是否有两个相同的已知数字，如果有的话，就可以对另一个没有出现这个数字的宫进行排除，进而出现该宫只有一格可以填入该数的情况，也就是我们知道的宫内排除法的应用条件。

解题初始时大概看一下哪个数字个数较多，选用较多的数字入手更容易利用排除法填出剩余的数字。在图 1-67 中，数字 1 比较多，数一下会发现已知数有八个 1，这时我们寻找没有数字 1 的宫，观察后发现第九宫没有数字 1，这时我们观察九宫上面的三宫、六宫或左面的七宫、八宫，观察这几个可以影响到九宫的位置，看这些宫内的 1 如何将九宫内的数字 1 排除定位，经过简单观察发现，三宫中 A7 格的 1 和六宫中 D9 格的 1 对九宫排除即可得到九宫内只剩一格可以填 1 的情况，顺利得到九宫内 H8=1。以上步骤就是宫内排除法的观察方式，初学者在刚开始玩时，不管是横向观察排除还是纵向观察排除，都是以宫为单位进行的，用数字 1 举例来说，就是观察三宫内有数字 1，六宫内有数字 1，对没有数字 1 的九宫进行排除，再精确定位到 H8 这一格。初学者了解并熟悉这样的观察方式后，解题效率很快就会有大幅度地提升。

	1	2	3	4	5	6	7	8	9
A		6	9				1		5
B				1	5		6		8
C		1	5		6				
D	7			9				5	1
E		5		3		1		4	
F	1	9				2			6
G					1		4	9	
H	2		7		9	8			
I	9		1				8	6	

图 1-67

数字 1 全部填完后，我们再换个数字继续观察，比如看数字 5。按照上述观察方式会发现，利用一宫和四宫内的 5 对七宫进行排除，可以得到 G1=5。利用三宫和六宫内的 5 对九宫进行排除，得到 H7=5。利用四宫、六宫和二宫内的 5 对五宫进行排除，得到 F4=5。再利用二宫、五宫和七宫内的 5 对八宫进行排除得到 16=5。经过上述步骤可以得到图 1-68 所示的情形：

	1	2	3	4	5	6	7	8	9
A		6	9				1		5
B				1	5		6		8
C		1	5		6				
D	7			9				5	1
E		5		3		1		4	
F	1	9		5		2			6
G	5				1		4	9	
H	2		7		9	8	5	1	
I	9		1			5	8	6	

图 1-68

（3）新手常见逻辑错误

下面我们来说一下新手玩家可能会出现的问题，观察三宫的数字 8 对一宫排除，在一宫内 A1 和 C1 两格不确定哪格是 8 的情况下，是否可以随意填写一个呢？

在运用排除法时会经常遇到这种情况，根据技巧篇介绍，只有唯一确定的一格才可以填数，在不确定的情况下是不能填数的，填的话就有可能出现错误。因为数独题是只有唯一答案的，A1 和 C1 两格中只有一格内最终结果是 8，根据现有的条件并不能确定数字 8 的位置，就贸然填数将可能会有 50% 的概率出错，这样没有严谨逻辑就填数的方式不是我们做数独题应有的方式。

本题最终答案 A1 格是 8，可能会有新手玩家反问在 C1 格填入数字 8，目前在盘面上并没有出现矛盾和错误啊，为什么不能填呢？其实原因很简单，也就是数独题只有一个唯一确定的答案，虽然目前在 C1 格填入 8 并没有使题马上出现错误或矛盾，但是 C1 格本不应该是 8，如果填入并继续推理的话，最终一定会出现错误。

所以在做数独题时每一步填入的数字都必须是根据逻辑推理并且一定确保正确的数字，而不是当前看似没错的数字，这一点是新手玩家最容易出现的逻辑错误。当然最开始做数独也很容易看错位置，或在已经出现这个数字的宫内又填入一次相同的数字（由于观察时出现马虎漏看了）等错误，这些问题会随着多做题而逐渐减少，这时你就基本算入门了，就可以开始学习更多的技巧和接触难度更大的题了。

2. 数独题唯一解、多解、无解的概念

（1）唯一解

通俗来说就是只有唯一的答案，这是数独题约定俗成的规定，也是数独成为严谨逻辑推理题型的前提。假如一道题有多个解都是正确的，那么到某个局面时你将无法继续进行逻辑推理,因为余下的格内发现的各种情况都是正确的，怎么填都可以，这显然失去了数独游戏的乐趣。所以我们遇到不是唯一解的数独题就没必要继续做下去了,因为这道题本身就无法严格按照逻辑推理得出每一步的正确答案。当然并不是说这道题没有答案，恰恰相反是这道题有很多的答案。

（2）多解

多解出现的情况还是很普遍的，一个空的 81 格数独盘面就是一个有最多解的数独题。当然随意放几个数字，只要不是无解、不矛盾，基本都是多解的状态。最常见的情况是书籍或数独 App 的作者或编辑水平不够，或比较马虎使得一道题丢了几个数字，这样很容易造成题多解的情况。还有就是有些初学者将书上或网上的数独题抄到纸上做的时候，漏抄数字导致多解，又或者本应是唯一解的变形数独，由于新手不了解，误认为是标注数独，由于条件不足而导致多解等。总之遇到多解的题就不要再做了，对解题和提高也没有作用，相反还会影响自己对数独的热情、怀疑自己的解题能力。

需要单独强调一下的是，收视率很高的"最强大脑"节目之前有过数独的盲填环节。对数独稍有了解的人都知道这个环节只是借助数独作为媒介而进行的记忆环节，从严格意义上来说并不是真正的数独游戏。

（3）无解

从字面就可以理解，也就是说题做不出符合数独规则的答案。通常来说无解一般是爱好者往纸上抄题出现错误造成的。一般数独书或游戏里面的题就算质量不好也不至于无解，顶多是出现多解的情况。

我们来用具体实例说明一下多解和无解的情况（见图 1-69 和图 1-70）：

	1	2	3	4	5	6	7	8	9
A		6	9				1		5
B				1	5		6		8
C		1	5		6				
D	7							5	1
E		5		3		1		4	
F	1	9							6
G					1		4	9	
H	2		7		9	8			
I	9		1				8	6	

图 1-69

	1	2	3	4	5	6	7	8	9
A		6	9				1		5
B				1	5		6		8
C		1	5		6				
D	7			8				5	1
E		5		3		1		4	
F	1	9				2			6
G					1		4	9	
H	2		7		9	8			
I	9		1				8	6	

图 1-70

图 1-69 中的这道数独题就是将上一节中给大家入门练习的题挖掉了两个数字，将五宫内 D4 格的 9 和 F6 格的 2 挖掉了。现在这个题就是多解题，初期可以根据数独技巧逻辑推理出一些确定的数字，但推到中后期你会发现所有数独技巧都不能将其继续推理下去了，因为无论哪种可能性都是正确的。

图 1-70 中将上一节的那道数独题稍微改动了一下，将 D4 格的已知数 9 换成 8，这时虽然看不出当前数独盘面有什么异常，但这道题是无解的。虽然开始也可以根据数独技巧往下推理出一些确定的数字，但推理到一定阶段就会发生错误和矛盾，无论如何修改都得不到正确的答案。

本节中介绍的多解和无解概念，主要是告诉初学者在接触数独，学习技巧的过程中，一定要用具有唯一解的合格数独题源，这样你在解题过程中才能体会到数独的乐趣和成就感。如果发现某题库有不合格的数独题请尽快放弃，选择新的题源，否则你的数独成长过程会比较艰难。

真正优质的数独题，做到唯一解是最基本的要求，而难度的稳定、对技巧训练有针对性、数独题观察线索多元化等方面都很好才能算是比较好的题源或题库。真正的数独资深玩家，一般不会随便找题做，那样反而对提升无益，而是在比较熟悉信任的题库刷题或者选择比较信任的作者出的数独题册来做题。

3. 影响数独难度的因素

数独难度跨度十分巨大，以同样是 32 个已知数的数独举例，入门难度的题，高手 1~2 分钟就可以顺利做完；而超高的骨灰难度的数独题，高手 20~30 分钟也未必能"啃"得动，这还没有要求一定要用逻辑推理来解题。

通常来说，绝大多数的数独题划分难度都是按解题需要用到的技巧难度来划分的。例如，只用宫内排除法就可以全部解完的题，可以称之为入门难度；而需要数对占位法或唯余解法才能解完的题，可以称之为中级难度。不同难度级别之间的跨度不是简单的量变，而是差别很大的质变。换句话说，你没有掌握解某个级别难度的题的技巧，那么就一定不能顺利地用逻辑推理解出这个级别的题，当然试数和用非逻辑方法得到题的答案，并不受这个限制。

数独题所需的解题技巧是影响题难度最重要的因素之一，但是这个因素很难从直观上判断，已知数个数相同的数独题由于所需的技巧不同，难度浮动也可能很大。除了这个因素外，已知数的多少也对难度有一定的影响。如果数独题所需技巧是同一个等级的，那么已知数多一些的题的难度相对会降低一些。

下面我们来看两道已知数位置完全一样的数独题（见图 1-71 和图 1-72）：

上面两题已知数个数甚至位置都完全相同，但难度差距很大。图 1-71 是一道只需要排除法就可以解完的初级难度数独题，而图 1-72 则是一道需要运用多次数对和区块技巧才可以解完的高级难度数独题。

经过介绍我们了解到，数独题无法从直观上判断题的难度，如果想系统地学习提高，就要选针对性练习质量较高、信誉有保证的题库。做难度过高、过低或没有针对性的题对于学习和提高都是不可取。

	5			8			9	
4			2		7			3
		6		4		2		
	3		9				6	
6		9				7		4
	2				5		3	
		2		9		3		
3			4		1			8
	4			2			7	

图 1-71

	1			3			9	
9			5		1			3
		5		7		4		
	5		3				1	
8		9				3		7
	2				5		4	
		8		5		9		
5			9		6			4
	9			8			2	

图 1-72

4．显性技巧与隐性技巧

（1）两类技巧的联系与区别

我们学习了本书基础篇技巧，技巧大致分为两类。一类是以区域作为观察点，在一个区域内找到唯一确定数字或两数占据两格的情况。另一类是以格子作为观察点，在一格内找到唯一确定的数字或两格内含两个相同候选组合成数对的情况。

在全盘标满候选数的盘面，利用候选数去找排除法没有直接观察已知数来得方便简洁，但理论上也是可以做到的，也就是在某宫内如果只有一格含某数，就是宫内排除法，如果在某宫内只有两格含某两种候选数，这就是数对占位法。我们将这种观察某个区域内候选数剩余情况的技巧称为隐性技巧。**隐性技巧的代表是排除法。**

如果换成观察全盘标满候选数的盘面，唯余解法或显性数对、数组技巧反而是最容易观察到突破口的。我们将这种观察格内候选数剩余情况的技巧称为显性技巧。**显性技巧的代表是唯余解法。**

两种技巧的观察方式截然相反，互为补充。或者可以将二者理解为阴阳两极，排除法为阳，刚劲高效；唯余法为阴，阴柔稳健。隐性数组和显性数组就是区域内两组数组正反的两面，互相依存。下面我们将通过一个实例来看一下隐性技巧和显性技巧是如何相互依存的。

（2）实例进行对比

图 1-73 是我们在学习数对占位法中的一个示意图，这个示意图是

从已知数角度观察，利用对数字 7、9 的排除在六宫内形成了一个数对占位，本节上面内容已经说过，这种观察角度的技巧归类为隐性，所以数对占位我们也叫隐性数对。

图 1-74 与图 1-73 的已知数相同，在我们将六宫内所有空格的候选数标满后，发现原本的 7、9 数对占位在候选数标满的模式下反而不容易看出，而显性数对 3、4 很明显，E8 格内候选数 3、4、6 中的 3、4 都可以被删除，而 E8 格只唯余出 6。

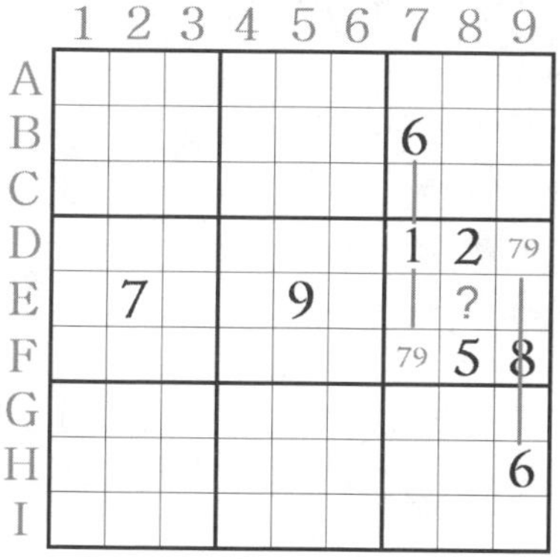

图 1-73

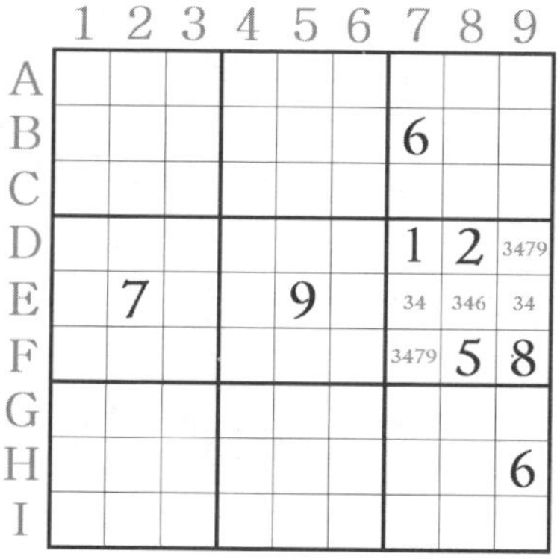

图 1-74

图 1-74 的方式更加直观简洁，如果没有在直观解题过程中发现该数对，那么还是有补救的方法，就是将候选数标出，利用显性数对或数组，找到将原本观察已知数没有发现的显性技巧。这里我们也能看到隐性的 7、9 数对和显性的 3、4、6 数组是互为依存，互为正反面的一个整体。从隐性角度容易看到一面，而从显性角度容易看到另一面。我们在基础篇学到的显性技巧和隐性技巧都可以找到它们相互依存的另一面，只不过有时从一面看很简单，而从另外一面看就很麻烦，我们解题技巧的选择当然从简单的方面去观察。不过有时从两面观察的难度差不多，这时具体如何观察就见仁见智了。由于玩家实战中的喜好有所不同，从这种多角度的变通观察来说，也体现了数独之道的魅力。

（3）两种技巧的辩证关系

其实排除法就是最极端的唯余法，唯余法也是最极端的排除法。试想最纯粹的宫内排除法利用四个相同数字对一个空的宫进行排除，得到唯一——格内填入该数字，可以用相反角度解释为在这个空的宫内形成了一个八个数字构成的显性数组，然后利用这个显性数组将唯一保留那个数字的格内唯余推出那个数字。当然，真实解题时没有人会用这种极端的角度思考推理，但是从理论上可以看出排除法和唯余法的区别与联系。

同理，唯余法其实是在某个区域内形成了一个八个数字的数组占位，占位后唯余位置的格中填入八个数字外的另一个数字，同样解题时没有人会这样极端地思考，这里只是用最极端的情况让你"脑洞"大开，将排除法和唯余法这两种完全不同的方法统一到一起。

这种关系很像中华传统文化中阴阳流动转化的关系，阴中有阳，阳中有阴，两者既是对立关系又相互依存构成道的整体。

5．观察模式的不同风格

（1）排除流与唯余流的概念

在上一节中我们了解到数独基础解法分为两大类，一类是观察已知数排除的隐性技巧；另一类是观察格内剩余候选数的显性技巧。以此作为根据，玩家对于数独的解题观察模式大体也分为两大类，一类是全盘观察相同已知数进行排除的"排除流"；另一类是数不同区域内空格剩余数字进行排除或唯余的"唯余流"。我们用一道简单的数独题来说明一下两种风格的区别（见图1-75）：

	1	2	3	4	5	6	7	8	9
A	8		1	5		7			
B			5				4	6	7
C	6			2		3			
D		1		8	5			7	
E	4		9				1		5
F		7			1	2		9	
G				7		5			9
H	9	8	2				7		
I			9			1	3		6

图 1-75

在拿到一道数独题时，首先考虑运用排除法技巧。"排除流"玩家会全盘找相同数字，运用宫内排除法和区块结合，例如观察 8，可以依次填出四宫的 8，六宫的 8，九宫的 8，八宫的 8，二宫的 8 和三宫的 8。在 8 都填完后再换其他数字观察。大多数按教程系统学习解法的爱好者都会按此观察模式进行解题。

"唯余流"玩家在拿到题后通常希望可以通过数某些空格较少的区域内剩余数字的方式寻找排除线索。在图 1-75 中，开始观察二宫发现一宫和三宫内的已知数 4、6 可以被二宫排除，得到二宫内 A5=6 和 C5=4，然后二宫还剩的三个空格内数字缺少 1、8、9，再观察下方寻找这几个数字，可填出 B4=1，B5、B6 两格还剩 8、9。然后从二宫往五宫和八宫进行推导，数下面两个宫内的剩余或寻找简单的方法排除，例如发现五宫内的 9 直接可以填出，即 D6=9，把二宫剩余两格 8、9 定位。然后五宫剩余四个空格缺少数字 3、4、6、7，再观察五宫周围已知数，可以填出 F4=4，E5=7，E4=3 和 E6=6。这样五宫内数字将全部填满再继续用这种模式观察八宫。数独的一部分玩家和某些转型的资深玩家会主要采用这种观察模式进行解题。

（2）两种流派的特点

从上面两段对比我们发现虽然应用的都是排除法，排除流主要利用观察已知数去连续填出全盘不同宫内相同的数字。而唯余流主要利用观察空格内缺失的数字连续填出同区域内不同的数字。两种做题风格和观察模式迥然不同，所需的能力也有所不同。排除流侧重依靠眼睛观察，需要全盘快速定位，且对区块运用要求较高；而唯余流侧重依靠脑力快速反应出缺失的数字，主要会运用到行列排除和唯余解法。

两种观察模式没有优劣之分，在终极高手中这两种流派的人都占一定比例。也有不少玩家处于两种观察模式结合运用的方式，大体上解题初期采用排除流的效率较高，解题中后期用唯余流的效率较高。

提出这两种流派分类的问题，主要是要说明在这两种流派体系中，构建解法体系是不太相同的。解法体系的意思就是说如何依次运用各种不同的基础解题技巧，这种系统搜索解题技巧的方法是所有爱

心法
解析

好者都要努力学习的，学习的目标就是如何减少观察时间快速搜索各种技巧。

（3）两种思路的观察方式和建立

我们举例说明一下，例如一道中级题所含技巧用了一次宫内数对占位法和一次唯余解法。对于排除流玩家来说，需要快速运用宫内排除法，并进行适当的标注，这样发现数对占位并不难，而另一个唯余技巧可能需要通过某些区块标注辅助发现或者切换观察找出这个唯余后才能顺利解题。而唯余流玩家从宫或行列空格较少的位置开始入手，前期可能需要排除几个数字来过渡一下，中期可以找宫内数对占位和唯余解法解题。

从上述例子对比可以看出，同样是解一道题，不同流派玩家的观察点，甚至采用的技巧都可能不同。爱好者需要了解自己的解法体系，并将自己的解法体系尽量优化。可以在减少观察次数的前提下，尽量将各种卡点都观察一遍。只有解法体系比较科学并且观察力较强时才能达到快速解出各种难度不同的数独题。当然最后要指出，解法体系没有最好，只有最适合，你需要构建起一个适合自己的技巧观察体系，在你不断地练习和进步的同时解法体系也会在不断地微调和改进。

6．标注辅助数字的学问

不同数独玩家的解题方式看似千变万化，主要就是基于观察流派的不同和候选数标注方式的不同而衍生出的不同方式。

（1）标注的分类及目的

候选标注主要分为标注区块和标注格内剩余候选数两类。我们在前面已经了解了隐性和显性两种概念，再来看这两种标注其实也是这两个概念的具体表现形式。区块标注，是标出某区域内（通常指宫）某数字可能出现的位置，属于隐性技巧模式。格内候选数标注，是标出某格内剩余的所有可能的候选数，属于显性技巧模式。通常来说，排除流玩家以标注区块为主，而唯余流玩家以标注候选数为主，但这个也不绝对，主要还要考虑标注这些辅助数字的目的和动机是什么。

毫无疑问，标注是为了自己更方便、更快速地去解题，将自己发现的一些目前还用不上的关键线索标记出来，为后面做准备。了解到标注的作用，玩家应该结合自己的观察流派和自己比较弱势的技巧（在观察模式下容易遗漏的技巧），选择性地进行标注，这样可以更有针对性地防止某些技巧被漏看。

（2）标注的必要性

除了难度很低只需要排除法的题不太需要标注外，从中级开始，难度更大的题通常需要关键性的标注，才可以达到快速和顺畅地解题，否则高级难度题常有几个不同技巧进行组合出数的卡点，如果任何标注都不做很容易顾此失彼，消耗更多的时间。

标注是解题中前期的重要步骤，解题中后期的重点则变为快速识别前面标注的线索。一般原则是尽量不要既标区块又标格内候选数，否则两种不同含义的标注出现在同一个区域会对中后期的识别造成困扰。出错率较高的数独题是由于识别标注发生了混淆造成的，所以熟悉自己的标记方式，养成比较科学的标记习惯，对提升解题能力有很大帮助。不少爱好者遇到瓶颈而不能顺利突破的原因大多是由于没有较好的标注习惯和标注能力。

（3）标注的特例与普遍性

当然也有部分玩家在解题时任何标记都不做，也可以用较快的速度解出高级难度的数独题。但达到这种境界的人首先需要对记忆要求较高，同时还要进行大量练习，将区块位置和格内候选数都能比较清晰地记住。对于普通爱好者锻炼记忆力或进行某方面特训的练习，可以采用这种方式，但对于竞速比赛来说，不标候选数会吃一些亏，快速解题的成功率和稳定性也会大打折扣。所有高级数独比赛的前几名在比赛时绝对都会采用一些标注来辅助解题，只不过根据观察风格和特长的不同，所采用的标注方式不同而已。

心法
解析

心法解析

7．直观技巧综合解题

我们在本章技巧篇中主要介绍了单个的基础解法，但在真实的数独题中，尤其是高级难度的标准数独中出现的难点往往是这些技巧组合在一起出现的，需要你具备能连续熟练运用不同技巧进行推理的能力。本节有几种常见的技巧组合实例，让初学者对这方面知识多一些感性的认识。

真题卡点图：

图 1-76 中，全盘找不到直接的排除线索和唯余线索。但在二宫和五宫中形成了一个区块 8 的组合式排除，利用这两格区块组合可以对 5 列和 6 列下面的格内产生排除 8 的效果，这时 I6 格内排除 8 后就只唯余数字 4 了。

图 1-77 中，G 行和 6 列的已知数 1、6、7 在八宫内形成一个数组占位，占位后 G1 格的 9 再对八宫排除，在八宫内形成一个含 9 的区块，利用该区块对五宫进行排除，得到 F5=9。

	1	2	3	4	5	6	7	8	9
A		4	7		5	2		8	1
B	8	3				7		5	2
C	5	1	2	9	8		6		
D		2		4	8		7		
E	4						8	2	
F			8			6		4	
G			4			3			
H	2			5				3	8
I	1		3			?	2	9	

图 1-76

	1	2	3	4	5	6	7	8	9
A	6		1						
B	4		3			7		5	6
C	7	2	5	8	3	6	9	4	1
D	5	6			8	3		1	9
E	8		9	6	4	1			
F	1			5	?		6	8	
G	9	1	6					3	7
H	2	4		3	67	9	1		
I	3	5		17	167				

图 1-77

从上述两例可以看到中高级难度的数独题中常会出现技巧组合的情况，有时需要连续运用两三个不同技巧才能顺利推测出后面的数字。而技巧组合的核心往往是区块，有时也会出现数对数组进行组合的情况，这就需要你熟练掌握单个的基础技巧，在遇到复杂卡点时才能灵活地将这些技巧组合运用。

三、高级数独技巧概述

（1）高级技巧概念

高级技巧顾名思义是指比基础技巧难度更大，学习和掌握起来更难的技巧，但相应地可以解出基础技巧不能解出的骨灰级难度的数独题。它的另一个常用的名称就是"候选数技巧"，意为利用观察候选数进行推理的数独技巧。如果说基础技巧主要建立在直观已知数和确定数字的方式上，只用简单标注辅助线索就可以灵活运用的技巧。那么高级技巧就需要借助于全盘标注候选数，并主要观察候选数之间的关系进行推理的技巧。

（2）数独难度与技巧的关系

在 QQ 群里常遇到新手玩家会对别人发全部标满候选数的题产生疑惑，"解数独需要这么麻烦吗，还要标那么多数字？我做数独题时都是直接观察填数的，不需要标注也可以解题"等言论。这里就要对数独题的难度和为什么会有很多高级技巧简单介绍一下了。

通常来说，基础技巧可以解决入门难度和高级难度的数独题，而数独难度的划分其实是根据需要使用技巧的不同难度进行划分的。数独题确实存在大量只用基础技巧无法完全解出的题，这样就产生了诸多解决不同情况的高级数独技巧，通常我们将基础技巧无法解出的数独题的难度定位为骨灰级难度。

（3）试数法的概念和定位

有时还会遇到这样一种情况，就是遇到自己解不开的难题，很多人都会用到试数这个方法最终得到答案。由于数独题只有唯一解，只要不断地在空格内用不同的数字尝试往下顺推解题，如果遇到矛盾再将之前的假设数字调换，是可以得到答案的。这里就要谈到做数独题的目的和意义了。如果只是为了得到答案，用试数的方法没有问题，而且可能比用纯逻辑推理的高级技巧还要快。但是对于解题过程来说，玩家并没有获得成长和乐趣，只是机械性地试误改错。这样的方式背离了数独游戏本来的初衷和乐趣。当然，数独题难度分布很广，如果你只会几种基础技巧并不影响解中低难度的数独题，同样也可以体会到数独的乐趣。就像打篮球一样，不是每个人都能扣篮，但你做不出扣篮的动作并不妨碍你和朋友进行这种娱乐和锻炼的方式。

试数作为一种实用方式只在数独比赛中有其存在的意义，而在数独娱乐和常规练习时都是没有意义的。所以爱好者在进行娱乐和练习时一定要做适合自己难度的题。一旦数独题难度超过自己的能力范围，就不能严格按照逻辑推理进行解题了。骨灰级难度以上的数独题也吸引了众多爱好者，它的魅力在于解题的逻辑之美：体会推理过程中如何灵活运用各种技巧定式和原理，如何用最简洁最漂亮的解法解出题，而不是仅仅得到答案。如果只为，得到答案，直接在网上下载一个数独解题器，不用 1 秒就可以解开题，但在这个过程中你并没有任何收获和体验。

（4）本书高级技巧的学习方法

骨灰级的题每一步也要按照严格的逻辑来推理，我们还要知道破解高难卡点需要有各种不同的技巧思路，就像在基础篇中应用区块和数对等技巧一样，需要掌握更多更复杂的技巧定式，才有可能在做题时将繁杂的线索挖掘出来，为我们解题推理提供依据。本章涉及的技巧结构不太复杂，可以算是一种逻辑定式，在讲解每个解法时，我们会介绍它是如何推导出来的，你一旦了解它的原理后，在做题时只要找到这个定式的结构进行解题即可，而这个技巧完整的推理过程在做题时是不需要考虑的。

我们要知道每种技巧的产生都有其应用的场合，只是有些技巧出现的概率较低，有些技巧出现概率较高。虽然本章介绍的高级技巧也有很多种，但重点技巧并不多，大家应深入了解这几个核心的高级技巧，这样才能在解题时灵活运用，进而学习难度更高的技巧。这几个重要的高级技巧分别是**双强链**、XY-wing 和 Y-wing，这三个高级技巧分别代表了三种最简单的删数逻辑。其他的技巧要么和这三种典型结构有相似之处，要么由于出现概率较低、实用性较差，不作为重点掌握的内容。

（5）使用高级技巧的前提

我们使用这些高级候选数技巧的前提是全盘标注格内所有候选数，并处理区块和显性数组。这个前提非常重要，由于候选数技巧对结构要求很高，如果没有经过区块和数组删数，盘面中会夹杂很多本应在基础技巧过程中删掉的数字，使很多高级技巧无法运用，从这点也可以看出基础技巧的重要性。还有一些高手可能会说，有时我不标注候选数也可以应用高级技巧。这点并不否认，有时盘面结构比较整洁或者运气好，很快便可以找到此题的关键点，不排除有不做任何标注就可以应用某些高级技巧的情况。但这个情况属于特例，并不适用于所有情况，也有运气不好，找很久都没发现线索的时候，而全盘标注会大大降低依靠运气解题的情况，也便于观察和学习。所以本章讨论候选技巧，真题给出的盘面都是全标候选之后并删除区块和数组的候选数条件。

（6）各类玩家在学高级技巧前的思想准备

在学习高级技巧前，我们需要提醒众多数独爱好者，由于高级技巧理解难度较高，做题时观察难度也较大，需要玩家具备较好的基础技巧。学习高级技巧的过程要比基础技巧困难很多，一些年龄小、基础不好、理解能力和逻辑能力不足的爱好者，需要一段较长的过程才能领悟。但对于基本功较好，综合能力较强的爱好者来说学习起来会相对容易一些。

据统计，大概有 1/10 的数独的爱好者在接触数独几个月之后有学习高级解法的愿望，但由于网上相关文章讲解名词和用语有很大差别，且很少有系统性的整理，使得绝大多数这样的爱好者经过一些努力尝试后没有得到预期的效果，不能顺利进入数独高级解法的殿堂，未能体会数独真正的魅力。其实对于基本功较好，心智成熟的爱好者而言，大多数人都是可以接触甚至熟练掌握高级解法的。本人之前对这方面需求也比较忽视，更多建议爱好者在基础技巧范围内练习竞速。但现实中并不是所有人都适合竞速，大多数人还是出于娱乐和获得成就感的动机来做数独的，如果可以自己独立利用高级技巧解出骨灰级的数独题，对于很多人来说还是非常有成就感的，所以尝试系统讲解高级技巧的脉络并辅以心法指导，会让你知其然并知其所以然。不仅熟悉技巧定式并深入了解其背后的原理，为后续接触终极数独技巧做好铺垫。

对于一般娱乐玩家和竞速玩家来说高级技巧并不是必须掌握的内容，高级技巧更侧重于分析和寻找最优解法，有时追求的与过程与竞速往往相悖，这也就是圈内竞速玩家和技巧玩家泾渭分明的原因所在，但对于大多数有能力的竞速玩家来说多掌握一些原理和定式，对全面提升解题能力也不是坏事。如果想做骨灰题并且用逻辑推理方式一步一步解出答案，那么本章技巧是必须了解的。否则就算别人给了你答案，你也看不懂所给出结构的逻辑原理，所以要做骨灰题就必须先了解掌握本章的核心解法。

在开始接触高级解法前再次强调，你是否已经具备了基础解法的基本功和愿意尝试学习新式思路，如果技术和心理都做好了充分的准备，那么我们马上就开始学习高级技巧讲解。在熟练辨识每种定式结构的同时，需要细心阅读后面心法篇中有关链的原理内容，如果原理清晰再运用前面技巧定式将对解题有非常好的帮助。当然，有些人对于原理理解起来会有些困难，如果不懂原理也并不影响我们学习和应用前面的定式，在不断应用这些定式技巧的过程中会慢慢体会原理，也许有一天你会突然开窍，将链的原理深刻领悟。这时你运用高级技巧的能力会步入一个新的境界。

天 蓝天数独 高级技巧篇

1．X-wing 删减法

（1）技巧综合指数及定位

理解难度：4 级　　**观察难度**：4-5 级

技巧定位：通常是爱好者第一个接触的高级解法，结构最简单的链环

原理由来：利用单一候选数所在的四格，形成强弱交替并首尾相连的环，对弱链所在区域的其他格进行删数的技巧

相似技巧：组合排除法、带区块的 X-wing

（2）概念

X-wing 技巧乃至绝大多数高级技巧的命名都直接沿袭国际统一的英文叫法。由于这些技巧的发现是经历了若干年的时间，并且不是同一个人命名的，导致只看技巧名的后缀并不能将其准确地分类，我们只是这样统一称呼而已。X-wing 按逻辑分类应该归到单链里，是结构最简单的偶数节点的链环。

（3）技巧示意图

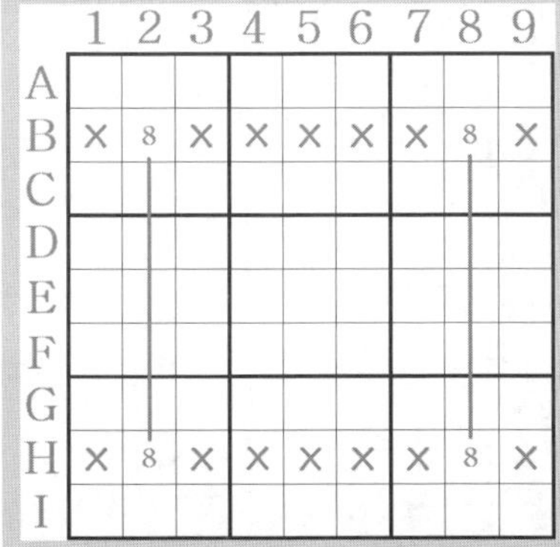

图 1-78

图 1-78 中 2 列中的数字 8 只在 B2 和 H2 两格内，这种非此即彼的关系（强链），在心法篇"强链与弱链"一文中有详细介绍。在 8 列中的数字 8 也只在 B8 和 H8 两格内。观察 2 列和 8 列中 8 的位置会发现恰好形成一个矩形，这时可以对 B 行和 H 行的其他格除排是 8 的可能性，图中打叉格内的 8 被删除。

（4）技巧原理及推导过程

朴素原理及推导：图 1-78 中 2 列的 8 只有两种可能性，要么上面 B2 格内是真的，要么下面 H2 格内是真的。如果上面 B2 的 8 为真，那么 8 列中的 8 只能在下面的 H8 格中；如果 2 列下面的 8 为真，则 8 列

中的 8 只能在上面的 B8 格中。无论出现哪种情况，2 列和 8 列的 8 一定有一个出现在 B 行，另一个出现在 H 行，所以可以排除掉 B 行和 H 行其他格内出现 8 的可能性。

链的原理及推导：8 在 2 列和 8 列都形成强链，恰好在这两列内的 8 在 B 行和 H 行内形成弱链，构成了一个强弱交替的链环。根据链的删数原理可以删掉链环中所有弱链所在区域其他格内的 8。

（5）真题卡点

图 1-79 中 B 行的 4 只在 B2 和 B8 格内，H 行的 4 只在 H2 和 H8 格内，根据 X-wing 技巧可以删除 2 列和 8 列其他格内的数字 4。此例删除点较多，可以得到 D2=1 和 F8=9。

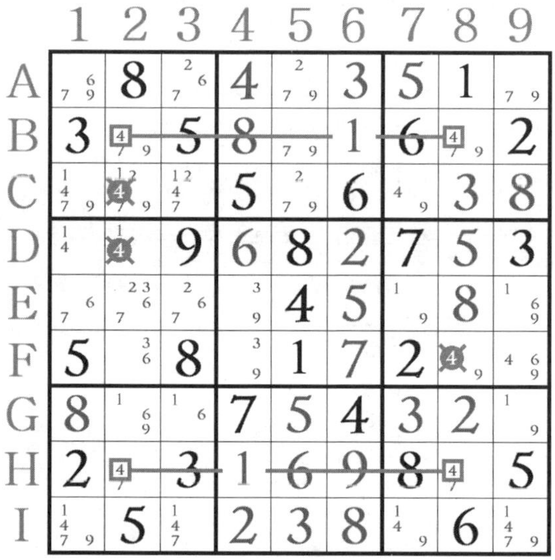

图 1-79

（6）总结

X-wing 是利用单一候选数四格结构的定式，理解起来并不太困难。在解题观察时出现在前中期和中后期的难度有些差异。本章节的这种定式结构对于是否理解链的原理并不重要，不懂链也不妨碍这种方法的熟练应用，更多侧重于实际运用。

由于骨灰难度的分级是根据难度相仿的技巧进行粗略划分的,所以一个骨灰级题库里的数独题会包含多种不同的高级技巧。只学会一两种方法是不能开始做题的,因为你可能并不了解题中所需要的技巧。需要熟练掌握本章大部分技巧后再来做题。这也是很多人学习高级技巧时容易半途而废的原因之一。

2．单链之双强链

（1）技巧综合指数及定位

理解难度：5 级　　**观察难度**：4-5 级

技巧定位：骨灰级数独题中出现率最高的技巧,结构最简单的单链,学习链和了解原理的起点。

原理由来：利用单一候选数的四格,形成强弱强交替的三段链,并删除两个端点共同影响区域格内的该候选数。

相似技巧：X-wing,带区块的单链之双强链

（2）概念

单链之双强链这个技巧有些庞杂,之所以本书用这个烦琐的名字也是尽量将一类技巧都归到这个概念下,通常圈内直接叫双强链,但为了严谨,在前面加上单链。单链是仅利用单一候选数形成的删数技巧,而双强链是结构最简单,用途最广阔的技巧之一。单链之双强链其实就是两条强链的某端点用一条弱链相连,连成后可以对这个三段链的两个端点共同影响的区域删数。由于两个强链的位置关系不同又被不同的人单独地命名。按形状区分通常被命名为摩天楼、双线风筝和多宝鱼（比目鱼）。

需要说明的是,X-wing 也是单链,节点比双强链还少一个,但由于其节点为偶数,严格划分为环,在解题中环出现的比例远少于奇数节点的链。

这里把双强链作为最基础链的技巧进行介绍。

（3）技巧示意图

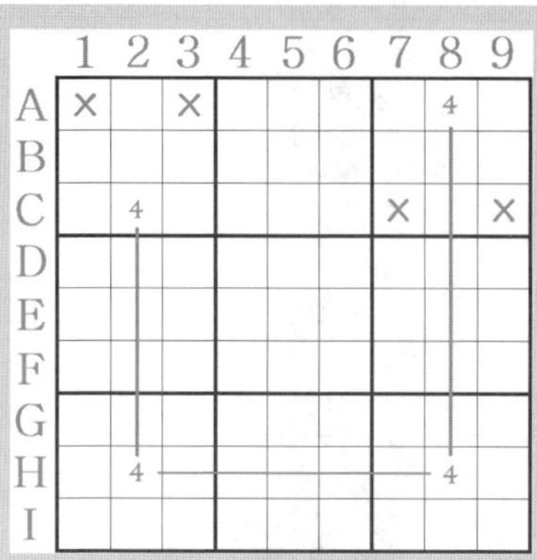

图 1-80

图 1-80 中，在 2 列的数字 4 只在 C2 和 H2 两格内，在 8 列的数字 4 也只在 A8 和 H8 两格内。而这两组候选数 4 恰好有一端都出现在 H 行，为了使这个结构（弱链）看上去更清晰，我们将 H 行的两个 4 用一条细线连接。这时含候选数 4 的这四格被三条线段（"强弱强"的链）连成了一个三段长链结构。符合这个结构时可以删除这个三段链两个端点共同影响区域格内的 4。此例就是删除 C2 格和 A8 两格共同影响格内的 4，图中打叉格的位置。由于这个结构像是从 H 行平地而起的，在 2 列和 8 列的两栋高度不同的楼房，故命名为摩天楼。

图 1-81 中，在 2 列的数字 5 只在 B2 和 G2 两格内，在 H 行的数字 5 只在 H3 和 H8 两格内。而这两组候选数 5 恰好有一端都出现在七宫。这时含候选数 5 的这四格连成了一个三段长链结构。符合这个结构时可以删除这个三段长链的两个端点共同影响区域格内的 5。此例就是删除 B2 格和 H8 两格共同影响格内的 5，图中打叉格的位置。至于此结构为何命名为双线风筝无从查起，读者可以发挥自己想象力，将其想象成一个风筝。

图 1-82 中，在 2 列的数字 6 只在 C2 和 H2 两格内，在三宫中的数字 6 也只在 A7 和 C9 两格内。而这两组候选数 6 恰好有一端都出现在 C 行。这时含候选数 6 的这四格连成了一个三段长链结构。符合这个结构时可以删除这个三段长链两个端点共同影响区域格内的 6。此例就是删除 H2 格和 A7 两格共同影响区域格内的 6，图中打叉格的位置。此结构如果将 H2 和 A7 格的候选数 6，与删除点 H7 格也各连上一条线的话，就是一条鱼的形状，多宝鱼的名称因此而得。

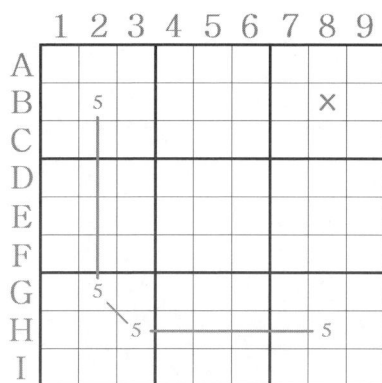

图 1-81

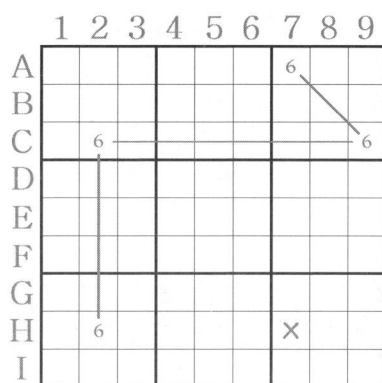

图 1-82

（4）技巧原理及推导过程

从上述三个示意图可以看出，虽然形成的三段链结构的外形有所不同，但其核心逻辑是相同的，都是由一条弱链连接两条强链而形成的"强弱强"的结构。所以我们只用摩天楼为例进行原理说明和推导演示过程，其余两种情况只要类比摩天楼的推理就可以理解。

朴素原理及推导：在图 1-81 中，2 列的 4 只有两种可能性，要么上面 C2 格内是真的，要么下面 H2 格内是真的。如果下面 H2 格内的 4 是真的，会删除 H8 格内的 4，则 8 列中 A8 是真的。也就是说不管 2 列和 8 列的两组 4 如何取值，C2 格和 A8 格内至少有一格内的 4 必是真的，所以可以删除 C2 与 A8 两格共同影响区域格内的 8，图中打叉格的位置。

链的原理及推导：4 在 2 列和 8 列都形成强链，且在 H 行由弱链将这两条强链连接。根据链的原理"强弱强"三段链两端的格内候选数，构成非此即彼的强链关系，可以删掉两格共同影响区域格内的 8。

技巧

详解

（5）真题卡点（见图 1-83）

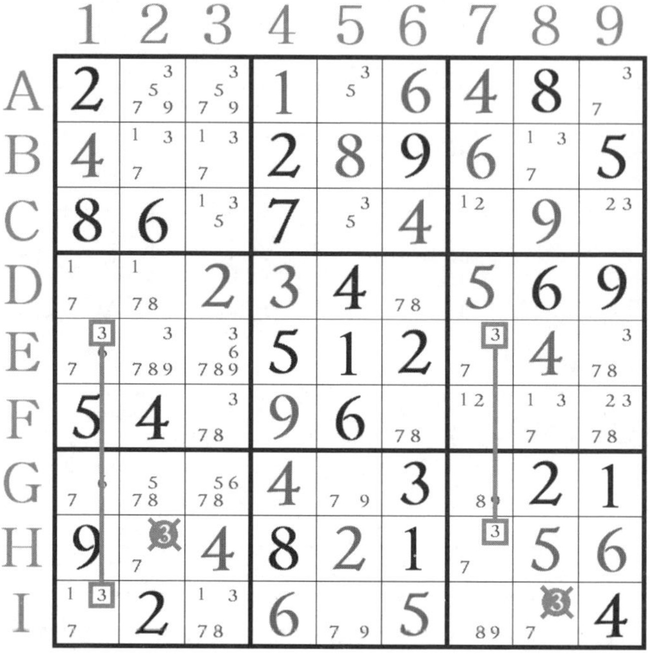

图 1-83

图 1-83 中 1 列的 3 只在 E1 和 I1 两格内，7 列的 3 只在 E7 和 H7 格内，由于 E1 格和 E7 格同处于 E 行，根据单链之双强链技巧可以删除 I1 格和 H7 格共同影响格内的 3，得到 H2＝7 和 I8＝7。

（6）总结

单链之双强链技巧结构的核心是同一候选数形成的两条强链又被一条弱链相连，形成一个三段有传递效果的长链，如果这条强链的一个端点为假，则另一个端点必为真。根据这个结构的推理，可删除两个端点共同影响区域格内的该候选数。虽然根据外形还可以细分为几种不同名称的单链之双强链，但我们在应用过程中，只要牢记这个结构就可以运用，不用考虑具体的分类。实际解题中在遇到基础解法无法破解的数独题时，单链之双强链是首先要考虑的破解技巧，该技巧很容易形成，属于大多数接触高级解法的爱好者都可以掌握的解题技巧。

3．带区块的 X-wing 删减法

（1）技巧综合指数及定位

理解难度：5 级　　**观察难度**：5-6 级

技巧定位：虽然名字叫带区块的 X-wing，但结构和推导思路与摩天楼技巧更相似，作为单链之双强链的补充技巧。

原理由来：X-wing 的升级版，将 X-wing 中的某点换成了一个含某数的类区块结构，删除范围比 X-wing 少。

相似技巧：X-wing、带区块的单链之双强链

（2）概念

带区块的 X-wing 中的区块并不是我们在基础技巧篇中所讲的那种严格具有排除作用的区块，而是长得和区块一样，含某候选数的整体结构。这里借用区块这个名称称呼这种结构更直观形象，比另起其他的名称更容易被认知。

带区块的 X-wing 更像 X-wing 和摩天楼技巧两者的中间形态。其推导过程像摩天楼技巧的原理，它是一个端点由一个数字换成了一个类似区块的多格结构。

（3）技巧示意图

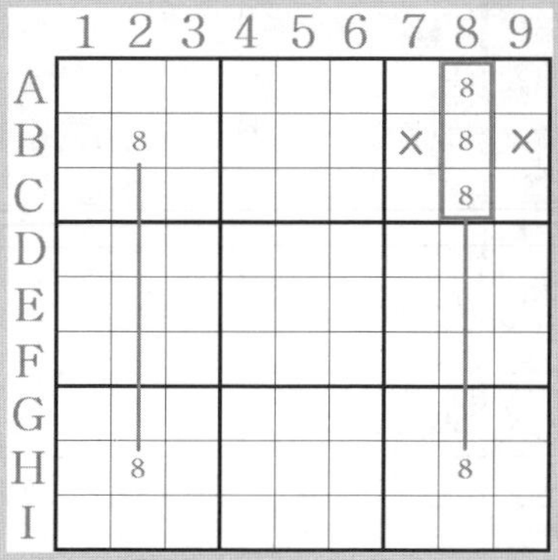

图 1-84

图 1-84 中，在 2 列的数字 8 只在 B2 和 H2 两格内，在 8 列中的数字 8 也只在 A8、B8、C8 这个三格整体和 H8 两个区域内。观察 2 列和 8 列中 8 的位置，会发现这两组含 8 的结构有一端都在 H 行，这时可以对两组含 8 结构的另一个端点 B2 格和 A8、B8、C8 这个三格整体共同影响区域格内删除 8，图中打叉位置。注意这二者共同影响的区域只有两格。

（4）技巧原理及推导过程

朴素原理及推导：在图 1-84 中，2 列的 8 只有两种可能性，要么上面 B2 格内是真的，要么下面 H2 格内是真的。如果下面 H2 格内 8 是真的，会删除 H8 格内的 8，使 8 列中 A8、B8、C8 这个三格整体是真的，相当于 8 列内形成了一个区块。也就是说不管 2 列和 8 列的两组 8 如何取值，B2 格和 A8、B8、C8 这个三格整体内至少有一格内的 8 必是真的，所以可以删除 B2 与 A8、B8、C8 这个三格整体共同影响区域格内的 8，图中打叉格的位置。

链的原理及推导：8 在 2 列和 8 列都形成强链（将 8 列中 A8、B8、C8 这个三格看成一个整体），且在 H 行由弱链将这两条强链连接。根据链的原理"强弱强"三段链两端的格内候选数也构成强链关系，可以删掉两部分共同影响区域格内的 8。

（5）真题卡点

图 1-85 中 A 行的 5 只在 A1 和 A5 格内，H 行的 5 只在 H1 和 H4、H5、H6 这个三格整体内，根据带区块的 X-wing 技巧可以删除 A5 格和 H4、H5、H6 这个三格整体共同影响区域格内的 5，得到 I5=6。

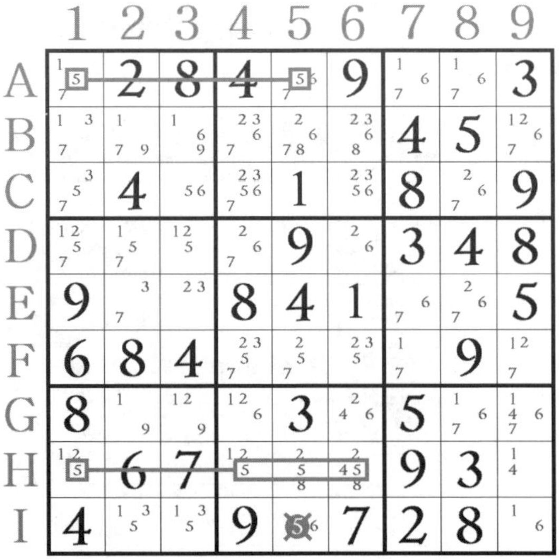

图 1-85

（6）总结

带区块的 X-wing 中，区块结构三格在实际数独题中减少为两格也不影响使用，爱好者在解题时遇到类似情况应具有变通能力，只要根据推导原理重新走一遍过程确认原理正确就可以删数。

题中出现带区块的 X-wing 时，通常也有其他位置可以根据双强链来突破，由于双强链比带区块的 X-wing 更容易观察，所以这个技巧的重要性显得不太高，通常可作为单链之双强链的补充观察技巧，因为有时会先发现带区块的 X-wing，如果你能多掌握一种思路，就能尽早突破进入后面步骤的推理。

4．XY-wing 删减法

（1）技巧综合指数及定位

理解难度：4 级　　**观察难度**：5-6 级

技巧定位：骨灰级数独题中常出现的高级技巧，最简单的双数链。

原理由来：利用三个含有相互传递关系的双候选数格，并删除两侧格共同影响区域格内出现在这两格内相同的候选数。

相似技巧：XYZ-wing、双数链

（2）概念

XY-wing 是都含有双候选数三格形成的结构，中间格含候选数 XY，两侧格一个含 XZ，另一个格含 YZ，这时可以删除两侧格共同影响格内的候选数 Z。这是最简单的双数链结构，是数独爱好者接触的第一个利用不同候选数传递链的关系的技巧。由于三格形状如同翅膀，所以技巧名后缀带有 wing。其结构有两种情况，一种结构是三格出现在两宫，删除范围较大；另一种结构是三格出现在三宫，删除范围只有一格，出现率较低。

（3）技巧示意图（见图1-86、图1-87）

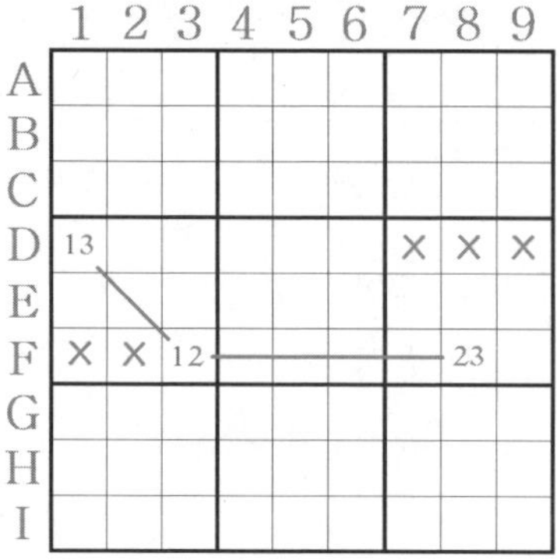

图1-86

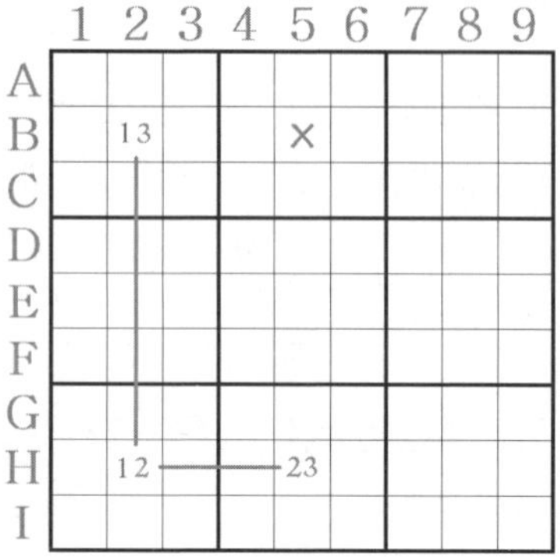

图1-87

图1-86中F3格内只有候选数1、2，D1格内只有候选数1、3，F8格内只有候选2、3。F3格作为中间格与两侧格D1格同处在四宫，与F8格同处在F行，这时可以删除D1格和F8格共同影响区域格内的3，图中打叉位置。

图1-87中H2格内只有候选数1、2，B2格内只有候选数1、3，H5格内只有候选2、3。H2格作为中间格与两侧格B2格同处于2列，与H5格同处在H行，这时可以删除B2格和H5格共同影响区域格内的3，图中打叉位置。

（4）技巧原理及推导过程

上述两种情况的XY-wing虽然外形有点差异，但原理和结构完全相同，我们用第一种情况讲解的技巧原理和推导过程，套用到第二种情况中。

朴素原理及推导：在图1-86中，F3格取值有两种可能，一种F3=1、另一种F3=2。当F3=1时，D1=3；当F3=2时，F8=3。也就是说连接两侧格的F3格无论如何取值，两侧格D1和F8的两格内都至少有一格内为3。所以可以删除这两格共同影响区域格内的3。

链的原理及推导：D1、F3和F8三格内都只剩双候选数，可形成三组强链关系。且这三格中有两格处在四宫，有两格处在 F 行，可形成两组弱链关系。从 D1 格的 3 开始到 F8 格的 3 可形成如下链的结构式：3＝＝1--1＝＝2--2＝＝3，这条链强弱依次交替且两端都为候选数 3，根据链的原理可以删除两端点共同影响区域格内的 3。

（5）真题卡点（见图 1-88）

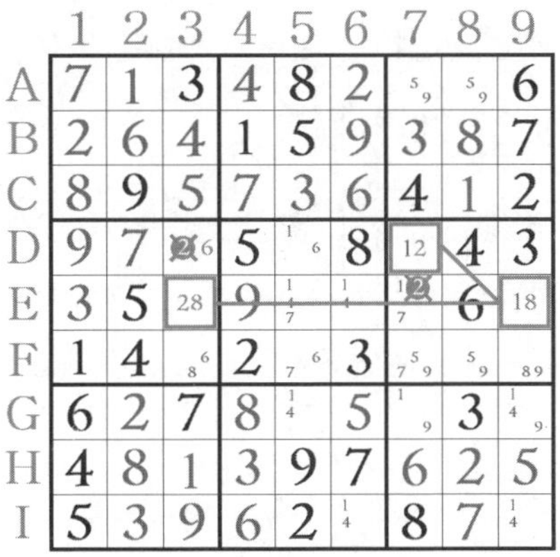

图 1-88

图 1-88 中 E9 格内只含候选数 1、8，D7 格内只含候选数 1、2，E3 格内只含候选数 2、8。且 E9 格作为中间格与两侧格都分别处在同一个区域，根据 XY-wing 技巧可以删除 D7 格和 E3 格共同影响区域格内的 2，得到 D3＝6。

（6）总结

XY-wing 的原理并不复杂，用朴素的思维模式就很容易理解。在骨灰级数独题中使用率很高，与单链之双强链相同都是做题前首先要试用的高级技巧。两者对比，单链之双强链属于靠区域建立链的关系的隐性技巧；而 XY-wing 是靠格内建立链的关系的显性技巧。两者技巧观察方式也有不同，XY-wing 是寻找有连带关系的双候选格；而单链之双强链是寻找区域内只剩两种可能的单一候选数。虽然 XY-wing 理论上不难理解，但由于后期双候选数的格比较多且相互之间都有些连带关系，则需要经过一定的学习，才能在混乱局面中快速地找到能形成 XY-wing 结构的三格，否则很容易迷失在混乱的局面中。

XY-wing 也是非常重要的高级技巧之一，凡是接触高级技巧的爱好者务必要掌握这种结构和删数逻辑，后面还有些技巧是从 XY-wing 结构衍生出来的，所以要将高级技巧基础打牢。

技巧
详解

5．XYZ-wing 删减法

（1）技巧综合指数及定位

理解难度：5 级　　**观察难度**：6 级

技巧定位：骨灰级数独题偶尔出现的高级技巧，作为 XY-wing 技巧的补充。

原理由来：原理类似 XY-wing，只是中间格内为三候选数，删三格共同影响区域格内在三格中都出现的那个候选数。

相似技巧：XY-wing

（2）概念

XYZ-wing 无论从名称还是结构来看与 XY-wing 很相似，相对比只是在 XY-wing 的中间格内多了一个相同的候选数，致使这三格无论如何取值，三格内都至少有一格必含出现三次的那个候选数，结论就是删除三格共同影响区域格内的该候选数。虽说和 XY-wing 很相似，但由于结构有一格内为三候选数，使得无论在观察还是理解上难度都更大一些。可以类比 XY-wing 来记忆 XYZ-wing 的结构，只是该技巧删除范围较小。

（3）技巧示意图

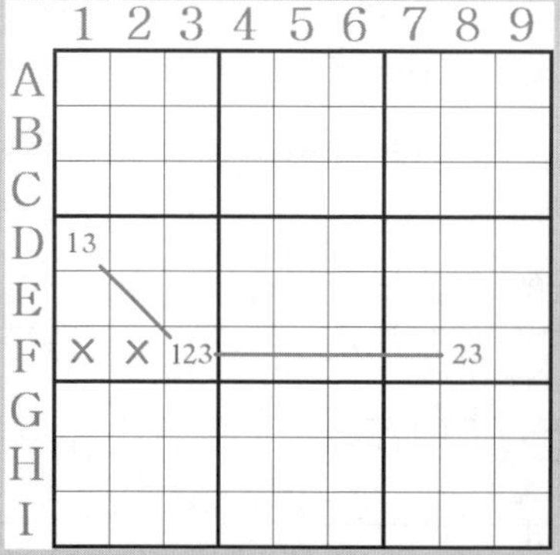

图 1-89

图 1-89 中 F3 格内只有候选数 1、2、3，D1 格内只有候选数 1、3，F8 格内只有候选 2、3。F3 格作为中间格与两侧格 D1 格同处在四宫，与 F8 格同处在 F 行，这时可以删除 F3、D1 和 F8 这三格共同影响区域格内的 3，图中打叉位置。

（4）技巧原理及推导过程

朴素原理及推导：在图 1-90 中，F3 格取值有三种可能，第一种 F3=1、第二种 F3=2、第三种 F3=3。当 F3=1 时，D1=3；当 F3=2 时，F3=3。也就是说，连接两侧格的 F3 格无论如何取值，这三格内都至少有一格内为 3。所以可以删除这三格共同影响区域格内的 3。

链的原理及推导：从两侧任意选择一边入手，如以 F8 格的 3 为起点，到四宫两格，形成链的结构为：3==2--2=={3，3}，根据链的原理删除两端点 F8 格和 D1、F3 两格整体共同影响区域格内的 3。

（5）真题卡点（见图 1-90）

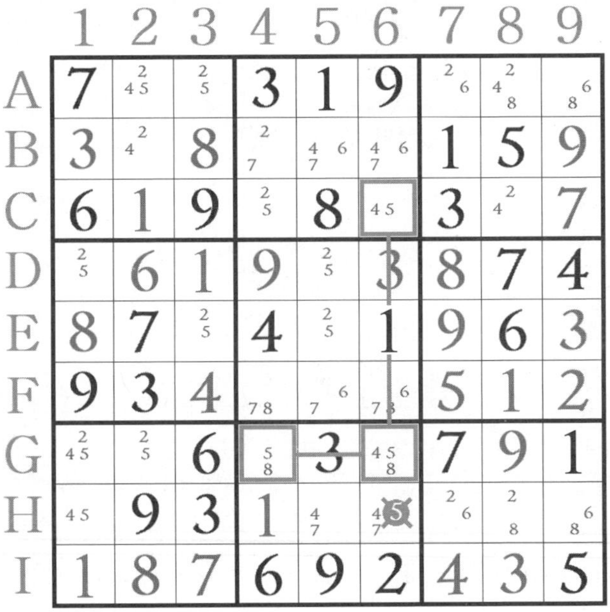

图 1-90

图 1-90 中 G6 格内只含候选数 4、5、8，C6 格内只含候选数 4、5，G4 格内只含候选数 5、8，且这三格中含三候选数的 G6 格与另两格都处在同一区域。根据 XYZ-wing 技巧可以删除这三格共同影响区域格内的 5，得到 H1=5。

（6）总结

XYZ-wing 结构的出现频率没有 XY-wing 高，但由于其结构不难掌握且可以突破一些其他技巧无法替代的卡点，使之也有较强的实用性，是学习高级解法必须掌握的一种基本结构。后续有些结构较复杂又难以归类的删数逻辑中也会出现 XYZ-wing 结构的身影。

XYZ-wing 结构可用多角度理解记忆，使其变化性高于之前我们接触的几种定式结构。虽然该技巧的应用不算难，只要对其结构理解清楚，实战中还是比较容易应用的。通常在寻找 XY-wing 线索时，一同寻找 XYZ-wing 的线索，先发现符合哪个结构的技巧就用哪个先删数。不过 XYZ-wing 再继续扩展的结构就不太容易掌握和观察了。

6．Y-wing 删减法

（1）技巧综合指数及定位

理解难度：5 级　　**观察难度**：5 级

技巧定位：骨灰级数独题常出现的高级技巧，与双强链和 XY-wing 同等重要，是单数链与异数链结合最简单的结构。

原理由来：利用一个单数 X 强链，在两端各连接一个含 XY 双候选数格，可以删两个双值格共同影响区域格内的候选数 Y。

相似技巧：异数链

（2）概念

Y-wing 也是经典的结构之一，看上去像是双强链和 XY-wing 的结合版，其结构简单，外形变化灵活。由于需要两格含相同双值候选数，在观察时更容易将其发现，是骨灰级中后期出现率较高的技巧。可以说单链之双强链、XY-wing 和 Y-wing 是链最基本的三种结构，一个是最简单的单数链，一个是最简单的双数链，一个是最简单的单数与双数结合的链。在学习高级技巧过程中，务必将这三者熟练掌握并灵活运用。其他一些高级技巧和更难的技巧组合有很多结构都出自这三者。

（3）技巧示意图

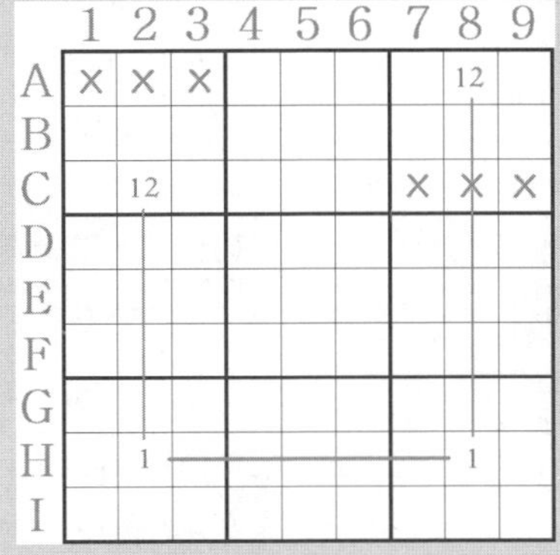

图 1-91

图 1-91 中 H 行的候选数 1 只有两个位置，在 H2 格和 H8 格内。这两个位置的候选数 1 分别都对应一个含相同候选数 1、2 的格，H2 格的 1 对应 C2 格的 1、2，H8 格的 1 对应 A8 格的 1、2。形成此结构时可以删除 C2 格和 A8 格共同影响区域格内的 2，图中打叉位置。

图 1-92 中五宫的候选数 3 只有两个位置，在 D4 格和 F6 格内。这两个位置的候选数 3，分别都对应一个含相同候选数 3、4 的格，D4 格的 3 对应 D2 格的 3、4，F6 格的 3 对应 F8 格的 3、4。形成此结构时可以删除 D2 格和 F8 格共同影响区域格内的 4，图中打叉位置。

图 1-93 中七宫的候选数 5 只有两个位置，在 G2 格和 I3 格内。这两个位置的候选数 5 分别都对应一个含相同候选数 5、6 的格，G2 格的 5 对应 B2 格的 5、6，I3 格的 5 对应 I8 格的 5、6。形成此结构时可以删除 B2 格和 I8 格共同影响区域格内的 6，图中打叉位置。

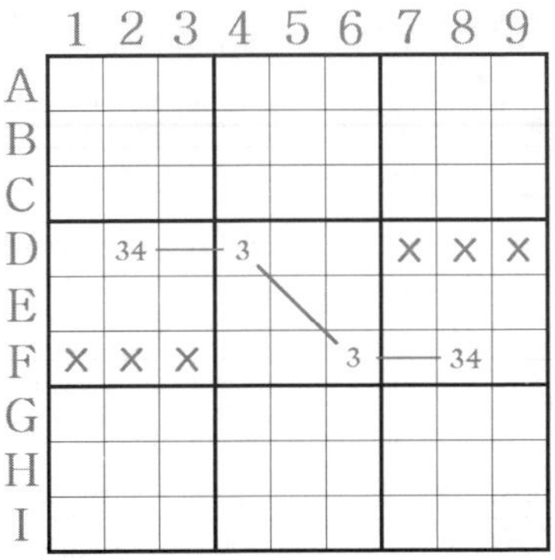

图 1-92

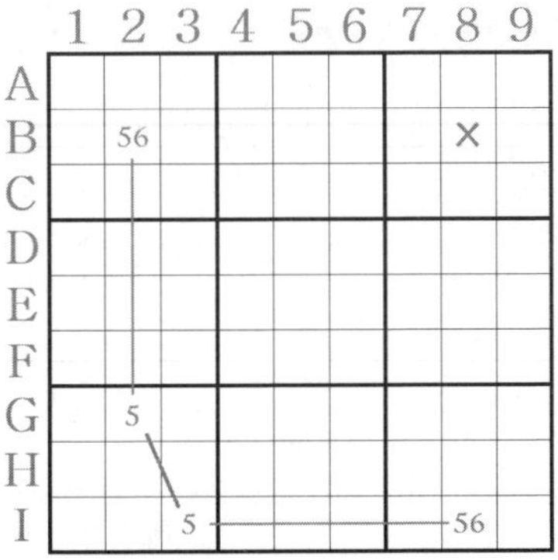

图 1-93

（4）技巧原理及推导过程

Y-wing 外形比较多样化，和我们之前学过的双数链或 XY-wing 都有相似之处。我们对牢牢掌握其结构就不会发生概念混淆。我们只对第一个示意图进行原理说明和推导过程，其余两种读者可以进行类比后自己推导。

朴素原理及推导：在图 1-91 中，H 行的 1 有两种可能性，一种是 H2=1，另一种是 H8=1。而这两格分别都对应一个只含候选数 1、2 的格。无论 H 行的 1 出现在哪格，都可以得到含 1、2 候选数的两格内至少有一格内为 2。所以可以删除含 1、2 候选数两格共同影响区域格内的 2。

链的原理及推导：将 Y-wing 用链的结构表示为：2==1--1==1--1==2，根据链的原理删除两**端点** C2 和 A8 两格共同影响区域格内的 2。

（5）真题卡点（见图 1-94）

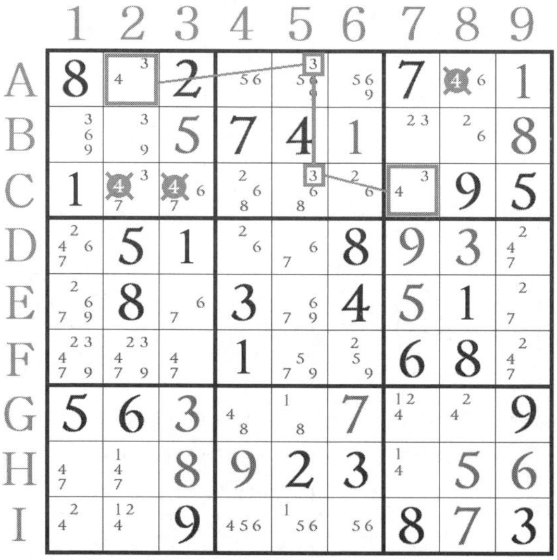

图 1-94

图 1-94 中二宫内的数字 3 只出现在 A5 和 C5 格内，而 A5 格的 3 对只含候选数 3、4 的 A2 格有影响，C5 格的 3 对只含候选数 3、4 的

C7 格有影响。根据 Y-wing 技巧可以删除 A2 和 C7 格共同影响区域格内的 4，得到 A8=6。

（6）总结

Y-wing 外形比较多变，有时会出现在并排三宫内，有些爱好者可能会忽略这种情形。观察 Y-wing 通常先找到只含相同的两个候选数的格，再观察它们是否可以被其中一个候选数的强链两端都连接。如果满足上述条件就可以继续观察两格删数范围内是否可以有效的删数。而 Y-wing 中间单候选数强链部分也可以加入区块的结构，类似于 X-wing 升级成带区块的 X-wing，有时 Y-wing 的中间结构也常会出现带区块的结构，需要读者熟练掌握前面几个技巧的核心思路，从而可以自己将某些技巧改进成升级版，只要原理正确，推导符合逻辑，读者可以自己去发现一些新的技巧结构。

7．Swordfish 删减法

（1）技巧综合指数及定位

理解难度：6 级　　**观察难度**：6-7 级

技巧定位：单一候选的进阶高级技巧，出现率较低，由于外形会有不同的变化，导致观察难度较大。

原理由来：X-wing 的升级版，由单一候选数的两层结构升级为三层结构。

相似技巧：X-wing，单数链环

（2）概念

Swordfish 是 X-wing 技巧的升级版，译成中文为剑鱼删减法。本技巧虽然在骨灰级题中出现率较低，且不容易观察，但却是关联性较大的一个技巧。我们用这个技巧概括说明一些高级技巧的衍生变化。

我们比较熟悉的 X-wing 技巧是由两层两组单数强链组成的四格结构，完整的 Swordfish 则是由三层三组单数关系组成的九格结构。

是 X-wing 的升级版本，但是并不是只有三层，这种结构还有四层、五层乃至六层、七层的结构。但由于过于复杂，主要是很难观察到这些隐晦的线索，所以我们只对三层进行简单介绍，四层以上的实用性很小，如果读者感兴趣可以自己按这个逻辑继续推演下去。

Swordfish 完整的外形是九格，但在真实的数独题中极少遇到这种完整的情况，往往都在某一列或某两列缺失一个位置。这一点很像我们之前讲的显性数组，在真实的数独题中很难保证显性数组每格中都是满值候选数状态。所以我们对这种不同外形的理解和观察有一定的困难。

如果 Swordfish 在三层的每一层都缺失一格，形成一个六格互相牵制的结构的话，则和单候选数的偶数节点链环的概念重叠。该链环的原理也和 X-wing 技巧相同，由于单数多节点的链环在实际做题中出现概率也很低，本书中就不单独介绍了，读者可以用本节中 Swordfish（2,2,2）的结构进行推理。

（3）技巧示意图（见图 1-95~图 1-98）

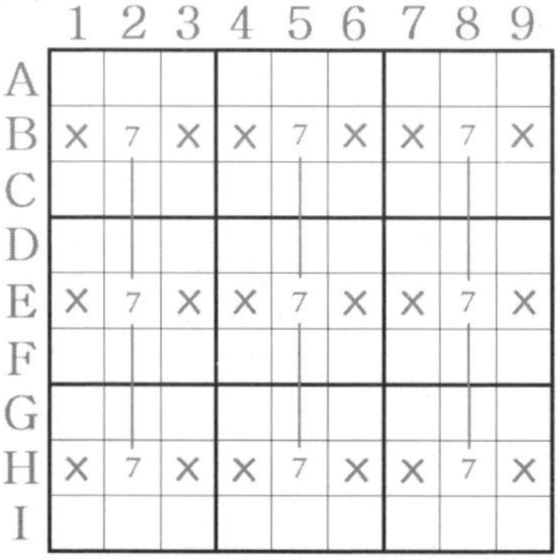

图 1-95 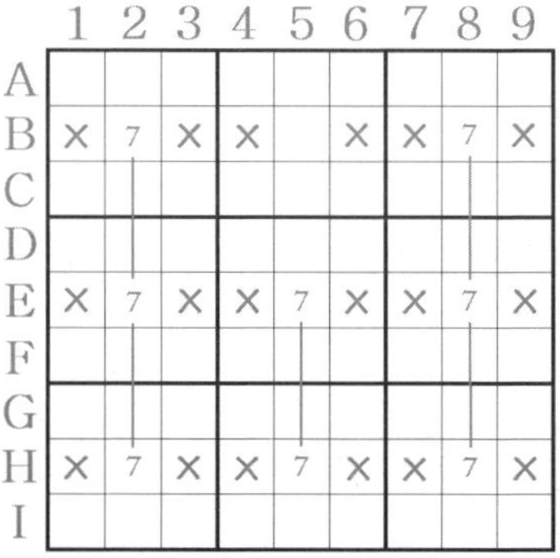　　　　　　　　　　　　图 1-96

图 1-95 中 2 列的候选数 7 只有三种可能，5 列和 8 列中的 7 同样也只有三种可能。且这三列中的 7 又恰好出现在三行中，本例是 B 行、E 行和 H 行。形成此结构后可以删除 B 行、E 行和 H 行其他格内的 7。此例中含候选数 7 的三列中全是满值的三个位置，以外形细分可以称之为 Swordfish（3,3,3）。

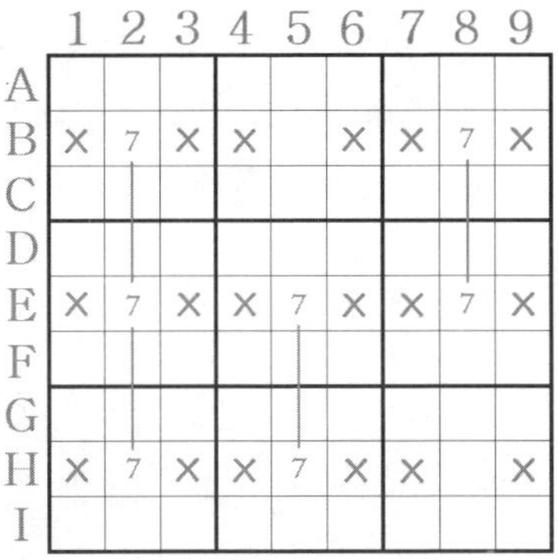

图 1-97

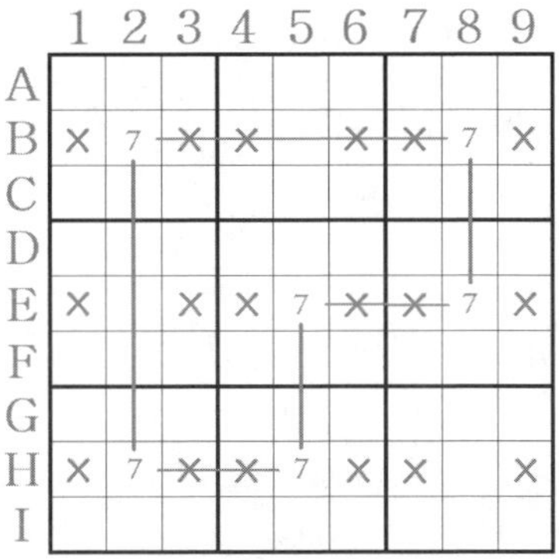

图 1-98

图 1-96 与图 1-95 相比，5 列中候选数 7 的位置少了一个，但这三列中的 7 同样只出现在 B 行、E 行和 H 中，此结构同样删除 B 行、E 行和 H 行这三行中其他格内的候选数 7。以外形细分可以称之为 Swordfish（3,2,3）。

图 1-97 与图 1-96 相比，8 列中候选数 7 的位置少了一个，但这三列中的 7 同样只出现在 B 行、E 行和 H 中，此结构同样删除 B 行、E 行和 H 行这三行中其他格内的候选数 7。以外形细分可以称之为 Swordfish（3,2,2）。

图 1-98 与图 1-97 相比，2 列中候选数 7 的位置少了一个，但这三列中的 7 同样只出现在 B 行、E 行和 H 中，而且形成了一个封闭的链环结构，环中链的属性强弱交替。可以删除弱链所在区域内其他格内的 7，也就是 B 行、E 行和 H 行其他格内的 7。以外形细分可以称之为 Swordfish（2,2,2）。需要说明的是，单数链环的结构为强弱交替的偶数节点的环，节点可以更多，或者某些强链在宫内形成，Swordfish（2,2,2）结构只是链环的一个特例，但可以从其中看出一些链环的特性。

（4）技巧原理及推导过程

Swordfish 的外形有很多种，但核心的结构都是处在不同三列中的三个相同候选数，恰好也都出现在同样的三行内，这时可以对这三行的其他格进行删除该候选数。而且这三列中三格位置可以出现缺失的情况。

83

　　朴素原理及推导：说明 Swordfish 的原理和推导过程需要借助 X-wing 已有的结论，在 X-wing 基础上说明比较方便，否则解释起来比较烦琐。在图 1-98 中随意选取一列中的 7 进行不同可能性的考虑，如用 2 列，如果 B2＝7，则 5 列和 8 列的 7 形成 7 的 X-wing 对 E 行和 H 行其他格进行删除。同理如果 E2＝7 和 H2＝7，都会造成 5 列和 8 列剩余 7 的位置，形成 X-wing 对所在行其他格进行删除。所以无论哪种情况，在 B 行、E 行和 H 行中候选数 7 都只能出现 2、5、8 列中，三行其他格内的 7 都会被删除。

　　链的原理及推导：链对于多路径的技巧解释较烦琐，此技巧不用考虑链的结构，把它作为一个定式记忆即可。

　　（5）真题卡点（见图 1-99）

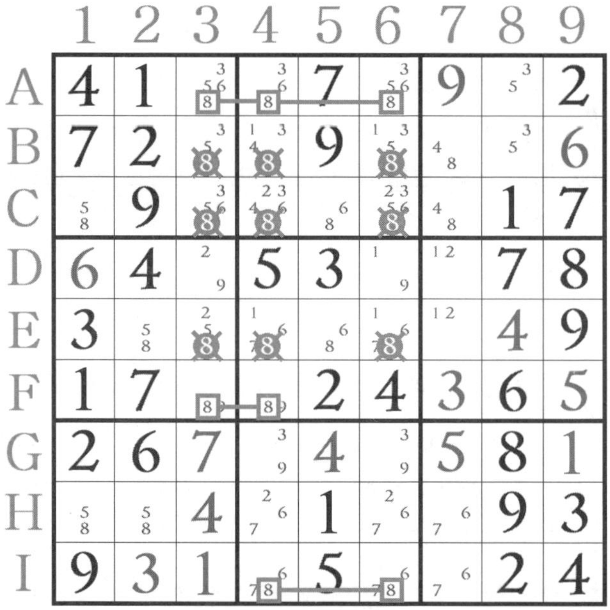

图 1-99

　　图 1-99 中候选数 8 在 A 行出现在 A3、A4 和 A6 三格，在 F 行出现在 F3 和 F4 两格，在 I 行出现在 I4 和 I6 两格。且这三行中的 8 都处在 3 列、4 列和 6 列中，根据 Swordfish 技巧可以删除 3 列、4 列和 6 列其他格内的 8，得到 B 行的 8 只剩 B7 格可填。

（6）总结

Swordfish 由于出现率低，观察难度高，不作为高级技巧中的重点实用技巧。大家对带区块的 X-wing 还有印象，在 Swordfish 中同样也可以将某个节点换成区块，但观察难度更大，虽然实用性有限，大家应对这种原理加以了解。由于 Swordfish 外形变化较多，关联相似技巧也不少，可以帮我们系统、深入地理清单一候选数的高级技巧。换句话说，如果对 Swordfish 的各种情况全部了解，那么无论对于单数链是两层的 X-wing，还是四层的水母技巧、五层的水怪技巧等都可以快速理解其结构并在解题中实际运用。

8．单链

（1）技巧综合指数及定位

理解难度：5 级　　**观察难度**：6 级

技巧定位：没有特殊结构的单数链，其最简单结构就是单链之双强链，实战中遇到的单链通常含 3~4 组强链。

原理由来：利用单一候选数强弱交替连成两端都是强链的一条长链，最终删除两端点共同影响区域格内的该候选数，原理和单链之双强链完全一样，只是长度增加了。

相似技巧：单链之双强链

（2）概念

单链指的是单一候选数形成的链。由于是强弱交替相连的链，且两头都是强链，所以这条长链是奇数段的。例如双强链是三段的，再延长的话依次为五段、七段等。形成这个结构后可以删除长链两端点共同影响区域格内的该候选数。

技巧

详解

（3）技巧示意图（见图 1-100、图 1-101）

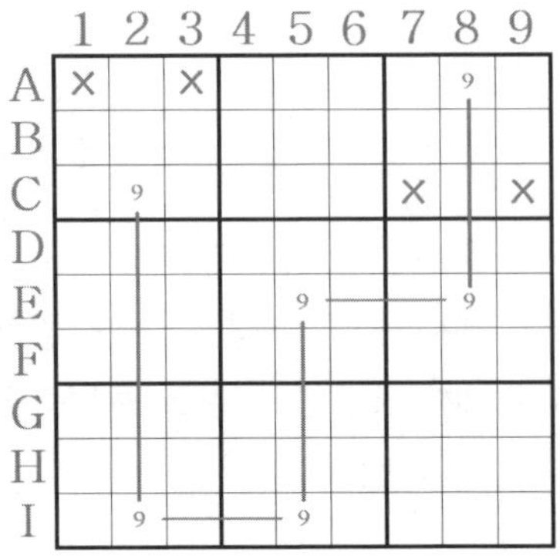

图 1-100

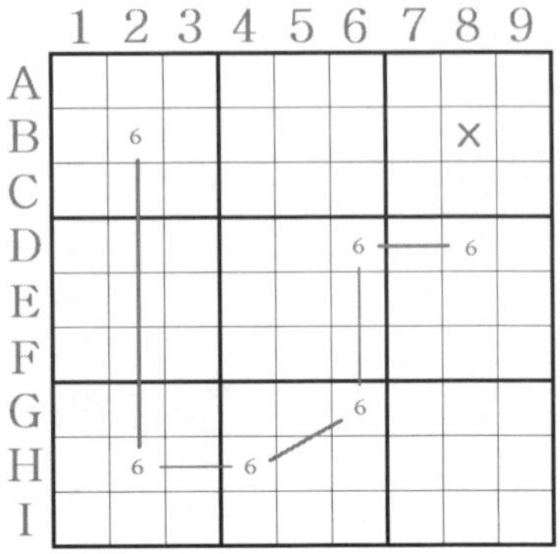

图 1-101

技巧
详解

图 1-100 中 2 列的候选数 9 只出现在两格，5 列和 8 列的 9 也只出现在两格，而且这三组候选数 9 在 I 行和 E 行将之连成一条五段的长链结构。形成此结构后可以删除这个长链两端点 C2 和 A8 两格共同影响区域格内的 9，图中打叉位置。

图 1-101 中 2 列的候选数 6 只出现在两格，八宫和 D 行的 6 也只出现在两格，而且这三组候选数 6 在 H 行和 6 列将之连成一个五段的长链结构。形成此结构后可以删除这个长链两端点 B2 和 D8 两格共同影响区域格内的 6，图中打叉位置。

（4）技巧原理及推导过程

我们了解到含两条强链的单链外形有好几种变化，如果在这个基础上再多加一组强链或两组强链，那么外形变化肯定就更多了。我们这节中的示意图都是含三组强链的，也代表了比较典型的两种情况。但读者要了解，到后期接触比较长的链时更注重的是内部逻辑结构，是否符合强弱交替具有传递性的特质，对外形不必那么重视。因为结构成立后只看两个端点即可，中间部分具体什么样并不影响技巧的应用。下面我们对图 1-100 进行原理说明和推导讲解，读者可对比图 1-100 的说明对图 1-101 进行推导。

朴素原理及推导：在图 1-100 中，从 2 列开始观察，候选数 9 的位置有两种可能，一种为 C2=9，另一种为 I2=9。如果 I2=9，可导致 5 列内 E5=9，继续影响 8 列得出 A8=9。结合上述推理得知要么是第一种可能性 C2=9，要么是第 2 种可能性 A8=9，总之 C2 格和 A8 格内至少有一个是 9，所以可以得到删除这两格共同影响区域格内 9 的结论。

链的原理及推导：标准单数链强弱交替的结构：9==9--9==9--9==9，连成强弱交替的长链后删除两端点共同影响格内的 9。

（5）真题卡点（见图 1-102）

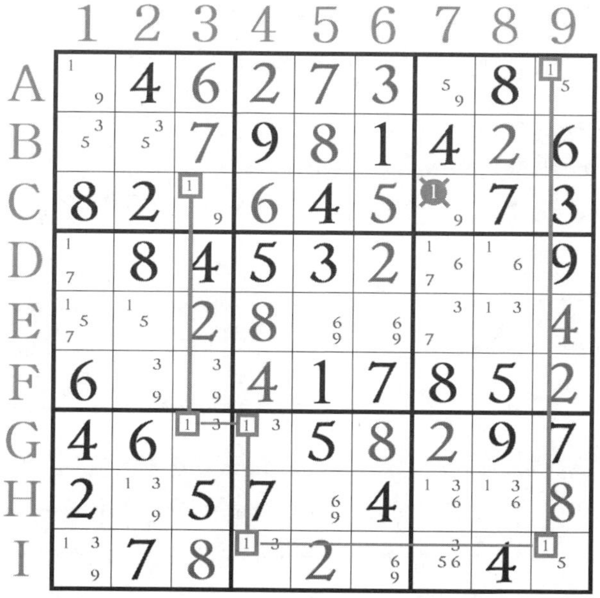

图 1-102

图 1-102 中候选数 1 在 3 列、4 列和 9 列只占两个位置，在 G 行和 I 行将这三组强链连接成一个五段强弱交替的长链。根据单链技巧可以删除这个长链两个端点 C3 和 A9 两格共同影响区域内的 1。

（6）总结

单链在链的原理中属于最基础的技巧，虽然含三组以上强链的单链在实际做题中不是很容易找到，但比起后面那些比较长的异数链来说，单链的结构还是很清晰直观的。只要对链的原理有一定了解，那么理解单链并没有任何困难。所以刚接触链的原理的爱好者，要在单链这个阶段将链的原理和传递性进行深入理解，只有在单一候选数把链的原理搞清楚，才有可能更好地理解异数长链。

9．远程数对

（1）技巧综合指数及定位

理解难度：4 级　　**观察难度**：4 级

技巧定位：高级技巧中一个结构很特殊的技巧，理解难度和观察难度都不太大，后期如果出现该技巧很容易快速突破。

原理由来：利用多种角度均可以解释的一个特殊结构，从命名来说可以看成一组数对经过多次传递，使两端形成一个不在同一区域的远程数对，并删除这两格共同影响区域内的这两个候选数。

相似技巧：数对、单链、双数链

（2）概念

利用处在不同区域内含有相同两个候选数的多格，形成一条有相互传递关系的结构，使这个结构的首尾两端形成一个不在同一区域内的远程数对，并删除这个远程数对两格共同影响区域格内的这两个候选数。假如这个数对由X、Y两候选数构成，这个结构也可以看成候选数 X 形成单链与候选数 Y 形成单链的重合结构，同样也是删除两端点格共同影响区域格内的 X 和Y。与观察单链相比较，远程数对更容易发现，因为单链有时还需要从含多个候选数的格内找到区域内只有两格的情况，而远程数对所用的候选数在同区域内就只有在这两格内出现，使得观察和应用都很容易，只要判断这个结构中所选用的头尾两格是相同数字，还是构成数对的不同数字即可，该技巧可以算得上高级技巧中难度最低的一个技巧，甚至该技巧可直观地应用。

（3）技巧示意图（见图 1-103、图 1-104）

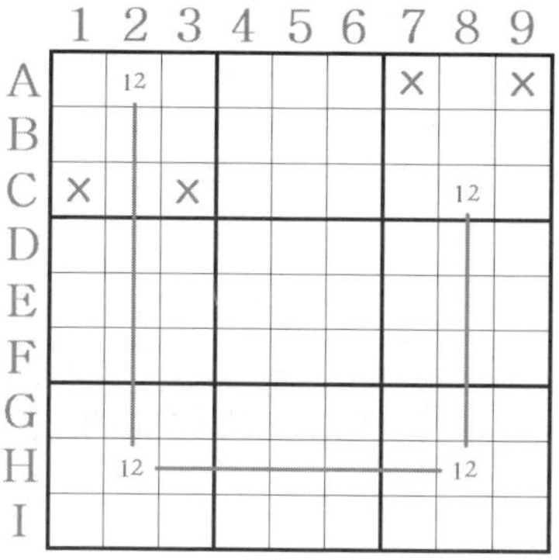

图 1-103

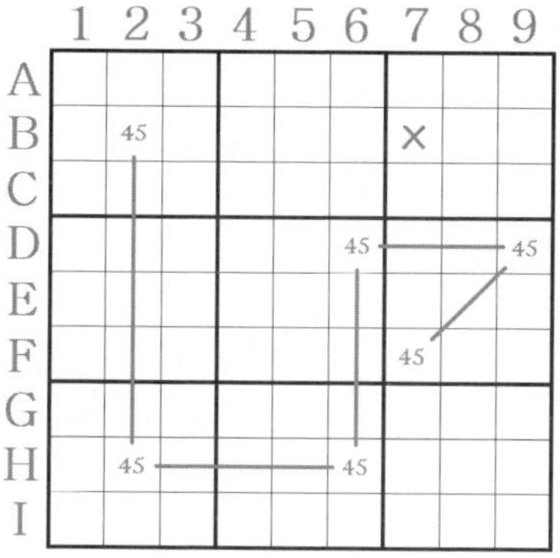

图 1-104

图 1-103 中 2 列和 8 列内各有数对 1、2 存在，且它们中的各自一格又在 H 行内形成 1、2 数对。这时可以对这个结构两端 A2 和 C8 两格共同影响区域格内删除候选数 1 和 2，图中打叉位置。

图 1-104 中 2 列、6 列和六宫内各有数对 4、5，且它们所在的位置还依次在 H 行和 D 行内形成 4、5 数对。这时可以对这个结构两端 B2 和 F7 两格共同影响区域格内删除候选数 4 和 5，图中打叉位置。

（4）技巧原理及推导过程

我们用图 1-103 解释原理和推导步骤，读者套用该思路自行推导图 1-104，对远程数对结构加深理解。

朴素原理及推导： 在 1-103 中，所用到的格内候选数都是 1、2，我们只要可以分清到底某两格是同数关系还是异数关系就可以灵活运用该结构了。如果知道在不同区域的某两格是异数关系，那么这两格就可以称为远程数对。可以利用这个远程数对删除共同影响区域格内的 1 和 2。我们用最简单的替代法，假设某格为 X，那么它同区域的另一格就是 Y，可以依次传导到所有格，只要我们看这两格一个是 X，另一个是 Y，那么就是远程数对了。

假设 A2 格是 X，则 H2 格是 Y，H8 格是 X，C8 格是 Y。这时发现 A2 格和 C8 格内是异数关系，则形成远程数对，可以对这两格共同影响区域格内删除 1 和 2。

链的原理及推导：此结构用单数链结构、双数链结构，甚至 Y-wing 结构都可以正确表示，读者可以自己尝试用链的结构式表述一下，这里就不给固定的答案了。

（5）真题卡点（见图 1-105）

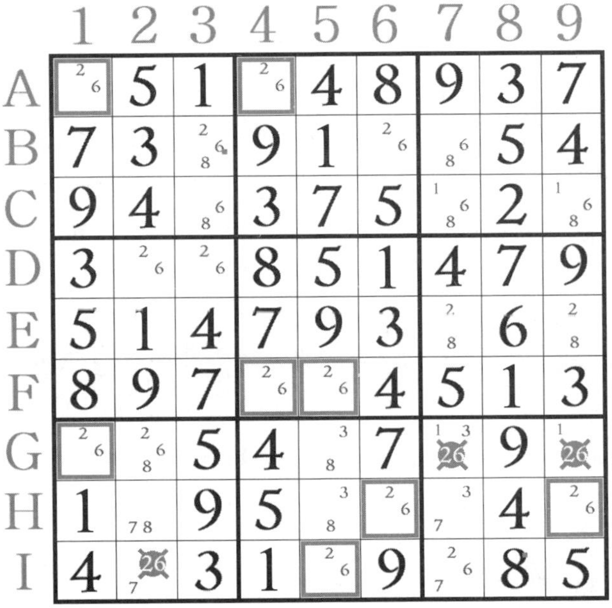

图 1-105

图 1-105 中盘面中可以在一起形成连续关系的，并且只含有候选数 2、6 的格，我们用方框标出。根据远程数对技巧可将这些方框标出 X 或 Y 的关系，然后删除 X 和 Y 共同影响区域格内的 2、6，得到 I2＝7 和 G9＝1。

（6）总结

远程数对技巧是后期可以灵活快速运用的高级技巧，如果对其结构很清楚，是可以在直观过程中运用的。我们将它放到高级技巧这章中，主要是让读者了解它和其他高级技巧间的联系和区别。格数不多的远程数对常换成单链角度观察，如果用到的格比较多，关系较乱时，还是带入两个不同符号，可以更直观简洁地判断任意两格内是否能构成远程数对。

10. 双数链

（1）技巧综合指数及定位

理解难度：5 级　　**观察难度**：6-7 级

技巧定位：XY-wing 技巧的补充，结构特殊较容易发现。

原理由来：XY-wing 的升级版，XY-wing 是利用三个双值格结构进行推理的技巧，而双数链就是继续增加双值格，利用更多个连在一起的双值格首尾删除共同影响区域格内某候选数的技巧。

相似技巧：XY-wing

（2）概念

双数链是利用依次交替出现的双候选数格，串联在一起的结构，利用该结构对首尾两端共同影响格内进行删数的技巧。其最简单的结构就是三格的 XY-wing，我们在本节中主要介绍一下四格和五格的结构。本技巧逻辑结构重点是依次交替出现含双候选数的格内数字，如 12、23、34、41 的这种方法连接，对几格的位置并没有太多要求，只要收尾格对共同影响区域格可以进行删数即可。

（3）技巧示意图（见图 1-106、图 1-107）

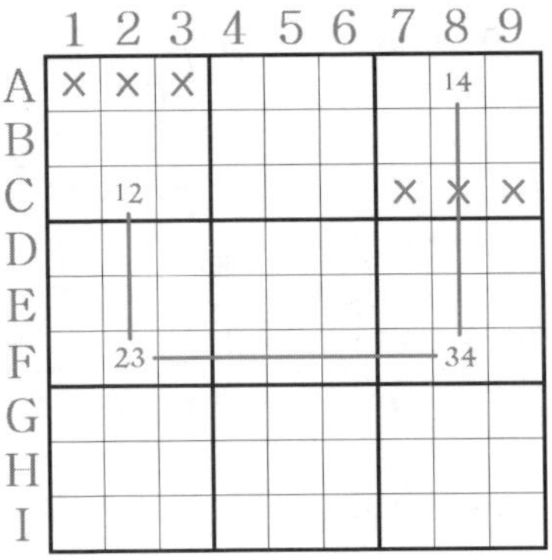

图 1-106

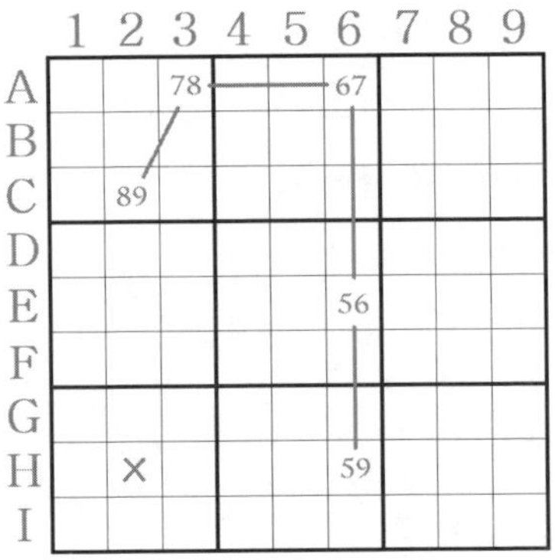

图 1-107

图 1-106 中 C2 格内只有候选数 1、2，F2 格内只有候选数 2、3，F8 格内只有候选 3、4，A8 格内只有候选数 1、4，且这四格依次相互产生影响。这时可以对这个结构两端 C2 和 A8 两格共同影响区域格内删除候选数 1，图中打叉位置。

图 1-107 中 C2 格内只有候选数 8、9，A3 格内只有候选数 7、8，A6 格内只有候选数 6、7，E6 格内只有候选数 5、6，H6 格内只有候选数 5、9。这时可以对这个结构两端 C2 和 H6 两格共同影响区域格内删除候选数 9，图中打叉位置。

（4）技巧原理及推导过程

虽然两个示意图格数不同，且外形也相差很远，但观察其内部结构，发现都是两候选数依次交替出现的，都符合双数链的前提。对图 1-106 原理进行说明并进行推导。

朴素原理及推导：在图 1-106 中，C2 格、F2 格、F8 格和 A8 格依次连接成一个整体。C2 格内取值有两种可能，一种为 C2=1，另一种为 C2=2。如果 C2=2，则 F2=3，则 F8=4，则 A8=1。也就是说 C2 格无论如何取值，在 C2 和 A8 两格内至少有一格一定是 1。所以可以删除两格共同影响区域格内的 1。

　　链的原理及推导：双数链用链的结构表达时，格内双数构成强链，格与格之间的相同候选数为弱链关系，图 1-107 中链的结构为：1==2--2==3-3==4--4==1，根据链的原理删除两端候选数 1 共同影响范围格内的 1。

　　（5）真题卡点

　　图 1-108 中 C5 格只有候选数 2、5，D5 格只有候选数 2、7，D9 格只有候选数 7、8，A9 格只有候选数 5、8，四格依次相连且里面数字也是依次交替出现，符合双数链的结构。可以删除 C5 和 A9 两格共同影响区域格内的 5，得到 C7=2。

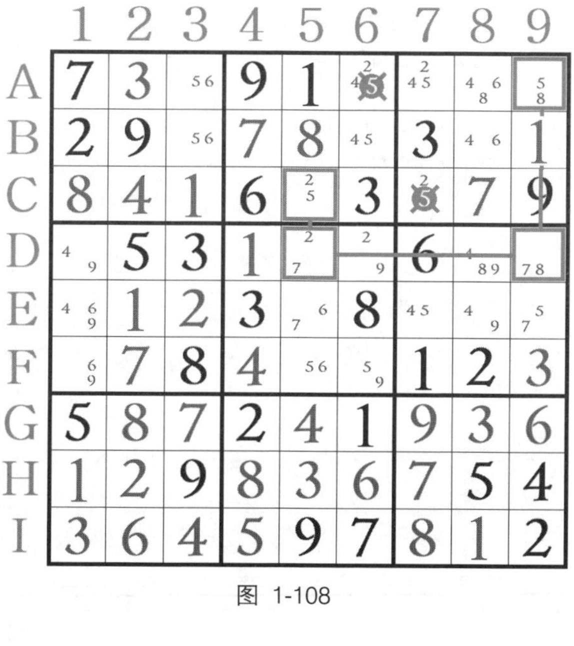

图 1-108

　　（6）总结

　　双数链的结构和删数原理并不难理解，如果涉及格子数量不多也不难观察。在实际应用中容易出现的问题是，数独题后期双值格比较多，可能某个局部中有多格相互都产生不同的联系，有时从中抽丝剥茧找到能形成删数的逻辑结构并不顺利，需要多角度观察推敲，才能理出有实际删数作用的结构。

11．BUG

（1）技巧综合指数及定位

理解难度：6 级　　**观察难度**：3 级

技巧定位：骨灰级后期出现的一种全盘结构定式，可以快速确定某格内的候选数。

原理由来：数独只能有唯一解的规定。

相似技巧：唯一矩形

（2）概念

BUG 是 Bivalue Universal Grave 这三个单词的缩写，直译为全双值坟墓。双值指的就是空格内只剩两个候选数，试想用完所有技巧后全盘剩余空格内只剩两个候选数，这时所有空格内的候选数的两种可能性将都符合数独规则，也就是只看空格内候选数的话将造成双解情况。所以一道具有唯一解的数独题中是不会出现上述情形的，但有时会出现仅一个空格内有三个候选数，其余空格内都只剩两个候选数的特殊结构。出现此结构时，我们可对那三个候选数格内直接取值，以避免出现全双值的多解结构。**这个技巧有点像我们前面学过的唯一矩形技巧，只不过唯一矩形是局部几格内的结构，而 BUG 需要用全盘角度去观察所有格。**

（3）真题卡点

	1	2	3	4	5	6	7	8	9
A	8	9	4	12	25	3	15	6	7
B	5	7	1	9	8	6	3	4	2
C	2	3	6	17	4	57	15	8	9
D	9	46	2	5	67	47	8	3	1
E	7	5	8	3	1	9	6	2	4
F	1	46	3	24	26	8	7	9	5
G	4	2	7	8	3	1	9	5	6
H	3	1	5	6	9	2	4	7	8
I	6	8	9	47	57	457	2	1	3

图 1-109

图 1-109 中，全盘除了 I6 格内有三个候选数外，其余所有空格内都只有两个候选数。这时可直接对 I6 格取值，得到 I6=7。

为什么取值 7 呢？反向来看，假如 I6 格删 7，那么八宫和 6 列内都形成双值的显性数组，全盘其他位置空格也都形成这种相互制约的双值关系，只看空格内候选数的话可以有两种取值方法，也就是说空格位置形成双解结构了。（其实如果 I6 格不取 7 的话，剩余空格无论如何取值，题都将无解。）所以，我们就可以直接将 I6 格取值。

如何快速确定三候选数格的取值呢？我们只要观察在同区域内三候选数格中的哪个候选数的个数最多，选择个数最多的就可以避免空格双解结构了。具体而言，八宫内候选数 4 出现两次，5 出现两次，7 出现三次，我们就直接将三候选数格取值为出现次数最多的 7。这里看 6 列空格候选数出现次数也得到相同的结论。本示例只有一个空格为三值格，通常我们将这种情况称为 BUG+1，也就是比全双值结构多了一个候选数。

（4）总结

BUG 技巧前提限制要求较高，需要每种候选数在每行、每列及每宫内都出现两次，而只有一个候选数多出现一次。所以，最终能形成符合 BUG 条件的情况并不多见，而且通常可以用单链之双强链或 XY-wing 从其他位置来破解。不过 BUG 技巧在全标候选数的盘面非常好判断，不用再去寻找符合技巧的特定结构，只要了解 BUG 技巧原理和如何取值的话，就可以非常快地突破卡点。**唯一注意的事项是，在标注候选数和利用其他技巧删数的环节不要出现错误**，把当前错误的候选数盘面误认为符合 BUG 的使用前提而导致推理错误。总之，BUG 是一种实用性较高，高手必会的技巧和理论。

12. 隐性唯一矩形

（1）技巧综合指数及定位：

理解难度：6 级　　**观察难度**：7 级

技巧定位：一种特殊结构的唯一矩形，理解难度和观察难度都较大，但适用度更宽，在难度较大的数独题中不时出现，有时能起到化解卡点的点睛作用，技巧高手需要掌握的一种解题思路。

原理由来：避免出现致命模式

相似技巧：唯一矩形

（2）概念

隐性唯一矩形技巧使用的原理与唯一矩形相同，都是为了避免出现局部多解的致命模式而产生出的技巧，但由于其机构较特殊，比常规的几种唯一矩形技巧更加隐蔽、更难发现，所以才有隐性这个叫法。再加上它有时很难和常规的唯一矩形联系起来，使得很多时候该技巧容易被忽视掉。这就需要我们对隐性唯一矩形的结构有更深刻的理解，才能在解题时有意识、较快速地发现并运用它。在学习这个技巧前，务必要清楚前面所学的唯一矩形概念和致命模式的原理，否则很容易把这个技巧的结构搞错或在实战中用错。

（3）技巧示意图

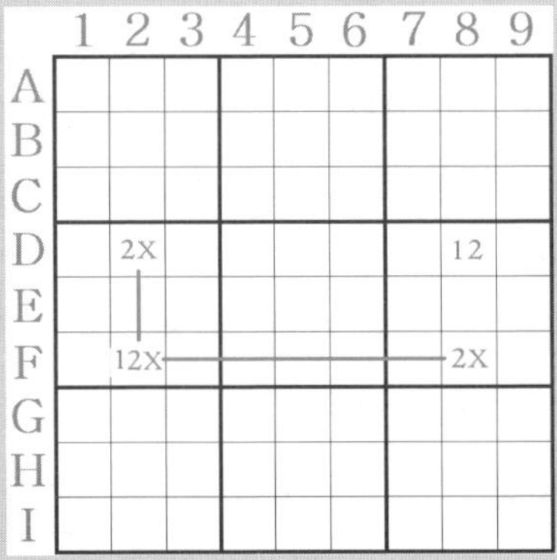

图 1-110

图 1-110 是隐性唯一矩形的结构模式，核心点有几个，都要符合才能使用。一是，和常规唯一矩形一样由同在两行、两列和两宫内的四格矩形结构组成；二是，使用到的核心数字同样是两个，图中用到的数字为 1 和 2。但这里与常规的唯一矩形有较大的差别，在 D2 和 F8 两格内可能缺少组成唯一矩形的一种数字，这也是隐性矩形常被忽视的重要因素；三是，某一格只含这两种候选数，图中的 D8 格；四是，与 D8 格相对的 F2 格中，某个候选数在与它相邻矩形的两条边上，只有矩形两格内存在该候选数。图中的 F2 格内的 2，在 2 列中只有矩形所占用的 D2 和 F2 内含 2，另一边在 F 行中也只有 F2 和 F8 格内含 2。同时符合上述四点要素时，才能使用隐性唯一矩形，可以删除 F2 格内的候选数 1。而图中格内的 X 表示该格内出现任何候选数都不影响该技巧的使用。

（4）技巧原理及推导过程

这里有个使用隐性唯一矩形的简便方法，由于其结构限定性很大，在数独题中逐条去验证这些比较耗时，通常解题时，这个位置可能会有隐性唯一矩形时，不妨带入一个候选数尝试这里是否能形成致命结构，如果试了一个数发现这里是致命结构，那么直接可以删掉这个候选数，此方法不局限于隐性的唯一矩形，有时非典型的类似唯一矩形的结构同样可以用这种方法来操作。在本示意图中，我们就可以带入 F2 格的 1，由于 2 列和 F 行的 2 都只有两个位置，那么 F2 格带入 1 后，则 D2 和 F8 格就只能填 2 了。然后 D8 格内也就只能填 1 了。这时我们发现上述矩形的 4 格内出现了导致双解致命模式的 1、2、1、2，根据唯一矩形理论可以删掉我们带入 F2 格的 1。

心法

详解

（5）真题卡点（见图 1-111）

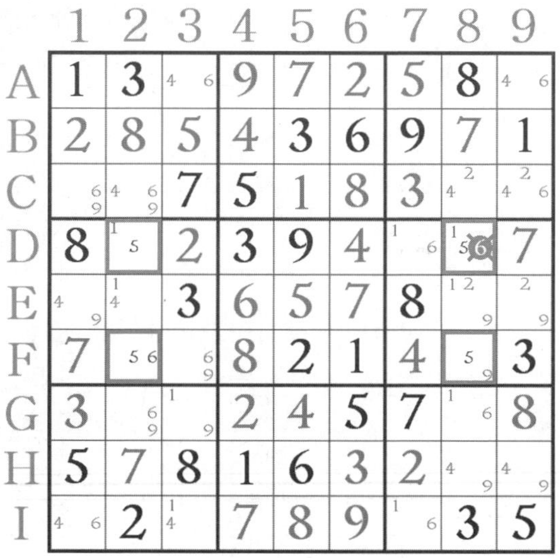

图 1-111

图 1-111 在盘面中出现与隐性唯一矩形相似的结构。注意，这里比较明显的特征是 F2 格的两个候选数 5、6，看到这样的候选数后我们在它对面的 D8 格中求证是否可以形成唯一矩形。在 D8 格内可以尝试带入候选数 5 或 6，验证是否能构成致命模式，带入 5 虽然能推出几格数

字，但却没有明显的推理线索，而带入 6 后发生了连锁反应，导致 D2 格和 F8 格内都只能填入 5，而 F2 格受此影响也只能填入 6。这时上述四格内形成了可以调换双解的致命结构 5、6、5、6，所以可以删去开始尝试在 D8 格填入的 6。

（6）总结

隐性唯一矩形是一种使用起来难度较大但又非常灵活的一种技巧思路，由于其出现率较低，很多爱好者对这种技巧并不熟悉。但不得不说，有时在解难度更高的数独题时，它可以帮我们用较简单的思路删去一些关键候选数，就像在直观解法内常规的唯一矩形技巧为我们化简一些卡点一样，隐性唯一矩形是在更难的骨灰级题内帮我们化简一些复杂的卡点。

对于初学者和一般爱好者来说该技巧不一定需要熟练掌握，知道有这个概念就可以。但如果前面的技巧都已掌握熟练，还想用逻辑技巧挑战更高难度的数独题时，掌握隐性唯一矩形有时会帮你起到事半功倍的效果。

高级心法篇

1. 共同影响区域的概念

共同影响区域是数独中非常重要的一个概念，这个概念不仅在高级技巧中广泛应用，在很多变形数独的技巧中也都有这个概念的身影，是接触中高级解法必须了解和掌握的概念，否则会对删数的位置把握不清，无法有效使用很多技巧。其实我们在基础技巧篇中的区块排除范围，也算简单的共同影响区域，也就是区块两格可以同时排除到的范围。只是我们在高级技巧中，经常判断不在同一个区域的两格，寻找它们共同影响的区域并删除相应的候选数。

我们现在举个例子：

图 1-112 中哪里是方框标记的两格共同影响区域呢？由于这两格

所在的宫并不在同一排的三个宫内，所以它们同时可以影响到的格子，只有打叉位置的 B6 和 F2 两格，这两格位置就是它们共同影响的区域格。相信大家应该理解这个概念了，下面我们再换个例子：

图 1-113 中方框标记的两格在并排的三个宫内，它们共同影响的区域就增加了很多，原因就是它们分别对同宫内影响的格子，比只在行列内影响的格子增加了。假如根据某种高级技巧得到两个方框位置至少有一个为 1，那么这两方框共同影响区域格内就不能再填 1，图中打叉位置。因为共同影响区域就是两方框都可以影响到的位置，只要有一个方框内是 1，就可以判断对共同影响区域格有排除 1 的效果。

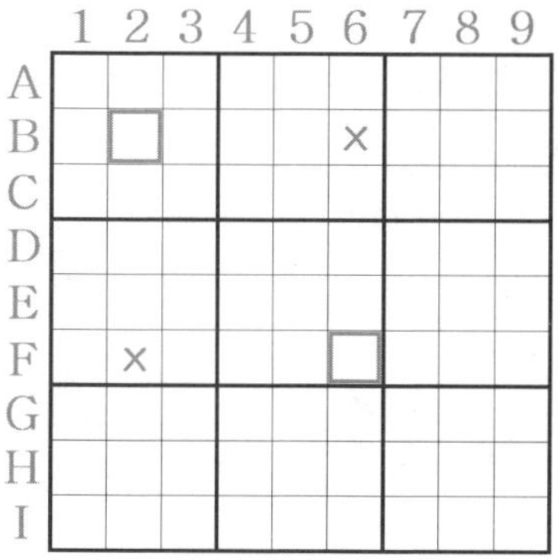

图 1-112

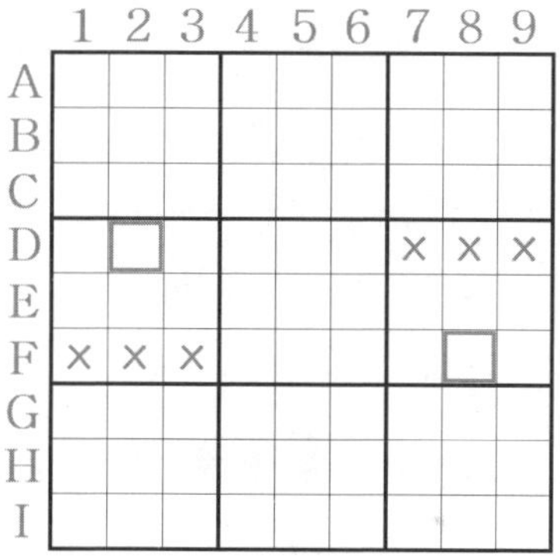

图 1-113

上面两种不同位置关系的共同影响区域，就是我们在高级技巧中常用到的两种位置关系，在高级技巧 XY-wing、单链之双强链、Y-wing、单链、双数链等技巧中最终删数的位置判断都是上面两种共同影响区域的具体应用。

最后给读者出个小问题，看你是否对共同影响区域真的了解了。请判断图 1-114 中三个方框格的共同影响区域：

注意，是三个方框格共同影响区域，也就是说三个方框格都可以影响到的格子。

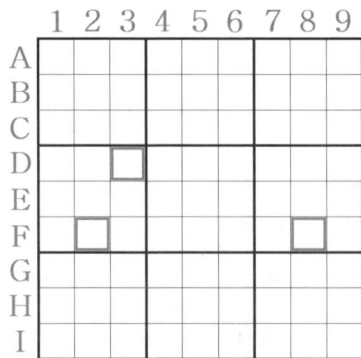

图 1-114

2. 链的概念和意义

接触数独高级技巧，离不开的一个概念和名词就是"链"。很多初学者对这个字既熟悉又陌生，熟悉是因为常听资深玩家提起，陌生是对这个字的含义把握不清，有种神秘感。我们在这里将链的概念简单介绍一下，让初学者对它有一定的认识，减少陌生感和神秘感。本节只对链的本质和与技巧实用有关的内容进行简单介绍，并不涉及复杂的原理和晦涩难懂的术语，相信每一个人都能看懂。

我们在数独中说"链"这个名词，有几种不同层面的含义。

- 广义地说：链是众多高级数独技巧的总称，除了根据数独唯一解这个原则衍生出的技巧外，其他各类高级技巧几乎都可以归到链的系统之下，在高级技巧中很多技巧名的后缀就是链，这些技巧都可以用链的原理加以分析解释。

- 抽象地说：链是表示某两个或两组候选数之间哪个是真，哪个是假，这种取值判断的概括。

- 具体地说：链指数独中具体两个或两组候选数形成的某种真假关系。

- 形象地说：在讲解高级技巧时，或为别人难题卡点回答时，为了让别人更清楚看出几个数字间的关系，会用线段将数字之间链的关系画出来，而画出的这些线段也可以叫链。

　　总之，在本书中提到的链，并不是广义上的技巧概括。而是狭义上的一种逻辑关系，用一句话概括**"链就是表示两组命题之间真假关系的抽象名词。"**这本是逻辑学中的一个概念，其应用也不仅限于数独，也可以应用到讨论别的事物之间的真假关系，只是我们在数独中借用了这个原理。

　　借助链的原理和推论可以把复杂的数字关系高度抽象化、结构化和清晰化。就像很多高级技巧，用最朴素的思想也可以看懂和应用，而如果用链来表达、解释和记忆会更简洁化和系统化。在遇到复杂情况时可以帮我们快速理清数字间的逻辑关系，并能迅速做出判断。而对链的原理不了解，最多只能停留在简单的高级技巧定式层面上，无法接触后面那些更复杂、且没有定式结构的终极技巧。

为什么要了解和学习链的原理呢？

　　主要是**为我们分析更多候选数之间的关系提供一个高效的工具。**像在基础技巧中，直接就能看出是否排除还是填数，并不需要借助抽象的工具；在高级技巧篇中的技巧多数也是定式结构，虽然是跨区域稍复杂的结构，但如果熟练后也可以直接应用，对是否掌握链的原理也无关紧要。但如果理解链的原理后，可以更深入地了解这些高级技巧的结构，为你将这些定式拆分重组出新的结构提供了理论的支持。最重要的是，还有一些难度更大的数独题，其中出现的卡点，我们用高级技巧中的定式也无法解决，需要更多数字构成一个更复杂的删数逻辑结构才能突破，如果没有像"链"这样的抽象工具辅助，其难度是不可想象的。

　　链的概念和意义简单说明后，读者还是不知道链具体是什么？我们将在下面两节中介绍"强链与弱链"和"链的原理"，看完以下内容，你就了解链到底是什么和如何应用了。

3．强链与弱链

　　链的关系分为强链关系和弱链关系，刚看到这两个名词的读者不要将汉语中强弱的概念带入进来，其实用强弱只是表示两种不同的概念而已。这两种关系和概念完全是人为规定的，所以也没有为什么，你只要了解并记住这两个名词和其对应的逻辑关系就可以了。本节中只介绍强链和弱链的定义和如何识别强弱链，而如何使用强弱链概念进行推理解题请看后面内容。

如果 A 命题为假则 B 命题为真，我们将这种关系称为强链关系，用双线连接表示为 A==B；如果 A 命题为真则 B 命题为假，我们将这种关系称为弱链关系，用单线连接表示 A---B。这就是强链和弱链的定义，也是我们判断两数之间关系是强还是弱的依据，读者必须将其牢牢记住。

我们用数独中常见的几种数字关系来具体说明数独中的强链和弱链：

图 1-115 中有几组数字关系，我们依次来分析和说明。B 行只有两格内含候选数 1 分别在 B2 格和 B5 格。我们把这两个位置的 1 看作 AB 两个命题，如果 B2 格的 1 是假的，那么 B5 格的 1 一定是真的，符合强链定义，我们可以说这两格内数字 1 为强链关系。有些读者会说了，B 行两个位置的 1，如果 B2 格内是真的，那么 B5 格内的 1 一定是假的，这也符合弱链定义啊？没错，B 行这两个位置的 1 同时也具有弱链关系。强链和弱链只是分别规定了两个命题间的两种不同关系，可并没有说这两种关系不能并存。这个道理明白后，我们再看仅剩 3、4 两个候选数的 A7 格，这个 3 和 4 的关系同样既是强链关系也是弱链关系。

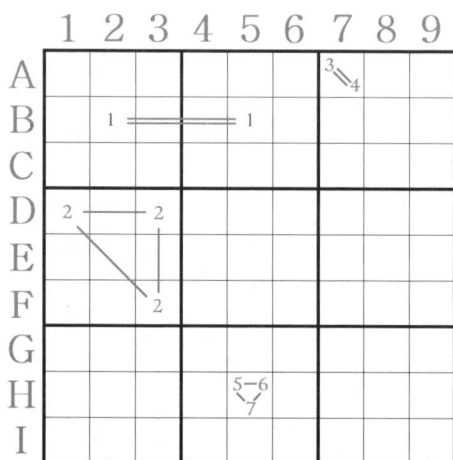

图 1-115

再看四宫中的三个候选数 2，如果四宫中的候选数 2 还可能出现在三个位置，分别为 D1 格、D3 格和 F3 格。我们先来看 D1 格和 D3 格内两个 2 是什么关系？因为链是讨论两者之间关系的概念，只能两两组合逐一分析。

如果 D1 格内 2 是真，则 D3 格内的 2 为假，符合弱链定义，说明 D1 格的 2 与 D3 格内的 2 是弱链关系。如果 D1 格内的 2 为假，并不能确定 D3 格内的 2 就为真（因为有可能 F3 格内的 2 是真的），所以不符合强链定义。

最终确定 D1 格内的 2 与 D3 格内的 2 只是弱链关系。同理可知四宫内的三个 2 彼此都只是弱链关系。再看 H5 格内的候选数 5、6、7，根据上述思路推理，也得到三个候选数两两之间都是弱链关系。

根据上述示意图我们得到一组实用的结论：

- 如果一个区域内同一候选数只有两个位置，那么两者之间既是强链也是弱链。

- 如果一格内只有两个候选数，那么两者之间既是强链也是弱链。

- 如果一个区域内同一候选数有三个或三个以上位置，那么它们中两两之间都是弱链。

- 如果一格内有三个或三个以上候选数，那么它们中两两之间都是弱链。

从图中了解如何简单识别数独题中候选数之间强弱链的关系后，还要对强弱链的定义进行更深入一步的认识。定义用一种叙述逻辑来形容出强链和弱链中两数的关系，但根据这种逻辑关系，这两种关系还可以有不同描述。在盘面某些情况时，用不同的描述来叙述可能更容易理清思路。我们来看一下还可以如何表述强链和弱链关系：

强链根据定义简单可表述为："**非 A 即 B 就是强链**"，等价的叙述还有 "**AB 二者至少有一个为真**"。

心法

详解

弱链根据定义简单可表述为："**A 真则 B 假就是弱链**"，等价的叙述还有"**AB 二者至少有一个为假**"。

上述这种强弱链的表述是从两数整体角度加以阐述的，读者会发现，弱链的表述"AB 二者至少有一个为假"，根据逻辑再推理一步应该是"**AB 二者都可能为假**"，从图 1-113 中也不难理解。可是强链的另一种表述"AB 二者至少有一个为真"，如果再推理一步应该是"AB 二者都可能为真"的结论，这点不可能从图 1-113 中出现，因为同区或同格内不可能有两个候选数都是真的，否则就和数独规则发生了矛盾。那么是否存在"AB 二者都是真的"的强链关系呢？答案是肯定的，我们用一个高级技巧举例大家就明白了。

图 1-116 中这个结构就是高级技巧篇中的 XY-wing，我们知道 XY-wing 结构得到的结论是 B5 和 H2 两格内只有一个是 3。看到这里相信读者会恍然大悟，这不就是强链定义的另一种表述——"B5、H2 两格内的 3 至少有一个是真"。也就是说 XY-wing 结构其实是将两个不同区域的相同候选数构建出一个强链的关系，而这种不同区的强链关系，二者都可以为真。

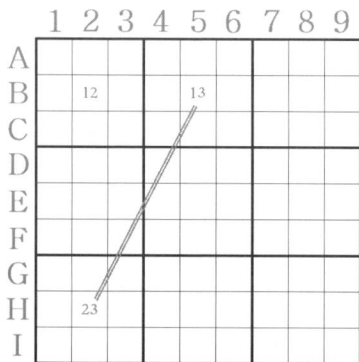

图 1-116

从上述示例可以看出，同区域内的强链一定附带弱链的性质，但不同区域中构建出的强链关系就不一定附带弱链的性质了。这一点对于很多对链似懂非懂的人来说常会搞混，导致搞错跨区域数字间的关系，误认为只要是强链关系就一定是弱链关系。

4．链的原理——传递性

我们知道链有两种不同的分类后,将链应用到逻辑推理中最重要的特性就是链的传递性,也就是说盘面中错综复杂的链如何相互关联在一起,形成一个有效的逻辑删数结构。

（1）链是如何进行传递的

为什么我们在讲解高级技巧中,常提到形成的一组长链要求强弱交替？因为只有强弱交替相连,链的逻辑才可以一直传递,因为同属性的链相连也无法产生任何逻辑推论,只有不同属性的链相连才可以将数字的真假关系一直传递下去。

我们用链的结构式来说明链的传递性,及其如何应用：

如果 A 和 B 形成强链关系,表示为：A==B；

如果 B 和 C 形成弱链关系,表示为：B---C；

如果 C 和 D 形成强链关系,表示为：C==D；

将前面三组关系连到一起表示为：A==B---C==D。这个"强弱强"三段连续结构将是我们深入了解链的重要环节,理解了这个关系就明白链是如何传递、如何构成有效删数结构的原理了。

将 A==B---C==D 结构用定义分析这几个命题间的关系为：如果 A 为假那么 B 为真（强链关系）,推出 B 为真后,又由于 B 和 C 之间是弱链关系,可以得到 B 为真则 C 为假,后面 C 和 D 直接又是强链关系,可以得到由于 C 为假推出 D 为真。把上述三段关系中间过程省略,只看 A 和 D 的首尾关系,发现如果 A 为假可以推导出 D 为真。A 假则 D 真,这个关系恰恰还是强链的关系,相当于省去中间 B、C 的结构后,**可以表示为 A==D**。

（2）链的经典定式

上述证明过程是链的原理中最重要最基础的一个推论,也就是说一条"强弱强"三段连续的长链，可以得到首尾两端可直接形成强链关系的推论。我们用双强链的示意图举例说明这个关系的实际应用：

心法
详解

图1-117中强链用双线表示，更加容易看出链的强弱连接关系。此图的前提是2列和8列中的2都只有图中的两个位置，我们在强弱链定义一节中知道，一个区域内相同候选数只有两个既可以当强链也可以当弱链用，在本图中可将其当强链用。在H行的两个候选数都是4，前提并没有说明在H行内的其他位置是否还可能出现4，但不管H行内其他位置是否还出现4，都不影响H行中两个4是弱链的关系。

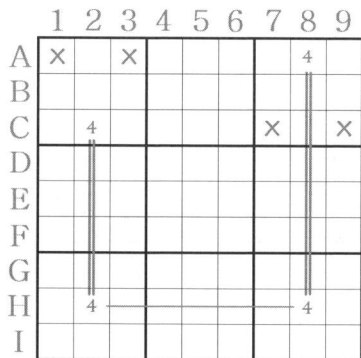

图 1-117

根据链的定义，如果C2格4为假，则H2格内4为真；如果H2格内4为真，则H8格内4为假；如果H8格内4为假，则A8格内4为真。也就是说如果C2格内4为假，则A8格内的4为真。这时用朴素思维就很容易理解了，图中候选数4的关系，要么是C2格内4为真，要么A8格内4为真（由C2格内4为假推导出），所以可以删除C2格和A8格共同影响区域格内的4。

上段文字用链的结构表示为：由 C2(4)==H2(4)---H8(4)==A8(4)三段结构，根据传递性简化为C2(4)==A8(4)，由于C2和A8两格内4形成强链，也就是二者内至少有一是真，所以可以删两者共同影响区域内的4。

上面我们介绍的情况是将三段"强弱强"长链推导为一段的强链，如果强弱交替出现长度更长的组合，同样可以简化为一段强链。只要保证中间一直是强弱交替，且两端都是强链，那么一定可以得到长链两端数字也形成强链的结论。

（3）不能传递的链结构

我们再来看一下为什么说同属性的链无法进行传递。假如两条弱链相连，则表示成 A---B---C，根据弱链定义，如果 A 是真则 B 是假，但 B 是假的话；根据弱链定义并不能得到 B、C 弱链中 C 到底是真是假。单独看 B 和 C 只有在 B 是真的时候才知道 C 为假，综合上面的两种关系，我们得到连续两端弱链相连，并不能知道首尾 A 和 C 直接形成必然的逻辑关系，所以两弱链相连没有传递性。

然后我们来看，如果两条强链相连是否有传递性呢？用结构式表示为：A==B==C，根据强链定义，如果 A 为假则 B 为真，如果 B 为真无法通过强链关系得知 C 的真假属性，只有当 B 为假时才能得到 C 为真，但这样 B 又与 A 失去了关联，所以说两条强链相连也没有传递性，无法得到首尾 A 与 C 之间形成必然的逻辑关系。但有些初学者和概念不扎实的爱好者会说，同一区域内的强链可以连接强链传递？例如图 1-117 中，H 行如果也只有 H2 和 H8 两格内的 4，这里是强链关系，但依旧可以传递啊？这个问题我们已经在上一节强弱链定义中强调过，这里 H 行两格内的 4 确实存在强链关系，但也同样存在弱链关系，在这个示意图中，H 行就算只有两格可以是 4，我们是应用它们产生的弱链关系进行传递的。

在复杂的数独题中如果寻找到在不同区域内一条两数字形成强链（并没有弱链性质）关系，且两端也各连着一条强链，这时并不能得到三段长链两端形成强链关系的推论，如：A==B==C==D，如果 B 与 C 之间只是纯粹的强链关系，并没有弱链属性时，不能得到 A==D 的推论。

综上所述，在应用链的过程中，两数之间既可以是强链也可以是弱链时，则需要根据当时的结构和逻辑，自己进行判断和选择，选择可以连在一起并符合强弱交替的情况进行传递，并得到一个长链两端可以删数的结构，这样才是链的传递性的应用。我们在终极技巧篇介绍的技巧一部分就属于这种根据链的传递性，寻找一条长度很大且强弱交替也没有固定形状的，不同候选数构成的链，根据这种首尾形成强链关系的推理，进行删去同区域或同格内候选数的方式。

（4）实例讲解

讲了那么多理论，我们用这种推理来做一道骨灰题的卡点。需要具备高级技巧定式的基础知识和对链的传递性有深刻理解：

图 1-118 中 C8、I8 和 B9 三格形成了一个 XY-wing，XY-wing 的结论就是 B9 和 I8 两格内至少有一个是 4，也就是说 B9、I8 两格内的 4 形成强链关系。再结合 3 列中 B3 格的 4，与下面 G3 与 I3 两格构成的 4 形成强链关系，然后根据带区块的 X-wing 技巧定式，可以删掉 I1 格内的 4。

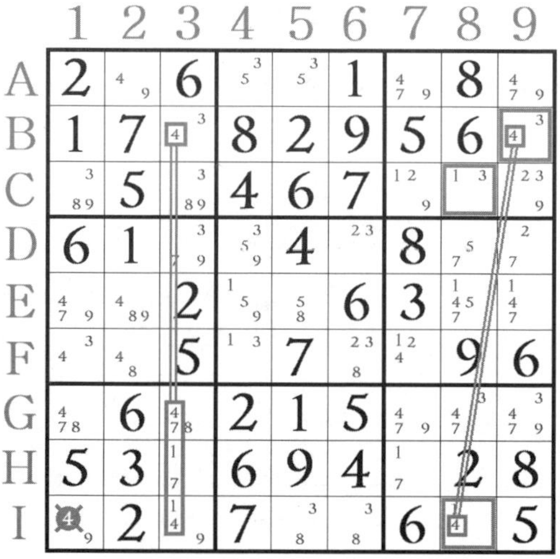

图 1-118

上述高级技巧组合就是对高级技巧定式熟悉后并了解链的原理，进行灵活组合推理的示例。当然还可以寻找其他位置的线索运用高级技巧突破这道题，通常来说骨灰题遇到卡点也不会只有一种方法突破，但如果你掌握的定式多、理论扎实，便可以较轻松地找到突破口。如果知道的定式少，原理也不太清楚，就需要观察盘面更多位置才可能找到你会的那种技巧解题。

5. 逆否命题与链的原理——双向性

我们在前面了解到链是如何传递的，在实际运用中，除了了解链是如何传递以外，还要了解链的传递不是单向的，而是双向的。通俗地说，如果你根据 A 命题的真假属性，可以确定出 B 命题的真假属性，那么一定可以得到，一个根据 B 属性反推出 A 属性的结论。

这里的概念略有抽象性，原命题及逆否命题是逻辑学中的概念。而原命题与其逆否命题等价，也就是说，原命题成立则其逆否命题也成立是作为公理存在的。由于你无法证明这个结论正确，也无法证明这个结论错误，那么它就是公理，数学及逻辑学体系都是建立在这些公理之上的。对这一话题感兴趣的读者可以查阅相关资料，或百度一下了解其基本概念。

本节中只介绍**原命题与其逆否命题等价**这个结论如何在链的传递中应用：

- 如果原命题为：A 假则 B 真（A==B），则其逆否命题为：B 假则 A 真（B==A），此结论说明强链是双向可逆的，也就是说，如果在题中得到 A 是假则 B 是真的条件，则可以得到 B 是假则 A 为真的结论。

- 如果原命题为：A 真则 B 假（A---B），则其逆否命题为：B 真则 A 假（B---A），此结论说明弱链是双向可逆的，也就是说，如果在题中得到 A 是真则 B 是假的条件，则可以得到 B 是真则 A 为假的结论。

- 如果原命题为：A 假则 B 假（A==X---B），则其逆否命题为：

B 真则 A 真（B---X==A），此结论说明强链+弱链是双向可逆的。

- 如果原命题为：A 真则 B 真（A---X==B），则其逆否命题为：B 假则 A 假（B==X---A)，此结论说明弱链+强链是双向可逆的。

上述后两种情况，只是将强弱链组合从两个角度各叙述了一遍。由于强弱链并不能单独表示出"A 真则 B 真"和"A 假则 B 假"两种状态，所以用强弱链组合来表示这两种状态，强弱链间用个 X 充当强弱链的结合点，理解和应用时把强弱链组合看作一个整体即可，中间结构可以忽略，只看两端的真假属性即可。

此原理看似很理论化，也很难单独应用。如果对其不了解，有时根据多步的推理只能得到由 A 得到 B 的一个关系，但这个关系无法直接应用，恰恰其逆否命题的关系可以应用在实际中，如果不了解链的双向性，就无法继续推理了。了解此定理后，可以处理盘面内任何链之间的各种错综复杂的关系，属于终极技巧玩家必须了解的一个知识。

当然，最后还是要说明，此原理只有在本章的高级技巧定式和原理都熟悉后，才有实用的价值。如果前面很多原理都不熟悉的话，知道链是双向性的并没有什么实用价值。

四、终极数独技巧概述

本部分内容之所以称之为终极技巧，一是由于其理解难度和观察难度都大大超过高级技巧，二是本部分技巧可以解难度更高的骨灰级数独题。但由于观察难度大，理论要求高，使很多人很难明白这些技巧原理，有些人就算明白技巧原理但也无法在实战中应用。所以在学习技巧前，一定要将高级技巧篇的所有内容全部消化。

在此需要说明的是，本部分技巧虽然称为终极技巧，但并不是说就没有更复杂的技巧和结构了，也不是说掌握本部分技巧就可以解出任何数独题。本部分技巧作为高级技巧的延伸，让喜欢技巧方面的玩家知道在高级技巧熟练后从哪些方面进行下一步的提高，为玩家从几个不同方向提供了一些参考。在本部分主要学习的目标并不是定式，而是技巧的原理，当数独题过难或使用的链过长时，更多需要的是利用原理进行逻辑分析，而不是简单的套用某种定式。凡是逐步进阶到此处的玩家，相信对此也有不少的心得体会。

数独终极技巧的分类并不像高级技巧那样典型和明确，有时由于观察角度不同或者参考的理论不同，近似甚至相同的思路，就导致叫法不同。所以玩家首先应当从逻辑原理出发，了解技巧原理和使用技巧。至于某些思路的分类和称呼问题，只能在论坛与他人沟通时才能找到与大家都认同的叫法。希望读者在学习本章后并不是将其作为数独技巧学习的终点，而是作为探索新技巧的起点，在做题过程中可以使用这些技巧原理，并发现一些新的特定结构甚至发现新的数独逻辑理论。

终极技巧篇

1. 异数链

（1）技巧综合指数及定位

理解难度：5-6 级　　**观察难度**：7-8 级

技巧定位：长链最普通的状态，中间链部分有同数相连而成的也有异数相连而成的。

原理由来：利用强弱交替的链具有传递性进行删数，是单链和双数链的结合版。

相似技巧：单链、双数链

（2）概念

异数链的英文缩写 AIC。将杂乱无章的链利用强弱交替的结构形成的长链，其中强弱链的传递，不仅有同候选数传递也有异候选数传递，长链连好后删除长链两端共同影响区域格内的候选数。

（3）真题卡点及原理解析（见图 1-119）

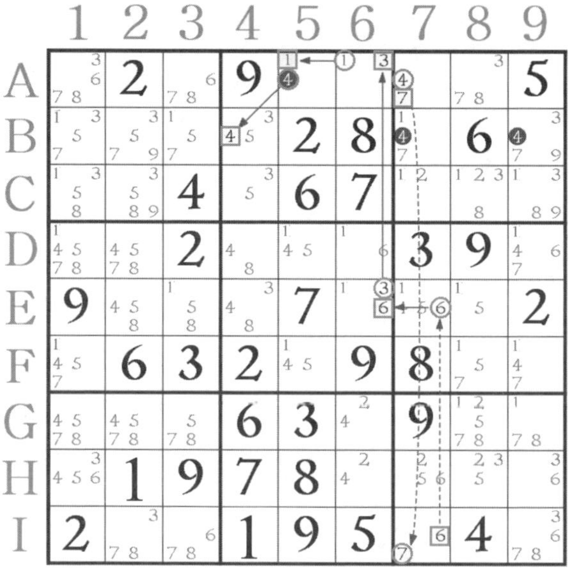

图 1-119

图 1-120 中强链以 A7 格的 4 为起点，链的结构式为：A7(4)＝＝A7(7)---I7(7)＝＝I7(6)---E7(6)＝＝E6(6)---E6(3)＝＝A6(3)---A6(1)＝＝A5(1)---A5(4)＝＝B4(4)，连成一条以 A7 格的 4 为起点，B4 格的 4 为终点，中间结构严格符合强弱交替，是具有传递性的链。删除两端点共同影响区域内及共同影响格内的 4，删除 A5、B7 和 B9 三格内的 4，得到 A5=1。

在真实解题时，往往不会真正利用链的结构式观察，而是直接按朴素思路候选数的真假属性观察。起点 A7 格内的 4 为假（因为只有起点为假才能在开头拉出一条强链），则 A7 格为 7，细心的读者会发现，我们将起点的假值用小圆圈标记，顺带出的真值有小方框标记。然后根据数独正常的排除思路来顺联线索（其实和链的结论一样），过程是起点 A7 格内 4 为假，则 A7=7，则 I7=6，则 E6=6，则 A6=3，则 A5=1，则 B4=4，跳跃中间过程就是由 A7 格非 4 推出 B4 格是 4，根据强链定义，两格内的 4 形成强链，删除共同影响区域格内的 4。

从图中可以看到，异数链的传递方式很杂乱，长度也较大。所以在寻找线索时，严格按照强弱交替的方式尝试，反而容易搞乱思维，通常还是退回到链的原理，根据起点为假推出终点为真形成强链后删数，链的结构式在这里反而不太实用，而是在找到线索后用结构式可以严谨地表达出链的连接关系。

图中的删数逻辑和我们在单链、双数链中的模式没有本质不同，只是在链的连接方式和长度上变复杂了。但异数链的删数方式不局限于此，还有一种链的首尾两端落到同一格内，删除格内候选数的情况。

图 1-120 先用朴素思想排除一圈看下结论，再写链的结构式。图中强链以 C1 格的 4 为起点，如果 C1 格 4 为假，则 C1=6，则 C5=3，则 B6=7，则 A2=7。也就是说 C1 格如果没有 4 推出 A2 格为 7（A2 格内不能有 4），如果 C1 格有 4 同样 A2 格不能出现 4，不管 C1 格 4 是真是假都删 A2 格内的 4。其链的结构式为：C1(4)＝＝C1(6)---C5(6)＝＝C5(3)---B6(3)＝＝B6(7)---B2(7)＝＝A2(7)，连成一条以 C1 格内的 4 为起点，A2 格内的 7 为终点，中间结构严格符合强弱交替，是具有传递性的链。链两端内的值至少有一个是真的，无论哪个为真都可以删掉 A2 格内的 4。

由于长链两端为不同候选数，删的数字也是某格内的一个数，有些人用另一种思路来理解，也就是以 A2 格内的 4 从弱链出发，走一圈最终又以本格 7 的弱链传递回来，形成一个封闭的环，最终删两条弱链的交点，也就是起点 A2 格内的 4。回归到朴素的逻辑也就是由起点 A2=4 为前提得到 A2≠4 的结论，说明 A2 格内不能填入 4。这种结构也有人称之为不连续环。

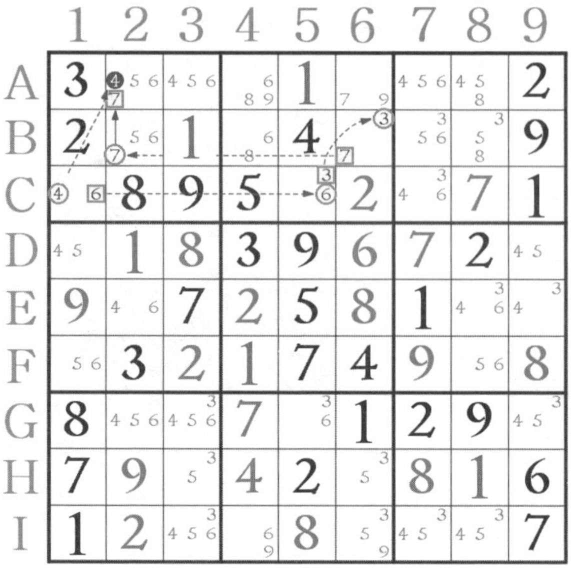

技巧

详解

图 1-120

（4）总结

　　异数链的外形和连接方式有很多不同情况，但其核心结构还是根据链的传递性，构建出一条由强弱依次交替的长链。最终使长链两端共同影响区域格内，删除共同影响的候选数（相当于长链两端的数字各延伸出一条弱链，删除两弱链交点上的那个候选数）。

　　本部分讲解内容和下一部分的异数环有很多相似的地方，其原理都是相同的，也就是长链（长环）的核心结构就是一条强弱交替的链。而划分这些概念的关键，就是形成长链连接成环的位置，是一强一弱相交，还是两强相交或者两弱相交。由于数独题中交点位置两侧的链常常出现既可以当强链也可以当弱链的情况，有时同一个结构就可以有不同的解释思路和观察点，可能会导致同一条链的结构按严格划分出现不同名字的情况。

　　所以，聪明的读者应当把精力放在结构和逻辑上，而不是这个技巧到底叫什么，有时的结构既可以这样称呼也可以那样称呼，但这些都不是重要问题，读者应当在头脑中形成对链的原理和不同结构将导致不同情况形成清晰的思路，做到只要有效的链连出来，就可以快速判断删除的能力。有时将思路完全按照链的定义来解释，得出的逻辑可能不容易应用，不妨尝试用最朴素的逻辑再解释一下，也许比按链的定义处理更便于思考。其实两者都是一个逻辑内容，只不过偏重不同角度来描述当前的逻辑关系，所以读者应当灵活运用不同的思路和角度，来观察和判断长链中的逻辑结构。

2．异数环

（1）技巧综合指数及定位

理解难度：5-6 级　　**观察难度**：7-8 级

技巧定位：将长链连成环来考虑的逻辑结构。根据是否连续出现强弱交替的链，又分为连续环和不连续环，而不连续环又和异数链理论相似。

原理由来：利用强弱交替的链围成环之后，根据封口处强弱链的不同结构，运用链的逻辑对受影响区域进行删数。

相似技巧：单数环、异数链

（2）概念

异数环的英文名为：Nice Loop，是将长链围成环来观察的一种思路。由于结构不同分为连续环和不连续环。

连续环就是长链连接成环后，严格符合强弱交替的结构，就像我们在高级篇中介绍过的 X-wing 或剑鱼（2,2,2）样式的结构，只不过之中的强弱链会出现异数相连的情况，而长度也会更长。

不连续环的结构更像异数链把开口封闭上的样子，而封闭的交点如果由两条弱链相交，则删去这个交点候选数；如果由两条强链相交，则保留这个交点候选数。

（3）真题卡点及原理解析

图 1-121 中以一个小圆圈或小方框标记候选数作为起点，比如从 D9 格的 3 为假开始强链：D9(3)==F9(3)--- F9(4)==F8(4)---H8(4)==H3(4)---B3(4)==B2(4)---B2(3)==D2(3)---D9(3)，从上面的结构式可以看到，起点从 D9 格的 3 开始，重点也回到 D9 格的 3，而且整个一个链环严格符合强弱交替，这种结构就叫作连续环。连续环的特性是可以将中间任意一条弱链都具备强链的性质，可以删除每条弱链影响区域格内被共同影响的候选数。

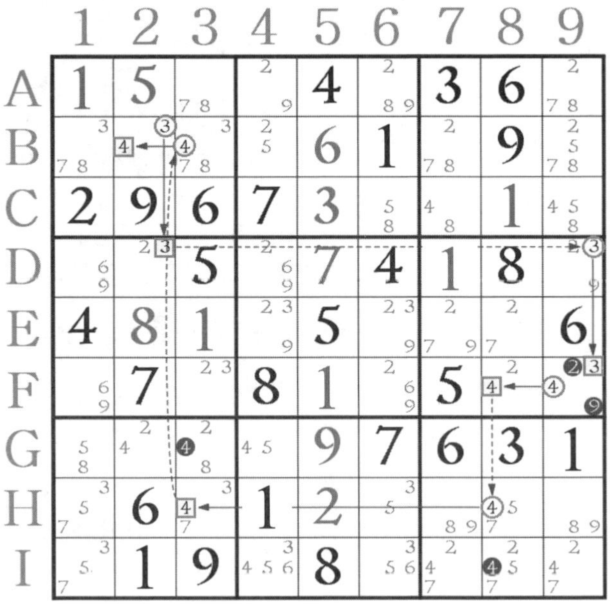

图 1-121

比如 F8(4) ---H8(4)这个弱链，如果把这条弱链断开，发现这就是一条强弱交替，以这两个候选数为端点的长链，根据链的传递性这两个端点的 4 就是强链关系，可以删除它们共同影响区域内的 4。我们再来看 F9 格中的 3---4，从上述推导可以得知，这两数关系也具备强链的特性，所以可以删掉格内其他所有候选数。

下面我们再来讨论一下不连续环，在讨论前再强调一个概念，也就是如果连成环的一组长链中，除了有两条弱链相交外，其余都符合强弱交替，和除了有两条强链相交外，其余都符合强弱交替的两种情况如何处理？从逻辑推理上可以得到什么结论？

先来说只有两弱相交的情况，这个我们之前遇到很多次了，很多链的结构都是两弱相交的情况。换个思路来考虑这个结构，也就是从两个弱链的那个交点作为起点出发，这个交点的局部结构式为：...==X---A---Y==...，A 为这个两弱链的交点，两边省略号表示强弱交替并连成一个环的长链结构。从 A 点出发两边都是弱链，所以 A 起点为真，但不管从哪个方向推理下去，转一圈回到 A 点时反而得到 A 为假。

简单来说，就是由 A 真推理出 A 假，这个可以得到什么结论呢？用朴素思想考虑，A 真推出 A 假，那么 A 一定是假，因为根据逻辑 A 就算是真的，得到的结论也是假，所以 A 一定就是假。用链的定义来考虑，A 真推理出 A 假，链的表达式为：A---A，也就是说，A 与自身形成弱链，而弱链另一种解释就是两者不能同真，也就是说弱链两边的 A 自身不能同时为真，那说明 A 只能同为假了。

根据上述思路再来说一下只有两强相交的情况，局部结构式为：...---X==A==Y---...，A 为起点出发，只能为假从强链往某个方向推理，推一圈回到 A 点得到 A 为真，简单说，就是 A 假出发推理出 A 为真，这又可以得到什么结论呢？根据朴素思想考虑，如果 A 为假推出 A 为真，说明这个前提是错误的，也就是说 A 就是真的。用链的定义来考虑，A 假推理出 A 真，链的表达式为：A==A，也就是说 A 与自身形成强链，而强链另一个解释就是两者不能同假，所以强链两边的 A 不能同时为假那说明 A 只能同真了。

有了以上两个推理，我们在遇到不管是异数链，还是异数环都可以灵活处理了，来看一个不连续环的实例：

图 1-122 中以 C6 格的 7 为假作为起点，则得到 C8=7，则 A8=2，

则 C7=9，则 A6=9，则 C6=7。上述步骤可看到，从 C6 格的 7 为假出发，得到 C6 格的 7 为真。利用我们刚才进行的推论，得到 C6 格内的 7 就是真的。

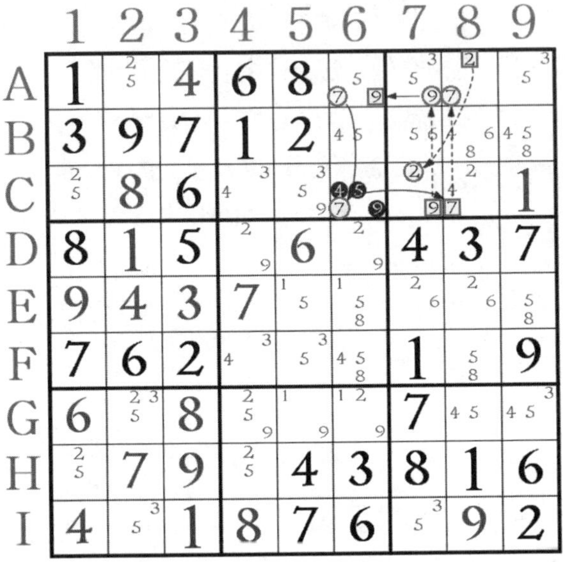

图 1-122

（4）总结

本节内容主要是探讨强弱交替的长链中，应当如何处理链两端如果是相同属性的情况。本节内容不在于链的结构式如何描述，而恰恰相反，在这里链中间传递的结构已经不重要了，我们需要利用长链两端的真假属性，进行纯逻辑分析，再结合强弱链的定义，进行对解题有用的推论。本部分把各种强弱交替的长链，对有效推论的情况进行罗列，读者不但需要知道这些结论，而且也要学会根据具体情况，根据朴素思维和链的原理自己进行推导的能力。

3. ALS

（1）技巧综合指数及定位

理解难度：7-9 级　　**观察难度**：8-10 级

技巧定位：一种寻找同区域内不同候选数间形成强链关系的思路，常用来处理较复杂的候选数关系，但观察难度和分析难度都很大。

原理由来：利用定义寻找同区域内不同候选数间的强链关系。

相似技巧：Sue de Coq

（2）概念

ALS 是 Almost Locked Set 的英文缩写，大致意思是差一点形成数组的结构。我们知道一个区域内形成数组，要求是有 N 种数字对应 N 个格子，比如三格内只含三种候选数，那么就形成一个数组。如果在 N 个格内出现 N+1 种数字，会得到什么线索呢？我们本节技巧的原理就是研究 N 格内出现 N+1 种数字所产生出的关系，当然这里运用到的理论知识还是强链定义。

（3）真题卡点及原理解析（见图 1-123~图 1-126）

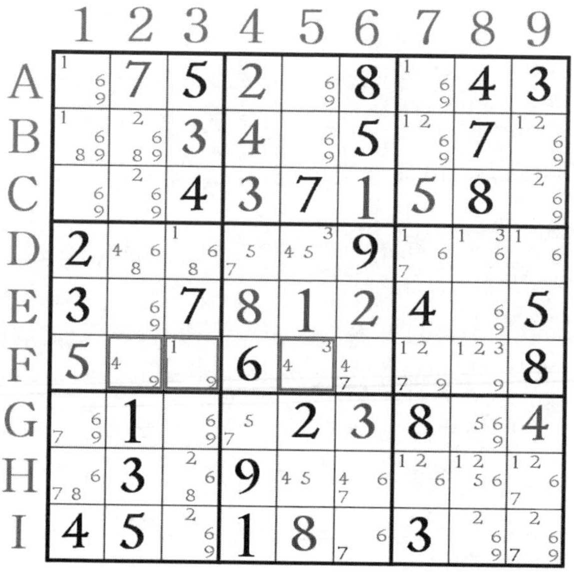

图 1-123

在图 1-123 中我们尝试寻找一下"N 格内出现 N+1 种数字"的关系，进而说明该理论的原理。首先要说明的是，这种关系在题中大量存在，甚至比我们所说的数组关系还要多，比如 F2、F3 和 F5 这三格内出现的候选数有 1、3、4、9，三格内存在四种候选数，符合 N 格内出现 N+1 种数字的条件，我们来看一下这四种候选数间会有什么关系。

由于三格内含了四种不同的候选数，那么如果有两种候选数同时为假的话，就会形成三格内只有两种不同候选数的情况，这种情况显然与数独规则不符合，因为会使有的格内没有数字可填。我们知道根据强链定义，两组数字不能同为假，那么它们之间形成强链关系，比如 F2、F3 和 F5 三格中的候选数 1 和 3，都出现一次，如果 1 和 3 都消失，那么这三格内显然出现了问题，所以 F3(1)==F5(3)，也就是说其中一个为假，另一个必为真。

由于 1 和 3 都只出现一次，它们间的关系更容易说明和理解。但我们的 ALS 理论不仅限于讨论出现一次的候选数，出现多次的同样符合这种原理的限制。在符合 N 格内出现 N+1 种数字的 ALS 中，任意两种候选数都会直接形成强链关系。我们来看 F2、F3 和 F5 三格中候选数 3 和候选数 9 间的关系，由于 9 出现了两次，我们将这两个 9 看作为一个整体，一起讨论。如果一个 3 和两个 9 都消失，显然这里也会出现问题，所以这一个 3 与两个 9 直接形成强链关系。F5(3)=={F2\F3}(9)，这里的两个 9 被看做整体，很像我们在带区块的 X-wing 中那个区块的结构。

由于我们解题和寻找线索是利用链的传递性才能实现的，所以虽然 3 与区块 9 形成了强链，但如果这个区块 9 不能继续以弱链的一端传递出去，那么这一段链并没有实用价值。所以也就是说，任何盘面上虽然可以找到的强弱链线索有很多，但真正能连在一起并可以有效删数的情况却很有限，而且找到这些有用的线索的难度非常大。

了解了如何运用 ALS 结构需找强链的原理后，我们来看一下，如何运用这个思路寻找有用的线索去解题：

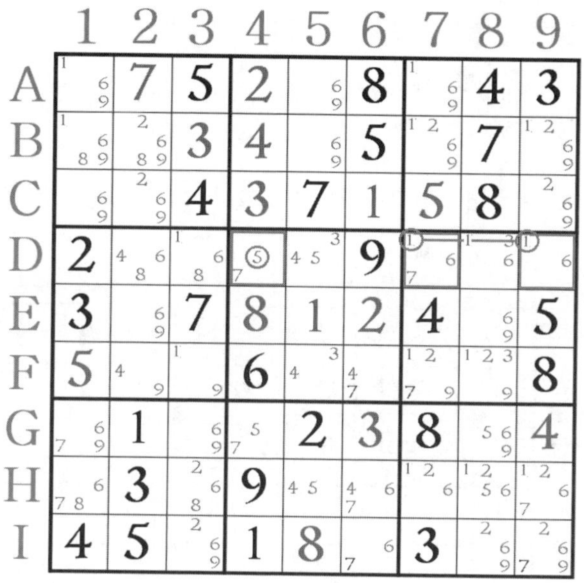

图 1-124

图 1-124 中 D4、D7 和 D9 三格中含 1、5、6、7 四种候选数，根据 ALS 理论我们得到 D4 格的 5 与 D7、D9 两格内的 1 形成强链关系。

我们再来找一组 ALS 关系：

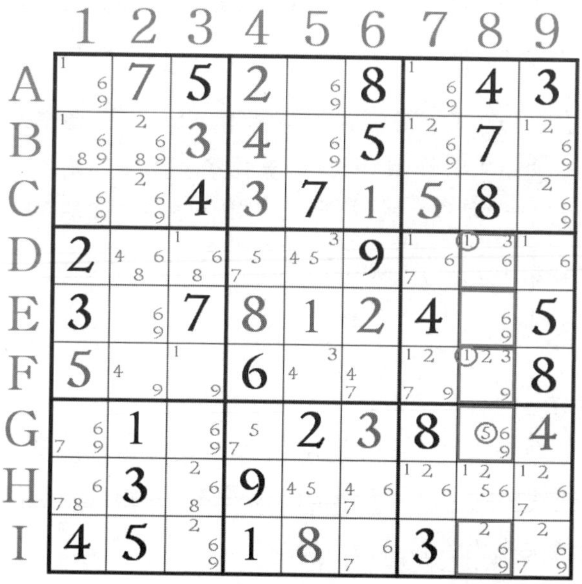

图 1-125

图 1-125 中 D8、E8、F8、G8 和 I8 这五格内含 1、2、3、5、6、9 六种候选数，根据 ALS 理论，得到 G8 格内的 5 与 D8、F8 两格内的 1 形成强链关系。

找到两组 ALS 后，我们看它们之间是否有链的传递关系。

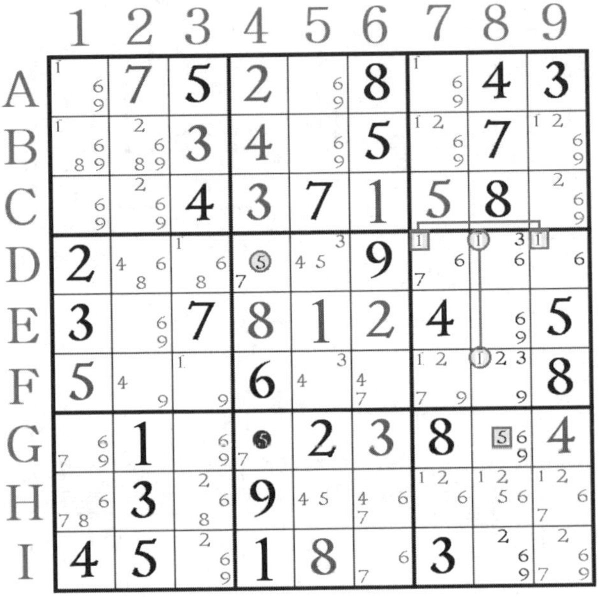

图 1-126

图 1-126 中 D7、D9 两格的 1 的整体与 D8、F8 两格的 1 的整体都处在六宫内，这两组区块 1 形成弱链关系。而它们两端各以强链连接一个 5，所以形成了强弱强链的组合，可以删除 D4 格的 5 与 G8 格的 5 共同影响区域内的 5，得到 G4=7。

（4）总结

本节的核心内容是了解和学习一个区域符合 ALS 条件的几格内寻找不同数字简单强链关系。而利用几组 ALS 形成的关系进行有效的删数，由于对观察要求过高，不作为硬性要求，不过感兴趣的爱好者可以尝试利用这种关系组合尝试推理和删数。

ALS 的应用不仅在组合删数上，在寻找强链线索时如果熟悉 ALS 理论，对于快速找到有效强链也非常有用。而 ALS 的组合删数方式也不仅是本节中列举的情况，本节示例中的情况是 ALS 技巧中结构最简单的，两组 ALS 间直接利用某候选数弱链相连传递。而 ALS 还有利用更长的链或 XY-wing 方式进行传递的方式，由于观察难度过大，需要对上述技巧结构及链的原理深刻理解，而且在解题时自己寻找及应用难度会更大，故本书中对此不做过多介绍，有兴趣的爱好者可以上网查询相关内容。

技巧

详解

4．Sue de Coq

（1）技巧综合指数及定位

理解难度：7-10 级　　**观察难度**：6-10 级

技巧定位：一种多格复式结构，删数范围大。可看作欠一数对的升级版或 ALS 组合的升级版。

原理由来：利用相互缠绕在一起的几组 ALS 关系删数。

相似技巧：欠一数对、ALS

（2）概念

Sue de Coq 一词不知起源何处，但看字母拼写方式应与数独单词的 Sudoku 发音近似，也可以缩写成 SDC。Sue de Coq 是一种复合式的 ALS 结构，由两个或多个 ALS 结构形成一个大型的封闭式结构，删除受其影响范围格内的某些候选数。ALS 和 Sue de Coq 相对比，很像异数链与连续环的关系，前者利用 ALS 关系，删除链两端共同影区域格内的候选数，后者是形成一个完整的强弱结构，大范围删除受其影响区域格内的候选数。本部分仅介绍 Sue de Coq 中比较简单的情况。

（3）真题卡点及原理解析（见图 1-127、图 1-128）

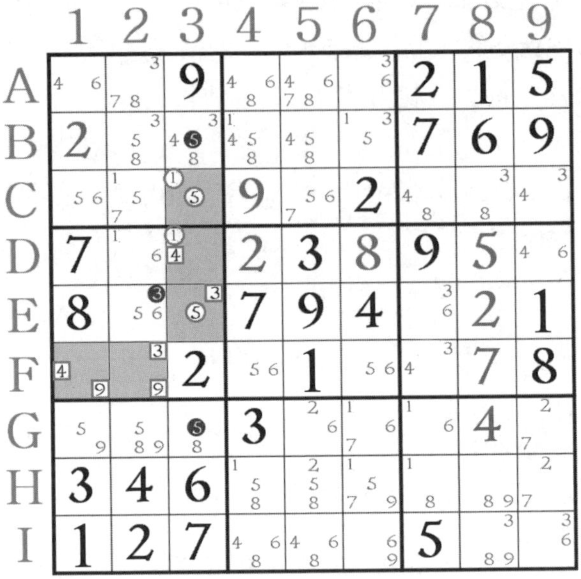

图 1-127

　　我们来观察图 1-127 中被涂成灰色的五格。这五格内的候选数形成 SDC 结构，或者看作两个 ALS 缠绕在一起的结构，用 ALS 理论来说明删数理由。灰色格在 3 列出现了 C3、D3 和 E3 三格，这三格中出现了 1、3、4、5 四种候选数，符合 ALS 结构，可以判断其中的数字 3 与数字 4 形成强链，也就是说 E3 格内的 3 与 D3 格内的 4，至少有一个是真的，利用这个关系再结合四宫内 F1、F2 两格一起看，形成了一个类似数组的结构，可以对四宫内其他格产生删除 3、4、9 的效果。

　　换个角度再看四宫内的 D3、E3、F1 和 F2 这四个灰格，其中出现 1、3、4、5、9 五种候选数，也符合 ALS 的结构，可以判断其中数字 1 和 5 形成强链，也就是说 D3 格中的 1 和 E3 格内的 5 至少有一个是真的，利用这个关系再结合 3 列内的 C3 格看，在 3 列中形成一个类似数对的结构，可以对 3 列其他格产生删除 1、5 的效果。

　　从上述例子可以看出 SDC 是由多个 ALS 缠绕在一起，并分别形成若干类似数组的结构，是各自对相应影响区域格内删除共同影响候选数的组合式技巧。

我们再来看一个 SDC 的例子，从另一个角度来解释其原理：

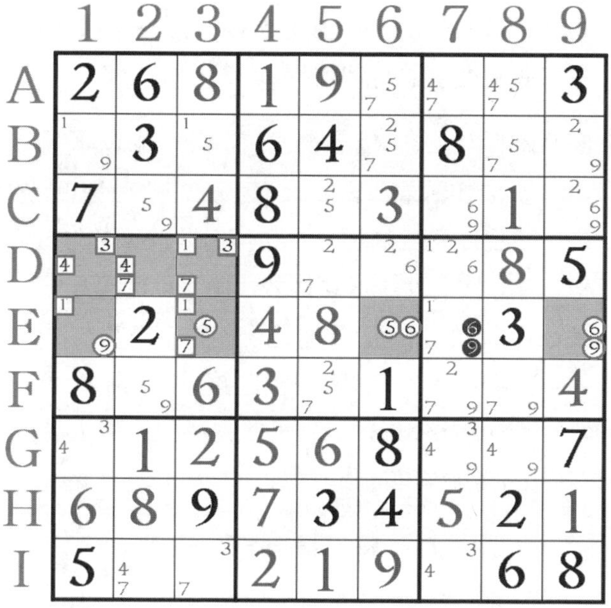

图 1-128

图 1-128 中灰色的七格形成 SDC 结构，如果在四宫内，按 N 格内找 N+1 的方式寻找线索会很麻烦，反而可以用最朴素的逻辑来考虑。由于四宫内的候选数 5、9 都只出现两次，而 F2 格内 5、9 各出现一次，在 E1 和 E3 格内又各出现一次，也就是说四宫内候选数 5、9 在 E1、E3 两格内有一个是真的，在 F2 格内有一个是真的。

我们把 E1、E3 两格内的 5、9 看成一个整体，与 E 行后面含候选数 5、6 的 E6 格和含候选数 6、9 的 E9 格形成一个类似数组的结构，可以产生对 E 行其他格做出删除 5、6、9 的效果。此处我们运用的思路与在技巧基础篇提到的欠一数对思路极其相似，也和唯一矩形 3 型（矩形与数组结合）的原理很相似。

（4）总结

本章介绍了 Sue de Coq 技巧的结构和删数逻辑，从中可以看到与我们之前学过的一些技巧，有一些类似的思考模式或观察模式，说明数独技巧之间的共通性。而技巧之间的差别在于表现出的外形有所不同，从不同理论出发寻找这个结构内候选数间的逻辑关系。但我们知道，我们介绍的技巧全部都是以数独规则为基础，严格按照逻辑关系推理出的，便于观察和便于理解的特定结构。

本节举例的两种 Sue de Coq 情况，都属于比较典型的示例，如果理解其原理，不难看懂在标出 Sue de Coq 结构的图中的删数逻辑，该技巧的难点是在于观察寻找的过程，如何有效联系起形成 Sue de Coq 技巧的若干格。有时按非两个区域内找"伪"数组的方式，更能快速找到格类似 Sue de Coq 的结构，具体是否删数字还需要深入分析，如图 1-129 所示，灰色五格内含五种不同候选数，虽然不在同一个区域内，但此结构和 Sue de Coq 外形很像，可以先找到这种位置，再深入分析是否可以形成有效的删数逻辑。

5．强制链

（1）技巧综合指数及定位

理解难度：7 级　　**观察难度**：7-10 级

技巧定位：利用分支结构对更复杂的盘面进行推导。

原理由来：利用逻辑推理逐一分析每条分支，找到多分支推理共同结论的部分。

相似技巧：Swordfish

（2）概念

强制链英文为：Forcing Chain，在很多软件和论坛上都有其踪影。不同时期及不同的作者，赋予其的含义也略有不同，本节用这个名词主要是，强调它涉及分支结构的属性。我们前面接触的所有高级技巧，几乎都是讨论一条链的结构，而链的定义也局限在讨论两个命题间的关系，就算有时在链中出现一个多格的"区块"结构，但我们也将其看作一个整体加以分析。

（3）真题卡点及原理解析（见图 1-129）

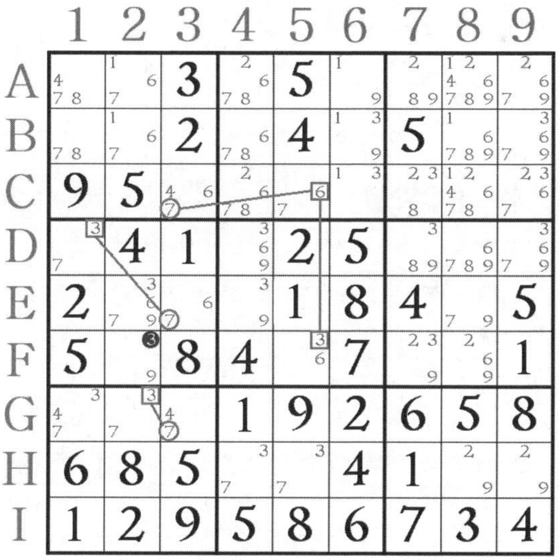

图 1-129

我们观察图 1-130 中 3 列的三个候选数 7，如果 C3＝7，则 F5＝3；如果 E3＝7，则 D1＝3；如果 G3＝7，则 G2＝3。无论 3 列的 7 出现在哪个位置，F6、D1 和 G2 三格内至少有一格内为 3。所以可以删去三格共同影响区域 F2 格内的 3，得到 F2＝9。

（4）总结

通常我们接触的链都是两个分支，并且最终可以围成一个环状，而本节例题中三条分支汇集到一起的结构与我们前面介绍的高级技巧都不相同，唯一比较相似的是三层的剑鱼技巧，当时我们也是将剑鱼分三种情况讨论得到的结论，只是剑鱼技巧还有个比较显著的外形，但本节的强制链并没有固定的外形。

以本题为例，如果不用这个三分支的强制链的话，要想继续突破只能寻找比较复杂的 ALS 组合。观察 ALS 组合的难度很高，也不是很容易就可以找到有效删数的组合，而此处观察三个 7 的位置，甚至可以直观判断出删数的位置，而我们运用的逻辑判断也是最朴素的思路，三条路径得到同一格结论，那么这个结论就一定是正确的。所以，爱好者不仅要学习掌握已有常用的定式及原理，同时还要保持开阔的思路，在解题时灵活运用定式及朴素的逻辑推理，有时甚至可以发现新的技巧结构或应对更复杂局面的理论。数独技巧不断被发现也都是在爱好者共同努力下逐步深入和系统化的。

心法
详解

天 终极心法篇

1. 逻辑解法和试数异同的探讨

本书所提的逻辑解法，指的是书中基础篇、高级篇及终极篇中介绍的利用数独规则和逻辑原理推演出的，简单的如排除可以直观，复杂的如 ALS 需要标满候选数，才能观察的某种特殊结构及原理的填数或删数方法。

如果利用基础技巧就可以解出来的数独题，通常不涉及试数的问题，一般在遇到需要高级技巧或终极技巧的骨灰题时，不了解高级技巧的玩家出于想得到答案的目的，可能会使用试数的方式解题。试数一般是将某个候选数假设为正确的，并沿着这个数字继续推理，一般会出现以下几种情况：

- 运气好，试的数字恰恰是正确答案，并沿着试的数字顺利地推理出答案。

- 试的数字不是正确答案，并且在推理几步后，很快发现了矛盾。发现试的数字是错误的，立刻删除并继续推理。

- 试的数字往下推理若干步后，又陷入无法往下推理的情况。要么换个位置再试，要么在原有试数的基础上再次试数，但这样会使数独题陷入更混乱的状况。

我们看到，虽然试数是一种更能接近正确答案的方法，但也属无奈之举，如果玩家会用逻辑方式推理，大多数都不会采用试数的方式。

　　分析上述 3 种情况，第 1 种情况顺利得到答案，但显然不是逻辑解法，因为中间猜了一步，只是碰巧这步猜对了。而这步是没有逻辑理由的填数，所以属于非逻辑解法。

　　第 2 种情况，试了一个数很快发现矛盾了，然后将试的数删掉。这种试数按链的原理解释是：以试的数为原点，并同时以弱链往两个方向推进并遇到了矛盾。矛盾位置无非是同区域出现了相同数字（弱链）或某区域内无法填入某个候选数（强链）这两种关系。换个角度说，相当于试的那个数字是我们在链中删除的两弱链交点位置，只不过这里作为起点观察了。这种试数模式可以等同于链的一些用法，但只能处理简单结构的链，对于复杂结构的链，如果不了解原理和定式，仅假设一个候选数为真并单向推进还是很难构成矛盾的。

　　第 3 种情况，在试数中也常出现，试了几步后又陷入僵局。这种情况要么是试数的位置选得不好，要么是碰到高难度的数独题了，仅用简单的试数（理论上可以还原成链的理论）无法突破卡点。

　　下面是试数方式与逻辑解法之间的差异。

　　图 1-130 是高级技巧篇中双数链的一个卡点，我们利用图中标注方框的四格进行删数，删去 A6 和 C7 两格的 5。如果不会双数链技巧，也看不出其他逻辑线索，为了得到答案可以进行试数，比如假设刚才删掉的 C7 格的 5 为真，可以马上得到 C5=2、D5=7、D9=8、A9=5，经过四步就得到三宫内出现两个 5 的矛盾，这四步恰好也是双数链的结构，然后可以判断将试数位置 C7 格的 5 删掉。

　　当然你从方框的四格或者其他位置试数字，要么几步得到答案，要么运气好直接得到答案。所以，可以看出应对难度不太大的骨灰题，利用试数得到答案并不是难事。我们再来看个稍复杂的结构：

　　图 1-131 中用的技巧是我们在终极技巧篇中介绍的连续环技巧。在

这个例题中，我们利用试数来代替连续环的可能性就很小了，首先，如果恰好试数的位置是连续环中的某一点，那么可以沿着环的路径推理，但推理一圈后又回到了起点的位置，如果不懂这个结构和逻辑，根本做不出任何删数的判断。

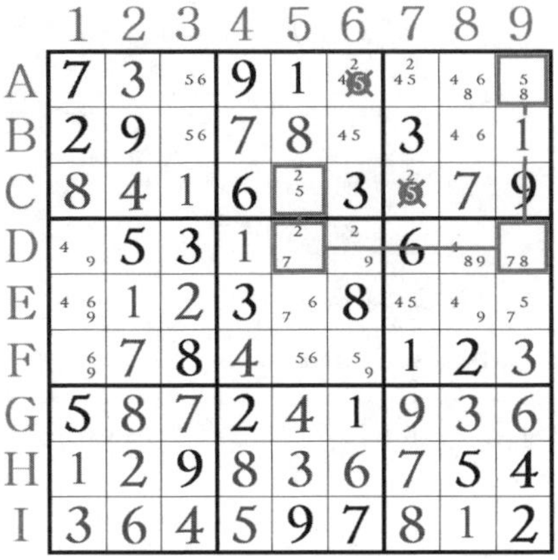

图 1-130

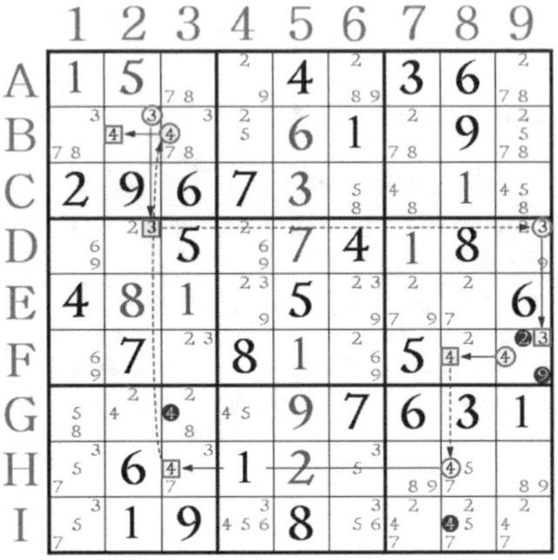

图 1-131

有人说，假如我试这个图中被删除位置的数，一定可以得到矛盾并删去这些数。理论上是这样的，但也仅存在于理论上，因为这个技巧删除的是弱链影响区域上的数，可在试数时往往是从二选一的位置入手，因为出现矛盾说明这个数字是错的，可以马上换另一条路继续得到答案，但很少会从有三种及以上可能性的位置开始试数，这样反而把试数搞复杂了，上图中小黑圈删除的位置无一不是三四种可能的位置，这种情况在试数人的眼里不太会作为首选位置，所以该结构很难用试数的方式代替。

从以上两个例子，可以大致对试数与逻辑解法有了一定的认识。试数通常是从二选一的位置出发，用链的原理解释，就是假设原点是真引出两条弱链，并试图围成一个强弱交替的链环，最终出现矛盾删除原点或直接试对得到最终答案。试数对玩家的技巧掌握和逻辑思维要求不高，只要会基本的排除法和唯余法，就可以用试数解出稍有难度的数独题，但其局限性也较大，主要体现在以下几点：

- 如果盘面中的条件一点都不分析，随机找个数去试的话，偶然性太大，为了找到矛盾点可能需要很长的路径。而训练有素的用链高手，可以较快发现盘面中，可以连接出特殊结构的线索，进而快速删数。

- 起点限制较大，试数通常从二选一位置出发，且假设原点为真，以弱链向外扩散。了解链的原理后，会知道二选一原本就是强链关系，也就是说试数，需要从一个既是强链也是弱链的位置出发，才最符合这方面操作的模式，这显然比用链的局限性更大。

- 试数的推进仅靠单线推进，对全盘线索综合利用差。链的思路，很多都是同时考虑某数真假两种可能性，而且在推导中，常可以快速延伸出多条路径，更容易让我们快速发现对解题有效的线索。

- 试数对复杂的局面处理难度大，某些骨灰题里，仅靠单线推进的试数很难找到可利用的线索。应对这种数独题，只能用某些终极解法的结构，来理顺这道题可利用的线索，有时需要多次运用不同技巧，删除多个候选数才能推出确定的数字。

但试数也不是百无一用的，针对难度稍低的骨灰题或者一时没有发现线索的直观题，在竞速比赛中被卡住不妨试数继续推理，可能很快就能发现矛盾或直接得到答案。这可能比慢慢地分析线索找到应对的技巧结构更有效率，因为试数只要找到矛盾即可，不需要分析出具体是哪个技巧结构造成的矛盾。

在学习新技巧或在解题过程中发现未知结构时，用试数的方式，可以判断出解题逻辑是否发生了错误。我们在高级篇介绍的技巧结构，都可以将删除位置的数字带入试数，并一定发生矛盾。所以试数是一种操作便捷，为我们提供反向验证的实用方法。

心法
详解

2．传统定式的活用与新式定式的探讨

这里所说的传统定式指的是像书中介绍的这些技巧结构，已经被圈内玩家共识且应用范围广阔的主流技巧。新式定式指的是个别玩家在做题时发现的较特殊的结构或用纯逻辑推理出的理论结构，由于出现率较低，只有当事人发文分享，才有少数人了解。对比二者，新式定式往往是建立在某些传统定式之上，属于理论与实践结合的产物，不排除某些新发现的定式应用性较强、被众人广泛应用，而逐渐转变为众人公认的定式。本节与大家分享，几个活用传统定式的思路，以及国内玩家发现的新式定式。虽说这是本书技巧讲解的最后内容，但其实这里才是探索数独技巧之路的起点。

下面列举真题卡点的破解方法和思路不止一种，但列举出的思路确是比较巧的定式组合或原理的灵活应用：

（1）利用唯一矩形找链

利用唯一矩形找强链已经是很多玩家实战中应用过的思路，例如数字1、2构成的矩形四格内，其中一格内多了个3，另有一格内多了个4，我们知道根据致命模式原理，这个3和4不能同时删掉，否则会形成双解结构。所以根据链的定义可以得到3与4形成强链关系，即：3＝＝4。

我们在此例题中，是利用唯一矩形找到一条弱链，这种应用在实战中并不常见。如图1-132所示，观察A6、A9、C6和C9标记方框格，这四格内都同样含有2、4、5三个候选数，如果四格内同时删掉4则形成四格内只含2、5的致命模式。再来观察A4格和H9格内的4，如果这两格同时为4，则会出现上述情况，导致标记方框的四格内的4全删除，根据上面的结论得到A4与H9两格内的4不能都是真的。两者不能同真就是弱链的定义，我们利用方框四格的唯一矩形结构找到了一条4的弱链，即：A4(4)---H9(4)。

利用上面得到 4 的弱链关系，再结合 4 列与七宫内 4 的两条强链，套用我们学过的单链之双强链结构，可以得到删除 H9 格内 4 的结论。

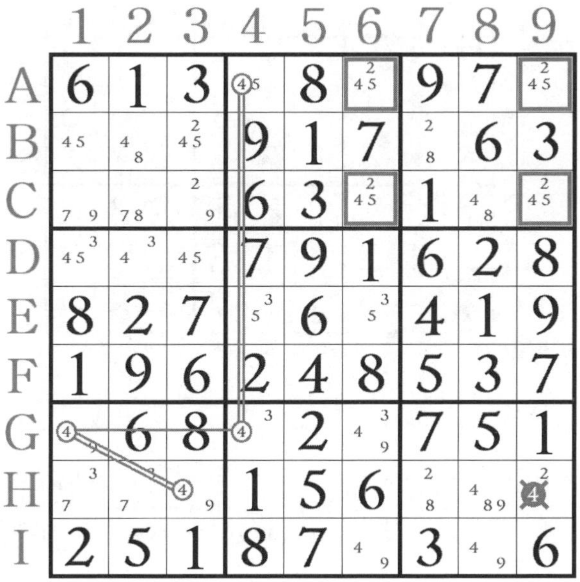

图 1-132

（2）无解环结构（奇数节点）

通常意义上的唯一矩形是四格结构的，有时会扩展变形，但基本也是六格结构，而且不管是四格还是六格，都是基于会形成局部双解结构而实际应用的。我们在这里介绍一种特殊的五格结构，当然更长的奇数格数也是可以的。

观察图 1-133 中被标记方框的 E1、E5、H1、I2 和 I5 这五格，典型的单链之双强链位置结构。这五格内如果都只剩 2、5 两个候选数，那么这个结构将出现无解，也就是说这五格内，必须出现其他候选数，才能避免出现无解的错误模式，那么可以得到 E1 和 E5 两格内有一个 9 是真的，可以删除 E7 格内的 9。

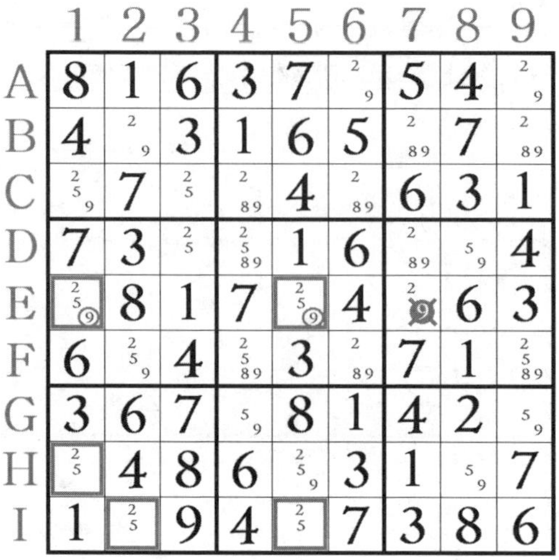

心法

详解

图 1-133

（3）特殊的唯一矩形

图 1-134 中方框标记的六格内含 1、4、5 和 7，如果这六格内都只含候选数 1、4、5 的话，那么这六格会出现多解，从而确定，D4、E4 和 F4 三格内有一格只能是 7，所以可以删除 A4 格内的 7。此结构为两层六格含三候选数的情况，与前面介绍的唯一矩形及扩展结构都不相同，但确实也是多解结构，读者可以自己尝试在这个结构内试数，将会出现可调换数字的局部多解结构。

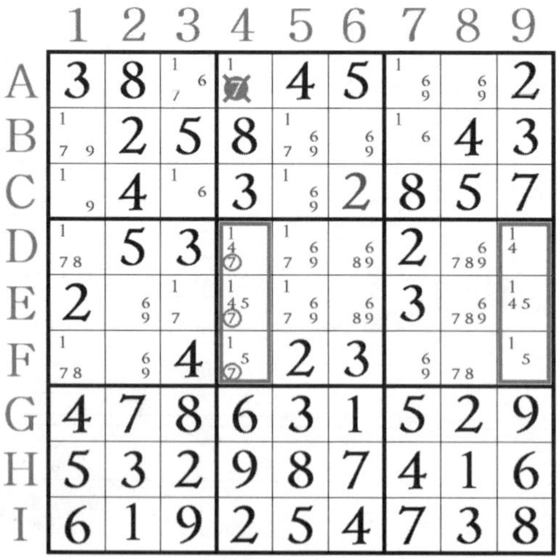

图 1-134

（4）利用 XYZ-wing 找链

我们在高级技巧篇中介绍过用 XY-wing 结构找强链，XY-wing 结构相对容易，两侧格内相同数字构成的强链，也容易理解和应用。这里我们利用 XYZ-wing 结构来找出一个带"区块"的链。如图 1-135 所示，方框标记出的 A1、A7 和 B7 三格，形成一个 XYZ-wing 结构，如果按XYZ-wing 的逻辑观察，应该删三格共同影响区域格内的 1，也就是 A8 和 A9 格，但此题 A8、A9 两格已经有确定的数字了，所以在这里XYZ-wing 不能发挥出它的作用。但我们在讲解 XYZ-wing 原理时，得到的推理可以从其他角度应用，也就是三格内至少会出现一个 1。由于A7 和 B7 两格同在三宫，我们将这两格内的 1 看成一个整体，可以得到 A1 格内的 1 与 A7、B7 两格整体内的 1 形成强链，再利用 1 在 9 列形成的强链，可以构成单链之双强链结构删除 I1 格内的 1。

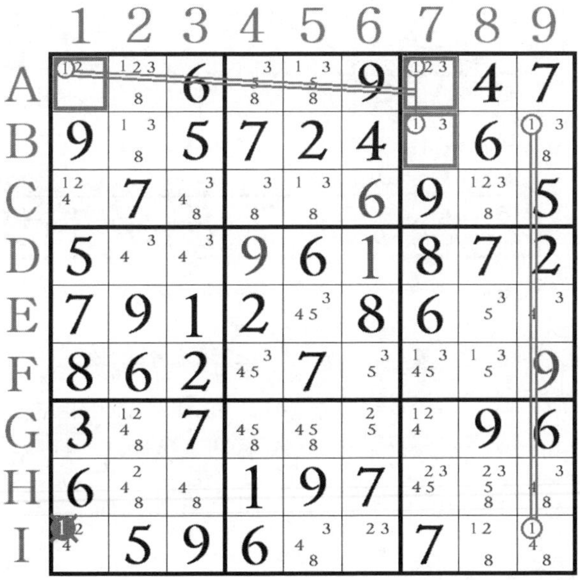

图 1-135

（5）XY-wing 的扩展

图 1-136 中 B1、B3、C2 和 C5 四格被标记了方框，我们来观察这四格的结构，如果一宫内 B1 和 B3 两格变成含 3、6 的一格，那么此结

构大家都很熟悉，是 XY-wing，删 B6 格的 6。但此处 B1 和 B3 两格，除了含候选数 3、6 外各多了一个 9，而且这个候选数 9，在一宫内也只出现在这两格内。不论用欠一数对的角度，还是 ALS 的角度都可以判断 B1 和 B3 两格内候选数 3、6 至少出现一个。可以将两格看出一个含 3、6 的整体，同样可以运用 XY-wing 删 B6 格的 6。

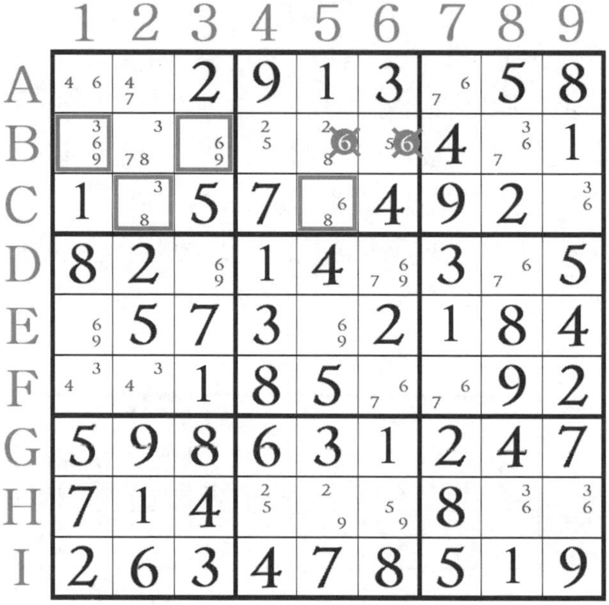

图 1-136

除以上思路还可以从 ALS 角度来解释这个结构，一宫三个方框格内含 3、6、8、9 四种候选数，所以 B1 和 B3 两格的 6 与 C2 格内的 8 形成强链，而如果 C2=8 则 C5=6，所以得到 B1、B3 两格的整体和 C5 格至少有一个内含 6，同样可以删共同影响区域 B6 格内的 6。

（6）远程数对的活用

图 1-137 中 H6 格内只含 4、7，而 A4、A5 两格内只含 1、4、7，根据互补原理，A4、A5 两格内有一格是 1，另一格内数字应当和 H6 格内相同。由于 H2 和 H6 两格形成 4、7 数对，那么 H2 格可以与 A4、A5 整体形成远程数组，可以删除共同影响区域 A2 格内的 4、7。

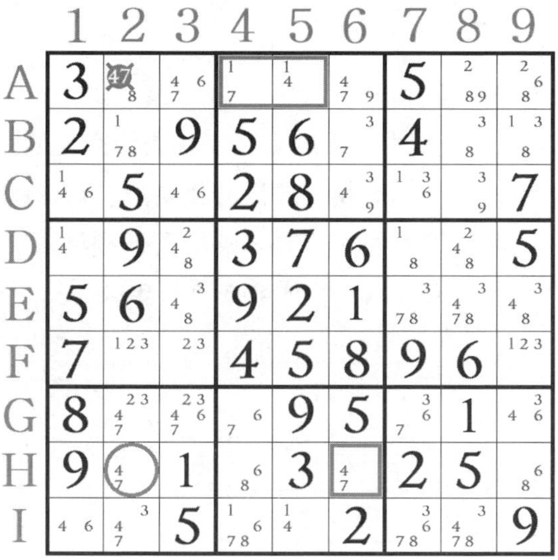

图 1-137

（7）无式

图 1-138 中 E4、F5、G4 和 H5 四格被标记了方框，观察这四格内候选数发现，如果 H5 格内没有后续数 4，那么这四格形成连续环，可以删除 I5 格内的 4。如果 H5 格内是 4，同样可以删除 I5 格内的 4。所以这个无名四格结构可以删除 I5 格内的 4。此结构可用多种定式来解释。

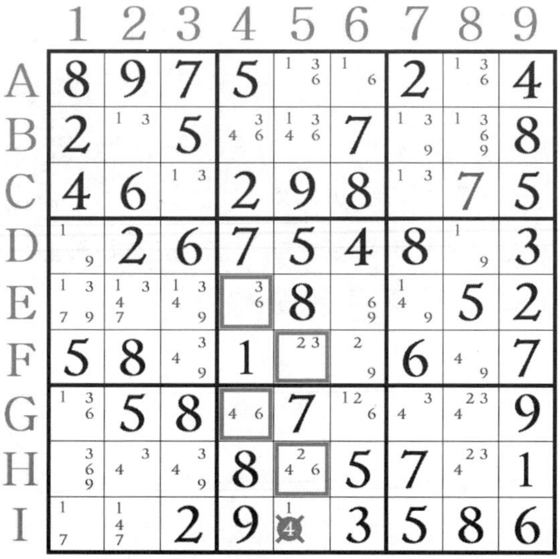

图 1-138

（8）远程数对＋空矩形

图 1-139 中四宫有已知数 5、6、7、8，余下呈"L"形的五个空格，这种空格位置与呈"＋"形的五格空格统称为"空矩形"。A3 和 F6 两格内都只含候选数 1、2，这两格位置分别对应空矩形的一个方向，且空矩形五格内也含 1、2 两种候选数。这时可以删除图中打叉位置格内的 1、2。这个结构大家可以自行体会或直接带入 A3、F6 格内的 1、2 进行试验。

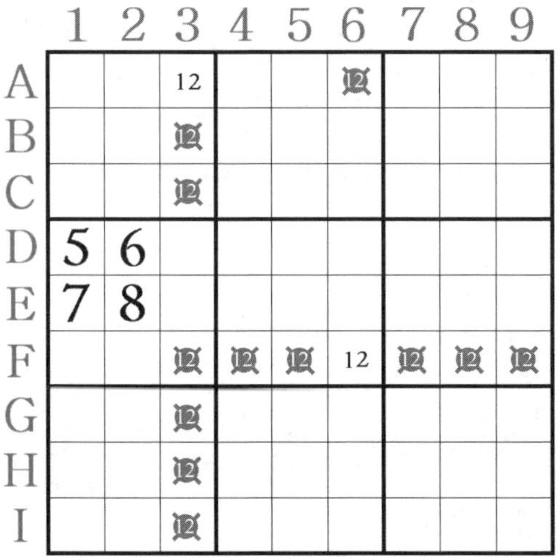

图 1-139

（9）总结

本节林林总总摘选了一些实战中突破卡点的妙招，这些思路都不是标准的技巧定式，而是以定式为基础、以理论为根据衍生出的一些特殊思路。相信读者看过这些丰富多彩的解法，应对数独解法有了更深的认识，是否跃跃欲试想自己亲自尝试解题了呢？

PART 2 蓝天分级数独谜题

扫描二维码，配套
欧泊颗万题任你玩儿

一、蓝天一级——初心级

第1题　　　　　　　　　时间

	5		9		4		6	
4		6		2		1		9
	2		3		6		4	
2		7	4		1	5		6
	4			7			9	
1		8	6		3	2		4
	6		1		7		5	
8		4		6		9		3
	1		8		9		2	

第2题　　　　　　　　　时间

2	4		1			5	7	3
6			4	5				8
7			2		3			
		5		4		7	8	6
	7		3		6		5	
1	6	9		7		4		
		6		4				7
9				1	2			4
4	3	6			8		1	5

第3题　　　　　　　　　时间

		2	1		8	3		
		1	7		5	9		
7	3		6		9		1	4
8	1	4			7	5	2	
			5					
2	7	5			6	9	3	
5	2		4		3		6	7
		6	5		2	4		
		7	9		1	2		

第4题　　　　　　　　　时间

		7		2	3	4	5	
		3	7	5		9		6
5	2						7	1
	8			1				9
1	7		8		9		3	5
6				3				1
8	3						9	4
2		5		9	1	7		
	9	1	3	8		5		

第5题　　　　　　　　　　时间　　第6题　　　　　　　　　　时间

第5题

	8	5	9		3	7	2	
2		3		8		6		5
9	1			5			4	8
1								9
	2	8		9		4	6	
4								2
5	3			7			8	6
7		2		6		1		4
	6	4	5		2	9	7	

第6题

		5	3	7		2		
	3			4	6	5	9	
8	9		2		5			3
	8	1				9		2
3	2			9			1	6
7		9				8	3	
2			4		7		5	9
	5	6	9	3			7	
		8		5	1	3		

第7题　　　　　　　　　　时间　　第8题　　　　　　　　　　时间

第7题

2			7	5		8		4
3	4		1		9		6	2
8	9			4		7	1	
	2			5		8	7	
			3					
6	8		4			5		
	7	8		1			3	6
5	3		9		7		4	8
4		2		6	8			5

第8题

3	6		8		9			4
	7	2	4			6	5	9
	9	1				8	3	
6				3			9	8
			5		8			
5	8			6				1
	5	8				9	7	
9	2	4			6	3	1	
7			1		5		8	2

第 9 题　　　　　　　　　　时间

		5	3			8	6	
	2			1		9		
8	1		9		2		5	3
2		1		5		4		6
	5		1		9		3	
6		7		3		1		5
1	6		4		5		7	2
	4			8		5		
	9	7			1	3		

第 10 题　　　　　　　　　时间

7	9	3	5	4				
	5					6	9	7
	8		9	6				3
8			4		1	2		6
4		6				5		9
7		1	5		6			4
2				4	9		8	
9	1	7					4	
			7	3	2	9	6	

二、蓝天二级——入门级

第 11 题　　　　　　　　　时间

	5	3	8	6				
	1					2	8	5
	8		5		4			3
		4				3		6
6								2
3		8				9		
5		9		3		6		
2	6	9					3	
			5	7	4	2		

第 12 题　　　　　　　　　时间

	4		1		9		3	
8	6						2	5
		3		6		9		
9				2				8
		1	7		6	2		
7				4				3
		8		3		5		
6	7						8	1
	9		8		7		6	

第 13 题　　　　　　　时间

8			1		6			4
	2			3			1	
	1		5	7	9		6	
9		2				1		8
				9				
6		1				5		3
	6		9	8	2		5	
	9			6			2	
2				4		7		9

第 14 题　　　　　　　时间

3	1				2			7
	5		7				4	3
		7		9		5		
4			9		8		6	
		2		5		7		
	3		1		6			2
		1		3		9		
5	9				7		3	
7			4				2	5

第 15 题　　　　　　　时间

2		1		3				9
		7	5					
				9	6		8	1
		8	9		5		2	
9		3				5		8
	1		3		7	4		
3	5		8	7				
					9	3		
7				1		8		5

第 16 题　　　　　　　时间

6	4				7	9		8
	9			5			1	4
5				9	4			
1		4						
	6	5		3		4	2	
						1		3
			3	8				9
8	2			6			4	
3		9	4				6	2

第 17 题 时间　　　　第 18 题 时间

第 17 题

3			4					
2	6			3	8			
7				2	6	5	3	
8		6	2				4	
4				8				3
	2				5	7		9
	8	2	3	5				1
		8	1			5	6	
				9				4

第 18 题

		8	7		3	5		
		4		2		1		
3	1						2	9
4			8		5			2
	3					8		
2			1		9			5
1	6						5	8
		3		4		2		
		5	2		1	3		

第 19 题 时间　　　　第 20 题 时间

第 19 题

		1			4			
	5		8	7				
		8		5		7	6	
		5	2			6	3	
5		7	4		3	9		1
3	2			1	6			
9	3		2			1		
			5	7		9		
		6			5			

第 20 题

5			6					
7			2		1		4	
			9				1	
4		8	6		7	5		9
9		7		5		1		6
5		3	1		8	2		4
	4				9			
	8		4		6		2	
			1				5	

三、蓝天二级——初级

第21题   时间

	1	3	7					
	8			9	3			
		6	3	5	8			
								8
	7	8	1		4	2	6	
9								
	9	6	8		7			
		1	3			4		
				1	9	7		

第22题   时间

7								3
		5	9				6	4
			6	9		3	7	
2				6				7
			2	9	1			
6				5				9
		3	6		9	8		
	6	1				3	2	
8								5

第23题   时间

	4		7					
			5			3		7
3				4	6	5		2
		4				1		
1			8		9			5
		8				9		
8		3	9	6				1
7		9			1			
				8		6		

第24题   时间

3	2	4	1	5				9
		6						1
					6		3	8
		1						6
6				4				3
4						7		
8	1		3					
5						3		
2				6	1	8	9	5

第25题　　　　　　　　　时间

			7	9			3	
8		9			1			
		3	2			1	6	
	7				8		2	
2								3
1		8				4		
	6	5			2	3		
		6			9		7	
	8			1	5			

第26题　　　　　　　　　时间

6				4	8		1	9
3	9		1				2	
				9				
7						2	5	
4				3				6
	1	9						3
					1			
	8				2		4	1
1	4		5	7				2

第27题　　　　　　　　　时间

		1	4	7	2	5		
	3						6	
2								1
3			8		7			5
5								7
1			9		4			8
8								6
	1					5		
		4	6	1	3	2		

第28题　　　　　　　　　时间

			7	4		2		
					5	4	8	
9		3		7			5	6
1						4		
		8				3		
	3							2
3	2			5		9		1
	5	4	1					
		1			6	5		

第 29 题　　　　　　时间

	3		5		8		2	
		6	1		2	3		
5		4	9		1	6		7
				6				
6		9	7		3	4		8
		1	8		4	7		
	5		3		9		6	

第 30 题　　　　　　时间

		9		6				
		7		8	1			
8			5			9	1	6
	3		6					
	8	6				7	4	
				3			6	
7	4	2			5			8
			8	2		5		
			3			1		

四、蓝天四级——中级

第 31 题　　　　　　时间

	3		2				5	
1			7					
				6	5		4	
	1		3			9	8	
	8		1	2	6		7	
	7	3			8		1	
	6		4	3				
					1			5
	2				9		3	

第 32 题　　　　　　时间

1		9					5	
6		8	1	7				9
7		3	6	9				
							5	2
				6				
5	9							
			8	3	2			7
4			2	6	5			8
8					3			6

第 33 题　　　　　　　　时间

		5	6			1		3
1	3							
7	6	2						
		1		6			4	9
		8		1				
9	2			4		5		
						4	2	5
							1	7
2		4			5	8		

第 34 题　　　　　　　　时间

	3					1		
8			4			9		
		9		8			7	5
8				4	5			
		6	8		3	7		
			1	7			2	
3	9			1		5		
	5				8			6
	2						8	

第 35 题　　　　　　　　时间

4	7		2			1		
		3	5			7		2
8						9		
6		7				3	1	
	3	1				6		4
		4						1
7		9						
			1	2				
		6		8		9	5	

第 36 题　　　　　　　　时间

8	4						7	2
				1				
1	3		4		7		6	5
				3				
			4	9		5	2	
3	9	5				7	8	4
			7		2			
	6			9			3	
	1						2	

第 37 题   时间

	5	7		1	4	6	8	
6								5
1			9					7
4								
8		1		7		3		6
								8
7				5				3
2								4
	9	3	7	4		8	1	

第 38 题   时间

8	1					6		5
				7			4	
	4	2				8		7
	5					1		
	9		2	6	4		7	
	6					8		
4		1				3	9	
	7			9				
5		9					6	1

第 39 题   时间

		4	6	9	8	7		
	8		3		2		6	
	1	8				9	7	
	3			1			5	
	2	6				8	1	
	7		5		4		3	
		3	7	2	6	5		

第 40 题   时间

	1					3		
3	6		9			7	2	
		5	7				6	
			7		2			
9	2				6	4		
	3		4					
1				8	7			
8	3		7			5	9	
	7					2		

五、蓝天五级——高级

第41题　　　　　　　　时间

3							1	
		6		3				
7	1					2	5	
		4		8		1		
8			7	9	1		6	
		9		6		5		
5	3					9	4	
		5		9				
		9					7	

第42题　　　　　　　　时间

4				1	5			
		5		7			1	
	2	7	9					
		1						4
3	7			5			6	2
9						1		
					8	4	9	
	6			9		3		
			2	4				7

第43题　　　　　　　　时间

			7	9				
	5	3		6		1		
	2		4					
	7					5	8	
5		4			3			7
8	1					6		
			9			2		
	9		6		2	4		
			8	5				

第44题　　　　　　　　时间

1			3			9	5	
	8						7	
6			5	4				
			7			2		
3	9			1			6	7
			7			1		
						3	8	5
	3						2	
	4	8			7			6

第 45 题　　　　　　　　　　　时间　　第 46 题　　　　　　　　　　　时间

第 45 题

		5	7					4
3	7			4				8
		9	3					
	8							6
5			7	2	4			9
1						7		
				3	9			
9			8				1	3
6		2		9				

第 46 题

		1			9	7		3
							6	
3					1	9	2	
	3		7	4				
6								1
			8	6		2		
4	9		8					5
	1							
8		6	5			2		

第 47 题　　　　　　　　　　　时间　　第 48 题　　　　　　　　　　　时间

第 47 题

		4	8	9				
				6				
6		5		1	2			
7		6			5	4		
8			6					1
	5	9				6		8
		7	9		3			5
		7						
			5	2	8			

第 48 题

			6	8				3
7	2				5		9	
1					2			
			4	6				
		9	2		8		6	
				3	9			
			8					7
		4	9				8	5
2					7	3		

第 49 题　　　　　　　　　时间　　第 50 题　　　　　　　　　时间

第 49 题

							4	
	3	4				7		
	6	7					1	9
5				4	2			
	9		1		6	8		
			7	9				1
6	5					1	8	
	1				8	9		
	9							

第 50 题

			5		1			
	3	9	5					
7	2			9				
	5	3		8				
4			2		1			6
			9			5	8	
				7			4	8
			9	1	7			
			2		3			

六、蓝天六级——超高级

第 51 题　　　　　　　　　时间　　第 52 题　　　　　　　　　时间

第 51 题

4			5			1		
			2	7				
				4	2			7
3	2			4				
	9					8		
		1				5	3	
5		4	9					
			5	3				
		6		8				1

第 52 题

		9			2	4		
3			5			2		
6						1		
	1			8				9
7								3
8			3			1		
	1							6
	5			1				2
	8	7			5			

第 53 题　　　　　　　　　　时间

		2	8	1			9	
	8					3		2
6	7					5	8	
		1		4				
		2		8				9
				6				3
	4				3			8
		5				1	6	
						2		

第 54 题　　　　　　　　　　时间

3			8			9		
4			1					
			6		2		4	
8					2		4	6
				8				
7	3		5					2
		4		1		7		
					8			4
		8			3			1

第 55 题　　　　　　　　　　时间

			6	5		8		
					4			
9		1		3		5		
	6							1
7		3		8		2		5
5					9			
		4		9		6		8
		3						
		9		1	2			

第 56 题　　　　　　　　　　时间

4		1			7			8
				4				
		8		1		9		2
7								
	6	9		8		4	3	
								9
5		4		7		1		
				2				
6			8			5		7

第 57 题　　　　　　　　　　　　　　时间

		4	9				6	
2					3			
	7		3					
		9		5	7			8
7			3					9
3		5	7		8			
					9		8	
	4							2
	6			8	2			

第 58 题　　　　　　　　　　　　　　时间

9		7	1	8				
						6	3	8
		8						1
		9	2			7		
			4					
		2			8	6		
5						9		
7		1	9					
			3	5	8			4

第 59 题　　　　　　　　　　　　　　时间

			6	8			4	
		9		8				
	1			5			6	
		6		2	7	9		
			5					
9	7	8		4				
5			8			1		
			5			7		
1			4	9				

第 60 题　　　　　　　　　　　　　　时间

6		7				5		4
4			6		9			2
	9					8		
	1		3		4	2		
			5			1		
			4		7			
9								7
8			9		2			3

七、蓝天七级——轻度骨灰级

第 61 题　　　　　　　　　时间

4						3		6
				8		5		
7		5		1	3			
						5	1	
	6		5		4		2	
	9	3						
			8	5		9		4
	4		7					
8		9						1

第 62 题　　　　　　　　　时间

	9							8
				2			4	9
			5			1	2	
				2		4		3
		3	1		9	7		
4		2		7				
	8	4				9		
3	6		9					
1						7		

第 63 题　　　　　　　　　时间

5	1			2			3	4
		3			5			
6								8
			7	6	2			
	6						4	
			5	4	1			
3								7
		5		4				
8	4			9			2	3

第 64 题　　　　　　　　　时间

			6	4	2			
			1			8		
				3		1	6	7
	7							4
2		1		9		6		8
5							2	
9	1	6		8				
			7			1		
		2	6	4				

第 65 题　　　　　　　　　　　　时间

8				1	2			3
	2				9			
	3	7	8			5		
			6				5	9
				1				8
1		9				6		
	5	6				3	4	
		1				9		
			1					6

第 66 题　　　　　　　　　　　　时间

	2		6		5		8	
1			3		9			6
4								2
		3				9		
	5			6			4	
		4				2		
6								4
3			4		6			9
	4		1		8	2		

第 67 题　　　　　　　　　　　　时间

	8						9	
			5					
	1		7		3			
	3				8			
	5	9		6	1			
2		3		7		6		
3	7			4	1			
6	9	2		8	7	5		

第 68 题　　　　　　　　　　　　时间

4		3		2	6			
7		6	8		3			4
2			9	8				5
5				1	7			6
1			6			5	4	3
			7	3		9		8

第 69 题　　　　　　　　　　时间

	2						5	
				3				
3		9	1		8	7		6
		2				9		
6			9		4			5
	3					8		
			3	8	9			
	6		7	1	2		9	
8								3

第 70 题　　　　　　　　　　时间

	7	2			5			3
6			9	3				1
	4			3		7		
		7	5	6	1	4		
		6		9			3	
2					9	5		7
4			2			9	6	

八、蓝天八级——中度骨灰级

第 71 题　　　　　　　　　　时间

			7	1	4			
	6	7					4	
	5							
1			3					7
6		3		4		2		8
8					1			5
						7		
	1					6	2	
			6	3	9			

第 72 题　　　　　　　　　　时间

	2				5		8	
						3	9	4
8				7	4			
		1				9		8
				4				
4		7				6		
			8	3				2
2	1	6						
	4		2				6	

第 73 题　　　　　时间

2	8	1						
				8	7			
	6							9
1	7		3					
	2		7		8		1	
			2			3	6	
4				8				
			4	5				
						2	4	5

第 74 题　　　　　时间

1							7	5
9				4				
				8		5		
		5	3		6	4		
	3						6	
		9	7		1	3		
			9		8			
				7				2
7	6							1

第 75 题　　　　　时间

5			7				8	
	2	4						
			2			1	3	
3			9		6			
		6				5		
			4		8			2
	5	7		9				
						7	4	
	3				2			9

第 76 题　　　　　时间

3					9		4	
			2			6	3	
	9		3		5			
7		8				1		
				7				
		1				4		3
			5		4		6	
	1	6		2				
	5		1					2

第 77 题　　　　　　　　时间

6		8			3			
5							7	
			1		5			8
	6	1		5		4		
				6				
		4		9		3	8	
4			6		2			
	3							2
			7			9		5

第 78 题　　　　　　　　时间

5	4							
							1	4
6			8		1		7	
				8		4		6
		4		9		2		
7		5		2				
	3		7		2			1
1	5							
							2	8

第 79 题　　　　　　　　时间

7			1			6	4	
3		6	8					
			7					8
		3					1	
			5	2	8			
	8					4		
6					7			
					4	3		9
	3	1			5			6

第 80 题　　　　　　　　时间

|
3	8			1			
			7			9		2
	4				8			5
9		6				4		
				1				
	5					8		1
3			8				2	
5		4			7			
		3				5	1	

九、蓝天九级——重度骨灰级

第 81 题   时间

2		8	4				5	
					6			
		3		7		9		
	3	5		7				
4				1				2
			9		5	4		
	2		9		6			
	3							
	4				8	9		1

第 82 题   时间

1	5				2		7	
							3	
6			1	7				
		1		9		4		2
				8				
2		7		4		6		
					6	8		7
	3							
	1		7				4	5

第 83 题   时间

								9
4	6	7				2		
			6			3	4	
	5			1			4	2
				4				
3	2			6			7	
		8	1		4			
		6				8	1	5
9								

第 84 题   时间

			9		7		8	
8		6					5	
4			5					
		3				5	8	
2				4				1
			8	7		9		
						3		9
	1					7		3
	3		4		1			

第85题　　　　　时间

	9				7	5		
						3	9	1
	8			1				
8		9			2			
			8	3	6			
		3				6		4
			6			3		
4	7	2						
		8	9			4		

第86题　　　　　时间

				6		5		
4		3		7				
8						6		
	5						1	4
1			5		4			7
9	2						3	
		2						8
			2			7		1
	9		8					

第87题　　　　　时间

1				5				
		1						9
2		4		3				
	8		5			3		
	6	3		2		8		
	1		6			7		
		9			5		6	
9				8				
		5						7

第88题　　　　　时间

			3	6		1		
4		5				2		
	6		2		4			
8						7		6
			7					
2		9						4
			5		9		3	
	4					9		8
		3		4	1			

第 89 题 　　　　　　　　时间　　　　第 90 题 　　　　　　　　时间

	5							
	9	7			3			
			2		5			8
3		2		6				9
5				9				2
1				5		8		3
9		8			4			
			1			9	7	
							8	

6		7					1	
				8	1			
5		4					3	
3			9		2			
	5						7	
			7		8			9
	4					7		5
			5	4				
	9						1	3

PART

3

蓝天分级数独谜题解析

一、蓝天一级——初心级（第1题）

技巧要求：宫内排除法

针对玩家：0基础玩家初次解题、竞速玩家练反应力

图3-1中已知数较多且分散均匀，由于是一级难度，只要我们了解并掌握宫内排除法就可以将其解完。作为本书详解的第一题，我们主要针对零基础玩家来演示如何利用宫内排除法解出难度较低的数独题。

读过基础技巧心法篇，相信大家对排除法及如何运用有了初步的了解。数独题初始时，寻找出现个数较多的数字，并利用它对不含该数字的宫进行排除，得到某宫内只有一格可以填入该数就可以直接填了。

	1	2	3	4	5	6	7	8	9
A		5		9		4		6	
B	4		6		2		1		9
C		2		3		6		4	
D	2		7	4		1	5		6
E		4			7			9	
F	1		8	6		3	2		4
G		6		1				5	
H	8		4		6		9		3
I		1		8		9		2	

图 3-1

本题中数字 1 初始时就比较多，我们可以先观察数字 1，利用它来进行宫内排除。先观察七宫和八宫的 1，利用 G4 和 I2 两格的 1 对九宫进行排除，得到九宫内的 1 只能填在 H8 格内。

再利用九宫内刚得到的 1 继续排除，结合三宫 B7 格的 1 对六宫进行排除，得到六宫内只有 E9 格可以填入 1。

而这时一宫和二宫内的 1 都可以填在两个位置，目前不能确定，所以数字 1 就排除完毕了。

在图 3-2 中，数字 1 填过后，换个数字继续运用宫内排除观察。此题初始盘面中数字 6 比较多，我们可以来观察数字 6。

利用一宫和七宫内 B3、G2 两格的 6 对四宫进行排除，得到四宫内 E1=6。利用六宫和七宫内 D9、G2 两格的 6 对九宫进行排除，得到 I7=6。此时盘面出现所有的 6，利用数字 6 的排除也完成了，再换个数字继续观察。

由于数字 4 也比较多，我们利用数字 4 进行宫内排除。利用六宫的 4 对九宫进行排除，得到 G7=4。利用七宫和九宫的 4 对八宫进行排除，得到 I5=4。这样就把所有的 4 都填完了，并得到图 3-3 所示的局面。

	1	2	3	4	5	6	7	8	9
A		5		9		4		6	
B	4		6		2		1		9
C		2		3		6		4	
D	2		7	4		1	5		6
E		4			7			9	1
F	1		8	6		3	2		4
G		6			1		7		
H	8		4			9	1	3	
I		1		8		9		2	

图 3-2

	1	2	3	4	5	6	7	8	9
A		5		9		4		6	
B	4		6		2		1		9
C		2		3		6		4	
D	2		7	4		1	5		6
E	6	4			7			9	1
F	1		8	6		3	2		4
G		6		1			7	4	5
H	8		4		6		9	1	3
I		1		8	4	9	6	2	

图 3-3

在图 3-3 中我们再换个数字，观察数字 7 进行宫内排除。利用 G6 格的 7 对九宫进行排除，得到 I9=7 并带出九宫最后一个数字 G9=8。然后利用八宫和九宫的 7 对七宫进行排除，得到 H2=7。利用四宫和五宫的 7 对六宫进行排除，得到 F8=7。利用五宫和八宫的 7 对二宫进行排除，得到 B4=7。数字 7 由于一宫和三宫内也无法确定，再换个数字继续排除的步骤。

观察数字 2，利用六宫、九宫和一宫的 2 对三宫进行排除，得到 A9=2。利用一宫、四宫和九宫的 2 对七宫进行排除，得到 G3=2。由于五宫和八宫的 2 尚无法定位，我们对数字 2 的排除也告一段落，并得到图 3-4 所示的局面。

在图 3-4 中观察数字 5，利用一宫的 5 对四宫排除，得到 E3=5。利用四宫和九宫的 5 对七宫进行排除，得到 I1=5。利用六宫和九宫的 5 对三宫进行排除，得到 C9=5。利用四宫和六宫的 5 对五宫进行排除，得到 F5=5。利用五宫的 5 对二宫进行排除，得到 B6=5。利用二宫和五宫的 5 对八宫进行排除，得到 H4=5。这时盘面内所有的 5 也全部填出。盘面剩余空格较少，继续利用观察其余数字的宫内进行排除，或者直接数出空格少的宫内缺少的数字，再将它们排除定位全部填出即可，大家可以尝试将后续步骤填完。最终得到本题答案，如图 3-5 所示。

图 3-4

图 3-5

总结： 我们在第一道详解题中，详细说明如何利用观察同类数字进行宫内排除法的操作方式，相信大家对运用宫内排除法有了一定的了解。

给新手玩家提出的注意事项,观察宫内排除法时要以宫作为观察目标,例如,我们都是横向或纵向利用某宫内的某数字,对其他宫进行排除,再观察是否有不同方向交叉排除的情况。还要知道当某个数字无法确定时,例在本题中一宫和二宫内的 1 有两种位置可填,无须在此处多加分析,应该当机立断跳过,并继续观察其他数字的线索,直到有数字填入那四格中的某格,才能最后确定两个 1 的位置。

本题是针对完全新手的讲解,只运用了纯粹的宫内排除,并没有考虑区块排除法。如果对区块排除法也比较熟悉,相信选择的填数路径和观察步骤会更短更少。

相信在了解蓝天一级难度数独题大致的解题思路后,你应该可以自己单独尝试解题了。本书中还有九道相同难度的题,新手可以尝试自己单独解出他们。如果想练更多相应难度的题,请用手机扫右图题库二维码,进入欧泊颗网站的在线题库。

二、蓝天二级——入门级（第 11 题）

技巧要求：宫内排除法

针对玩家：娱乐新手入门、竞速玩家练排除法基本功。

图 3-6 中已知数位置呈行列分布,我们来用唯余流的方式利用排除法来解这道题,给一部分习惯用数区域空格内数字方式解题的玩家做一些参考和示范。

本题初始时考虑排除法和数剩余数字都是可以的。为了讲解初期思路比较顺畅,我们从八宫开始入手,以免太多跳跃使初学者思路不能连贯。

	1	2	3	4	5	6	7	8	9
A		5	3	8	6				
B		1					2	8	5
C		8		5		4			3
D			4				3		6
E	6								2
F	3		8				9		
G	5			9		3		6	
H	2	6	9					3	
I					5	7	4	2	

图 3-6

首先观察 H 行内已知数和八宫内数字位置，利用 H 行的数字 2、6 对八宫进行排除，再集合 I8 格的 2，得到 H5=2 和 I4=6。此处还是宫内排除法，只不过我们同时观察两个数字，一起进行排除。然后八宫内剩余三个空格缺少数字 1、4、8，而二宫和五宫没有足够条件将这三数定位。我们沿着 H 行往九宫观察。

H 行剩余两格 H7、H9 内缺少数字 5、7，由于 B9=5，利用行列排除法可以得到 H7=5 和 H9=7。这时九宫剩余三个空格内缺少数字 1、8、9，再利用 G4 格的 9 对九宫进行排除，可以得到 I9=9。进过上述两步得到图 3-7 所示的局面。

	1	2	3	4	5	6	7	8	9
A		5	3	8	6				
B		1					2	8	5
C		8		5		4			3
D			4				3		6
E	6								2
F	3		8				9		
G	5			9	2	3	18	6	18
H	2	6	9	1	4	8	5	3	7
I				6	5	7	4	2	9

图 3-7

在图 3-7 中我们继续沿着下面的线索观察七宫，I 行剩余的三个空格缺少的数字 1、3、8，利用一宫和四宫的线索可以将这三个数字排除定位，得到 I1=8、I2=3 和 I3=1。七宫最后剩余两格 G2、G3，两格内缺少数字 4、7，利用四宫的 4 将其排除定位，得到 G2=4 和 G3=7。

下面三宫都处理后，再看上方二宫，利用 B 行的已知数 1、2，再结合 G5 格的 2，对二宫进行排除，得到 A6=2 和 C5=1。这时二宫剩余三格内的数字为 3、7、9，由于 6 列有已知数 3 和 7，可以唯余得到 B6=9。

此处虽说用到了唯余，但其观察难度并不大，是根据我们唯余流数空格的线索自然得到的。可以看出唯余流的优势，在寻找排除线索时，可以提前发现某些唯余的线索。根据上述步骤得到图 3-8 所示局面：

在图 3-8 中沿着观察二宫后的思路观察一宫，B 行剩余两格 B1 和 B3，两格内缺少数字 4、6，下方有这两个数字的线索，可以排除定位，得到 B1=4 和 B3=6。这时一宫剩余另外三个空格内缺少数字 2、7、9，利用 H1 格的 2 对一宫进行排除，得到 C3=2。

一宫处理后，再观察四宫，利用 2 列内的 1、5 对四宫排除，再结合 G1 格的 5 和 I3 格的 1，可以得到 D1=1 和 E3=5。这时四宫剩余三个空格内数字为 2、7、9。完成上述步骤可得到图 3-9 所示局面：

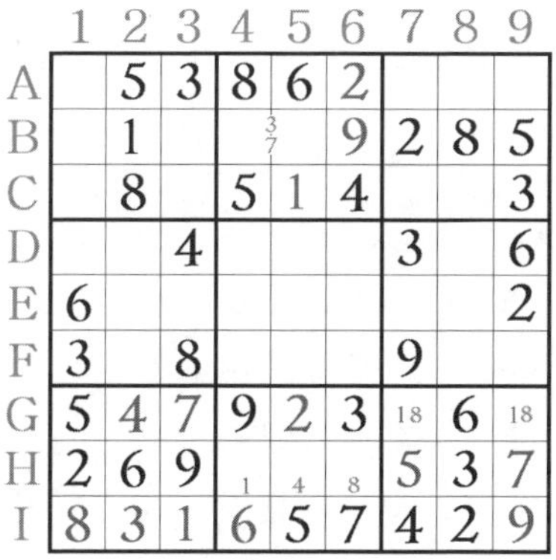

图 3-8

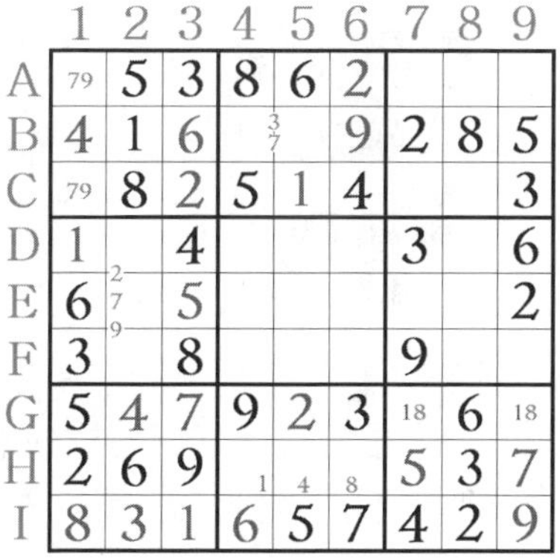

图 3-9

图 3-9 中三宫、五宫和六宫这几处还未观察的区域按数空格内数字的思路不太好处理，这时不妨换成排除流思路，先对某一两个数字进行单独排除，过渡几步后再继续数空格内数字。

观察六宫位置，利用 B8 格和 F3 格的 8 可以对六宫进行排除，得到 E7=8。利用刚得到六宫内的 8 可将九宫内的 1、8 定位，得到 G9=8 和 G7=1。

这时 7 列剩余两个空格 A7 和 C7 内缺少数字 6、7，利用 A5 格的 6 对 7 列进行排除，得到 C7=6 和 A7=7。

利用刚得到 A7 格的 7 对一宫剩余的 7、9 定位，得到 C1=7 和 A1=9。再利用 A1 格的 9 对三宫进行排除，得到 C8=9。

这时其余位置线索基本都利用到了，只剩下全是空格的五宫了，这时只能利用宫内排除法，观察其上下左右是否有某个数字出现四个，都对五宫进行排除。观察后发现数字 5 和 6 符合这个条件，在二宫、八宫、四宫和六宫都有数字 5 和 6，可对五宫进行排除，得到 D6=5 和 F6=6。

	1	2	3	4	5	6	7	8	9
A	9	5	3	8	6	2	7	1	4
B	4	1	6	7	3	9	2	8	5
C	7	8	2	5	1	4	6	9	3
D	1	9	4	2	8	5	3	7	6
E	6	7	5	3	9	1	8	4	2
F	3	2	8	4	7	6	9	5	1
G	5	4	7	9	2	3	1	6	8
H	2	6	9	1	4	8	5	3	7
I	8	3	1	6	5	7	4	2	9

图 3-10

五宫内出现两个数字后，对其他数字的排除起到了一定帮助，再看数字 8，也很容易在五宫内排除出来，得到 D5=8。这时再利用得到的 8 对八宫进行排除。将之前遗留下的线索一一补全，后面难度不大，剩余几个空格请读者自己将其全部填满。最终得到本题答案，如图 3-10 所示。

总结：本题虽然也是利用宫内排除法就可以全部解出的数独题，但我们利用唯余流思路来体会了一下，如何利用数区域空格内剩余数字的方式。本题用的也是宫内排除法的技巧，但与详解中的方式大相径庭，这也是两类玩家不同观察模式的缩影，读者可以根据自身情况和喜好，选择自己习惯的观察方式。这两种思路也没有优劣之说，只有哪种方式更适合自己目前情况之分。

本题中后期在数空格不太方面找到线索时，及时调整观察方式，转换成观察单个数字排除的方式，突破几步后再换回数空格的方式收尾就比较顺利了。

前两题用不同方式给入门爱好者演示了不同的解题思路，主要是希望可以找到一种适合的方式。同时，希望初学者对两种思路都有所了解和认识，因为某些数独题的线索，可能用某一种方式很容易观察到，而用另一种难度就会增大一些，所以需要玩家根据盘面当前的状况，灵活转换观察角度，达到顺利解题的目的。

三、蓝天三级——初级（第 21 题）

技巧要求：宫内排除法、区块排除法、行列排除法

针对玩家：娱乐新手入门、竞速玩家练排除法基本功。

图 3-11 中可以利用宫内排除法、区块排除法和行列排除法这三种排除思路解题，但已知数个数较少，导致线索也较少。属于强化练习综合运用排除法的难度，无论新手入门还是高手提升，排除法的基本功都不可或缺，需要有这样针对性的题库进行练习。

由于盘面线索较少且不是很连贯，我们只能看到什么线索就先填出这些确定的位置，为我们后面的推理提供线索。还需要尽量标注提示数，帮我们将线索充分挖掘出来。

	1	2	3	4	5	6	7	8	9
A	7								3
B		5	9				6	4	
C			6	9		3	7		
D	2				6				7
E				2	9	1			
F	6				5				9
G			3	6		9	8		
H		6	1				3	2	
I	8								5

图 3-11

解题初期全盘搜寻宫内排除法的线索，并标注某些位置的区块。利用五宫、八宫和三宫的 6 对二宫进行排除，得到 A6=6。利用七宫、八宫和三宫的 6 对九宫进行排除，得到 I8=6。利用三宫和九宫的 6 对六宫进行排除，得到 E9=6。

利用五宫、六宫和一宫的 9 对四宫进行排除，得到 D2=9。利用一宫、四宫和八宫的 9 对七宫进行排除，得到 H1=9。利用七宫和八宫的 9 对九宫进行排除，得到 I7=9。利用六宫和九宫的 9 对三宫进行排除，得到 A8=9。

利用四宫、五宫和九宫的 2 对六宫进行排除，得到 F7=2。

利用五宫和七宫的 1 对四宫进行排除，得到 F2=1。利用四宫和七宫的 1 对一宫进行排除，得到 C1=1。

利用二宫和三宫的 3 对一宫进行排除，得到 B1=3。利用一宫和七宫的 3 对四宫进行排除，得到 E2=3。

根据以上步骤得到图 3-12 所示局面：

在图 3-12 中观察 5，利用一宫和五宫的 5 对二宫进行排除，得到 A4=5。利用二宫和九宫的 5 对三宫进行排除，得到 C8=5。利用二宫、五宫和九宫的 5 对八宫进行排除，得到 H6=5。利用八宫、九宫和一宫的 5 对七宫进行排除，得到 G1=5。

这时 1 列只剩最后一个空格，E1=4。

数九宫的三个空格，缺少数字 1、4、7，利用 D9 格的 7 和 H3 格的 1 可将九宫内空格定位，得到 G8=7．G9=1 和 H9=4。

利用九宫的 1 对三宫进行排除，得到 A7=1。

数四宫的三个空格，缺少数字 5、7、8，利用六宫的 7 对五宫进行排除出一个区块，再继续对四宫进行排除，得到 E3=7。再利用五宫的 5 对四宫进行排除，得到 D3=5 和 F3=8。

根据以上步骤得到图 3-13 所示局面。

图 3-12

	1	2	3	4	5	6	7	8	9
A	7					6		9	3
B	3	5	9				6	4	
C	1		6	9		3	7		
D	2	9			6				7
E		3		2	9	1			6
F	6	1			5				9
G			3	6		9	8		
H	9	6	1			3	2		
I	8				3		9	6	5

图 3-13

	1	2	3	4	5	6	7	8	9
A	7			5		6	1	9	3
B	3	5	9				6	4	
C	1		6	9		3	7	5	
D	2	9	5		6				7
E	4	3	7	2	9	1			6
F	6	1	8		5			2	9
G	5		3	6		9	8	7	1
H	9	6	1			5	3	2	4
I	8				3		9	6	5

	1	2	3	4	5	6	7	8	9
A	7	2	4	5	8	6	1	9	3
B	3	5	9	7	1	2	6	4	8
C	1	8	6	9	4	3	7	5	2
D	2	9	5	3	6	8	4	1	7
E	4	3	7	2	9	1	5	8	6
F	6	1	8	4	5	7	2	3	9
G	5	4	3	6	2	9	8	7	1
H	9	6	1	8	7	5	3	2	4
I	8	7	2	1	3	4	9	6	5

图 3-14

图 3-14 中余下步骤难度不大，首先从六宫进行突破，其余各宫依次观察一遍，就能将剩余空格全部填出，并得到本题答案，如图 3-14 所示。

总结：本题是蓝天三级难度，与前两级相比已知数进一步减少，必须使用区块排除或行列排除才能解出此题。这点对于初学者来说，对区块的标注或者转换观察，要求行列内的排除线索增高了。虽然本题在解题过程中运用区块并不多，但如果填数的顺序稍一变化，想较快填出观察的数字，就需要使用一些区块来进行转化线索。

综合运用排除法是做任何难度的题，都必须熟练掌握的技能，就算做后面难度中带数组甚至链技巧的高难数独，排除法在数独题中也是大量存在的。而区块的应用也是贯穿在各种难度的数独题中，高级难度的题中很多时候都需要区块来辅助删数。如果观察不到，没有利用区块进行有效删数，那么很多高级技巧都不能用。本难度数独题就是为初学者练习区块技巧而设计的，如果想练更多本难度的题，请用手机扫描相应题库的二维码，进入欧泊颗网站的在线数独题库。

四、蓝天四级——中级（第 31 题）

技巧要求：排除法、数对占位法、唯余解法

针对玩家：娱乐新手进阶、竞速玩家

图 3-15 所示，为蓝天四级难度数独题，与三级相比除了需要熟练运

用排除法，还增加了运用数对占位法和唯余解法的要求。作为直观解法中非常重要的占位思路，需要在学习数独的前中期就要打好基础，否则往往不能在直观阶段将数对占位扫清，以至于留到中后期借助全标候选数才能解决。长此以往不仅解题速度提升不上来，还会养成依赖候选数才能解决数对占位的不良习惯，对直观解题和数独竞速都会造成很大的影响。

	1	2	3	4	5	6	7	8	9
A	1		9						5
B	6		8	1	7				9
C	7		3	6	9				
D								5	2
E					6				
F	5	9							
G					8	3	2		7
H	4				2	6	5		8
I	8						3		6

图 3-15

解题初期还是尽量运用宫内排除法和区块，初期尽量挖掘出更多有用的线索。利用一宫和四宫的 9 对七宫进行排除，得到 G1=9。

利用 D9 格的 2 对 1 列进行排除，得到 E1=2 和 D1=3。

利用一宫、四宫、八宫和九宫的 3 对七宫进行排除，得到 H2=3。利用八宫的 3 对二宫进行排除，在二宫内得到一个含 3 的区块，并利用该区块和一宫、九宫的 3 对三宫进行排除，得到 B8=3。

利用八宫和九宫的 2 对七宫进行排除，又由于一宫内的 2 在 A2、B2 和 C2 这三个空格内，相当于一宫内含 2 的区块对七宫也有排除效果，得到 I3=2。

利用三宫的 5 对二宫进行排除，得到二宫内含 5 的区块，并利用该区块与四宫、六宫的 5 对五宫进行排除，得到 E4=5。利用二宫含 5 的区块和五宫的 5 对八宫进行排除，得到 I5=5。利用八宫和九宫的 5 对七宫进行排除，同样由于一宫内的 5 在空格 B2、C2 内，相当于一宫一个含 5 的区块，并利用该区块对七宫进行排除，得到 G3=5。

经过上述步骤，得到图 3-16 所示局面。

在图 3-16 中利用二宫的 1 对八宫进行排除，得到 I6=1。这时八宫剩余三个空格内缺少的数字为 4、7、9。由于 G 行有数字 7、9，可以唯余得到 G4=4。再对 G8 格唯余得到 1。

这时七宫内剩余三格都可以排除得到，H3=1、I2=7 和 G2=6。

八宫和九宫剩余空格也可以顺势填出，得到 H4=7、I4=9、H8=9 和 I8=4。

利用四宫和八宫的 3 在五宫内形成一个 3 的区块，利用该区块结合三宫和九宫的 3 对六宫进行排除，得到 E9=3。

根据上述步骤得到图 3-17 所示局面。

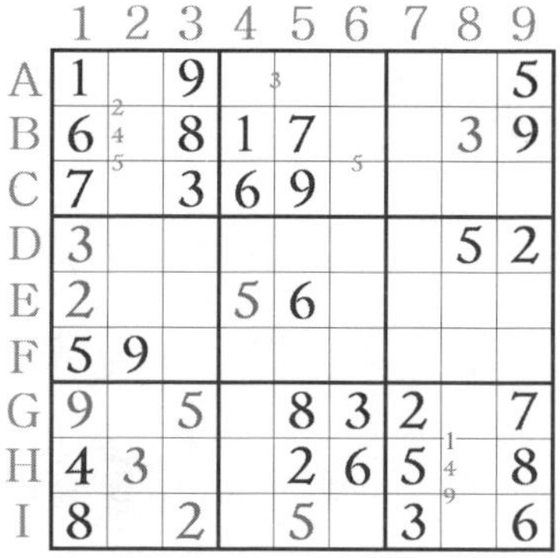

图 3-16

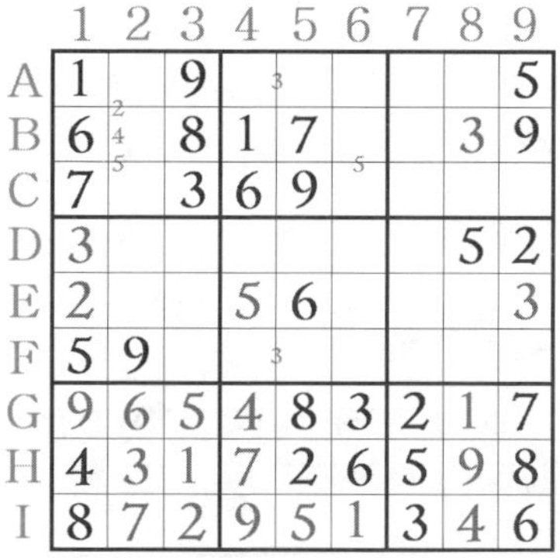

图 3-17

图 3-17 中数独题用排除法不能继续突破，只能考虑数对占位法或唯余法。我们在这里使用数对占位法，观察 B 行和 C 行，都有数字 6、7，可以对三宫进行排除，并在三宫内形成数对占位。

三宫出现数对 6、7 占位后，可以对其余空格进行排除，得到 C8=2、C7=8、C9=1 和 B7=4。顺便可以得出 F9 格的 4。

	1	2	3	4	5	6	7	8	9
A	1	4	9	2	3	8	7	6	5
B	6	2	8	1	7	5	4	3	9
C	7	5	3	6	9	4	8	2	1
D	3	1	6	8	4	7	9	5	2
E	2	8	4	5	6	9	1	7	3
F	5	9	7	3	1	2	6	8	4
G	9	6	5	4	8	3	2	1	7
H	4	3	1	7	2	6	5	9	8
I	8	7	2	9	5	1	3	4	6

图 3-18

下面遇到本题第二个卡点，此时观察 4 列三个空格发现缺少数字 2、3、8，由于 D 行有数字 2、3，可对 D4 格唯余填入 8。这步填出后，后面就全部都是排除可以扫清的空格了，步骤不再赘述。并最终得到答案，如图 3-18 所示。

总结：本题难度需要运用数对占位或唯余技巧配合排除法才能顺利解题，也是初学者在排除法熟练后进一步提高需要接触和练习的难度。**此难度数独题让爱好者在解题时，除了熟练运用排除法外，还需要学会转换思路，利用标注寻找数对占位，或者对某些区域数剩余空格内数字寻找唯余的线索。这两种技巧的观察和思考方式的掌握是我们接触含更多技巧性题的基础。**

希望熟练掌握排除法后，对蓝天四级难度数独题多进行一些练习。尽量在不全标候选数时，就可以扫清数对占位法和唯余解法的卡点，这样可以尽量在前中期扫清更多障碍，无论对是否接近最优解法，还是对竞速方面的要求都是必不可少的基本功。

五、蓝天五级——高级（第 41 题）

技巧要求：排除法、区块、显性数对数组、数组占位法、唯一矩形等

针对玩家：娱乐玩家、竞速玩家

图 3-19 所示，为蓝天五级难度题，是在四级难度基础上加入了数组占位法、显性数对、数组等技巧。而且题的卡点相应增多，有时需要运用不同技巧组合才能突破填数，由于显性数对数组的加入，无论是以最优步骤解题，还是想竞速解题，都要全盘标候选数。如果可以标注少

量候选数就可以较顺利将题解出,说明解题者直观运用基础技巧的能力已经很强了。

图 3-19

前面四题在中前期讲述的较为详细,相信大家对于基本的排除法、数对占位和唯余都比较熟悉了。从本题讲解开始,前面的步骤将简单带过,到后面卡点的位置再详细分析。

根据排除可依次得到 B5=1、C9=3、D6=5、I9=5、C1=6、D2=6、C4=9、C6=8、C5=4、A5=5、A6=7、A4=2、I6=4、G6=6。

利用区块排除,可得到 B7=7、H3=7、G5=7、H3=6。

到此处排除法无法继续应用,得到图 3-20 所示局面。

图 3-20

在图 3-20 中此时应当寻找数对占位或唯余的线索。通过数 2 列和 3 列的空格内数字,可以唯余出 E2=1 和 A3=8。

此时遇到本题最难的卡点，如图 3-21 所示。

图 3-21 中 7 列的 8 只能在 H7、I7 两格内，在这里形成了一个行列内区块，该区块对九宫内的其他格删除数字 8。此时观察 H8 格内的剩余候选数，发现只剩下 2、3 两个候选数。恰好 H 行中 H5 格内也只剩候选数 2、3，所以 H 行的 H5 格和 H8 格内的 2、3 形成显性数对，并对 H 行其他格删除排除 2 和 3 的效果。这时 H2 格内本剩 2、4 两个候选数，被显性数对 2、3 进行排除后，得到 H2=4、B2=2。

此卡点突破后，剩余空格可用排除法全部填完，后续步骤不再赘述，并得到最终答案，如图 3-22 所示。

	1	2	3	4	5	6	7	8	9
A		3	8	2	5	7		1	
B		24		6	1	3	7		
C	6	7	1	9	4	8	2	5	3
D		6	4	3	8	5	1		
E		8		7	9	1		6	
F		1	9	4	6	2	5		
G		5	3	18	7	6	9	4	
H		24	7	5	23	9	8	23	
I		9	6	18		4		7	5

图 3-21

	1	2	3	4	5	6	7	8	9
A	9	3	8	2	5	7	4	1	6
B	4	2	5	6	1	3	7	9	8
C	6	7	1	9	4	8	2	5	3
D	7	6	4	3	8	5	1	2	9
E	5	8	2	7	9	1	3	6	4
F	3	1	9	4	6	2	5	8	7
G	1	5	3	8	7	6	9	4	2
H	8	4	7	5	2	9	6	3	1
I	2	9	6	1	3	4	8	7	5

图 3-22

总结：本难度数独题中不仅综合运用排除法、唯余法，还会在中后期出现显性数对数组等卡点，这道例题在后期出现行列内，区块删除候选数后再运用显性数对的组合式技巧。在真实解题过程中，想顺利发现此处势必需要标注更多候选数的位置，对于直观竞速高手来说，这种卡点往往也是致命的，但并不是说终极高手不能在标注很少的情况下突破。

想成为直观竞速高手的玩家，在蓝天一级至四级题库难度都觉得不错的时候，可以花一些精力在五级难度上。如果本难度也可以较顺利解出，那么对于基础技巧就掌握得很好很全面了，此时可以很快上手大量变形数独，在熟悉掌握变形数独的特殊思路后，也可以将变形数独做得很顺手。

此难度的题可以较熟练做出，对基础解法基本可以通过，通常意义上已经是数独中不折不扣的高手了，如果解题速度还可以很快，已经可以在国内各类数独比赛中冲击名次了。之后是学习更难的高级技巧转为更偏重技巧的研究，还是开始接触变形数独继续追求高速解题，这就是个人的选择了。以此难度作为节点，告知仅追求速度的玩家，并不需要继续做后面难度的数独题了。后面的难度基本需要全标候选数，和竞速与比赛的关系相差较远。但对于一般娱乐玩家来说，学习掌握到此处技巧应该并不会太难，由于不要求速度和是否全标候选数，所以娱乐玩家用变通的方式和思路，也是可以较轻松地解开此难度数独题的，可以继续尝试接触新技巧和练习更难的题库。

六、蓝天六级——超高级（第51题）

技巧要求：排除法、区块、显性数对数组、数组占位法、唯一矩形等。

针对玩家：娱乐资深玩家

图 3-23 所示为蓝天六级难度数独题，是对五级难度的加强版，不仅全面考察基础技巧和一些组合，还大幅度增加技巧和组合的使用量，让玩家在不掌握高级技巧时，也可做较难的数独。为娱乐玩家休闲和接触骨灰题前联系候选数解法，提供了可供娱乐及练习的题。有时会听到某些接触一阵数独的爱好者抱怨，基础解法都掌握了，但学习高级解法又比较吃力，或者不想学习高级技巧。做中高级难度的数独题没什么意思，十分钟以内就可以解出。而骨灰题由于需要高级技巧，没有合适的途径正规系统地学习，导致没法做，陷入高不成低不就的瓶颈。本难度的题就适合这类玩家，既不需要掌握更多技巧，但又不是很轻松就可以破解，需要综合运用各种基础解法，中后期也需要全盘标注候选数并慢慢地删除。为培养接触高级解法和熟练应用候选数做出必要的铺垫。

	1	2	3	4	5	6	7	8	9
A	4			5			1		
B				2	7				
C						4	2		7
D	3	2					4		
E		9						8	
F			1					5	3
G	5		4	9					
H					5	3			
I			6			8			1

图 3-23

根据排除法可依次得到 A3=2、A2=7、I7=5、B9=5、C2=5、D8=1、B8=4、H9=4、F2=4、B2=6、E9=2 和利用唯余得到 I2=3。

经过上述步骤将可直观填入的数字填完，下一步进入需要显性数对数组的局面，将盘面中候选数全部标出进行删数。当然，也有可能在未标满前就发现解题突破口，不过我们这里借助填满候选数的盘面，带着大家详解后面的步骤，来看图 3-24 标满候选数的盘面。

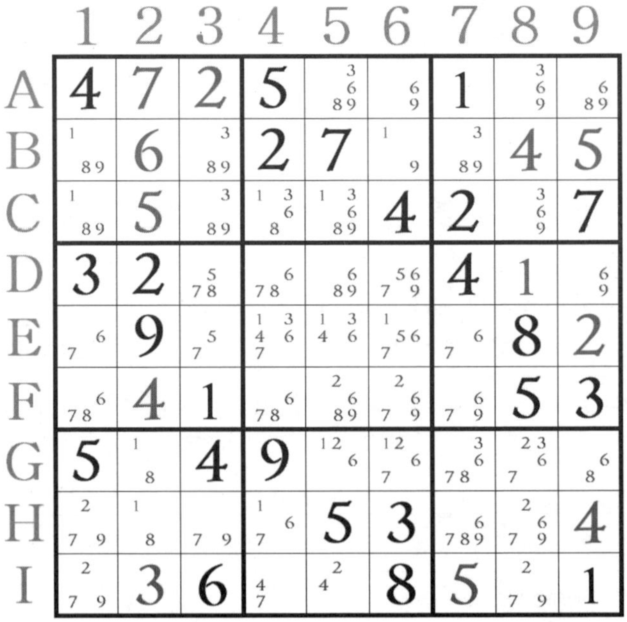

图 3-24

在图 3-24 所示盘面中将空格内可填入的候选数全部标出。由于候选数就是根据已知数条件标出的，理论上只观察候选数条件，也可以将题全部解完。但这里需要注意一点就是标注的候选数千万不能有遗漏或错误，否则只根据候选数条件，去推理的话就可能出现漏洞或错误。

观察 E 行发现 E1 格和 E7 格内，显性数对 6、7，利用这个显性数对可以删除 E3 格的 7，这时 E3 格只能填入 5。再看 E6 格，原本只能填 1、5、6、7，而此时 E 行有数对 6、7，又出现了个确定的 5，这时 E6 格只能填入 1。

上面两个数字填出后，占住了空格位置并提供了新的排除线索。根据排除法可以得到 D6=5、B1=1。唯余得到 B6=9、A6=6，再排除得到 C8=6。经过上述步骤，并整理候选数后得到图 3-25 所示局面。

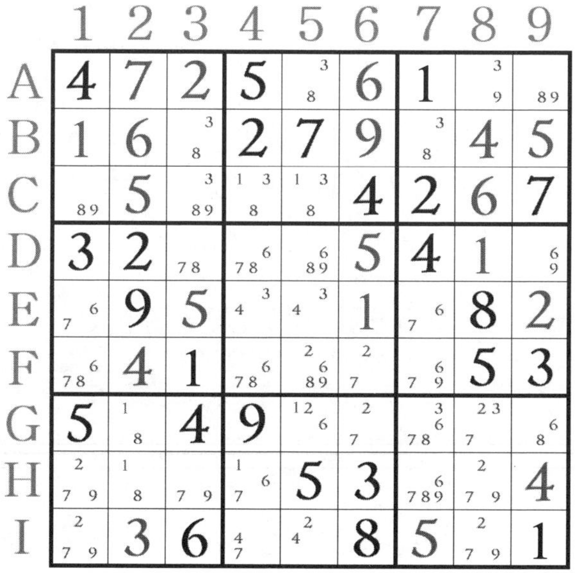

图 3-25

图 3-25 中八宫内有显性数组 2、4、7，可以删掉 G5 和 H4 格内的 2 和 7，当然此处也可以在直观阶段利用数字 1、6 形成数对占位，而得到八宫删减后的情况。

观察六宫内 7 的区块，可以删掉 G7 和 H7 两格内的 7。

此时是观察难度较大的一步，经过上述两个步骤后，在 G 行形成了四格内只含有 1、3、6、8 候选数的显性数组。根据这个显性数组，可以删掉 G8 格内的 3，得到 8 列内只有 A8 格内出现 3 的结论。此处只能靠观察 G 行内的显性数字 1、3、6、8 进行突破，虽然理论上观察 G 行的隐性数对 2、7 也可以得到同样的结论。但在 G5 和 G7 两格的判断上，观察区块 7 再结合行列直观的隐性数对，对技巧和观察要求过大，顶尖高手也未必可以快速发现这种深层的线索。通常来说还是需要全标候选数后才能分步骤得到这里的线索。

此处卡点破解后，后面几乎没有卡点了，由于盘面上候选数全部标出，使得首尾更加顺利，这里不再叙述后面的步骤，最终得到答案，如图 3-26 所示。

	1	2	3	4	5	6	7	8	9
A	4	7	2	5	8	6	1	3	9
B	1	6	3	2	7	9	8	4	5
C	9	5	8	3	1	4	2	6	7
D	3	2	7	8	9	5	4	1	6
E	6	9	5	4	3	1	7	8	2
F	8	4	1	6	2	7	9	5	3
G	5	1	4	9	6	2	3	7	8
H	7	8	9	1	5	3	6	2	4
I	2	3	6	7	4	8	5	9	1

图 3-26

总结：从上述详解的步骤也可以看出来，对于蓝天六级难度数独题来说，中后期只能标注出足够多的候选数，才有可能找到逻辑解的突破口。**由于在纸上做题标注和擦涂候选数都不太方便，使得此难度的题不太适合在纸上做，更适合在电脑或手机上操作。**

此难度数独题可以充分考察玩家的观察能力和综合运用基础解法的水平，是数独资深玩家娱乐休闲的最佳题库之一。但对于竞速玩家来说，这个难度的题不太适合，由于题的核心卡点几乎都需要借助候选数来突破，且常规比赛中不会出现这种难度的题，所以不太适合竞速玩家作为日常练习用题，可偶尔作为难题练习，增强对各类题难度的适应力。

七、蓝天七级——轻度骨灰级（第 61 题）

技巧要求：基础技巧、高级技巧

针对玩家：娱乐资深玩家、技巧玩家入门、竞速玩家提高

图 3-27 所示为蓝天七级难度数独题，在基础技巧要求上添加了高级技巧的要求。本难度主要是为了数独玩家对高级技巧的入门练习，对基础技巧要求不太高，这方面没有六级题库技巧使用量多，但增加了高级技巧定式的考察。虽然每道题中涉及的高级技巧也只有一两次，但由于高级技巧中的定式种类较多，刚开始接触此难度的数独题时，大多数玩家还需要有段适应的过程。以便可以熟练各种高级技巧结构如何观察，如何将基础解法与高级解法合理衔接。

	1	2	3	4	5	6	7	8	9
A	4						3		6
B						8		5	
C	7		5		1	3			
D							5	1	
E		6		5		4		2	
F		9	3						
G				8	5		9		4
H		4		7					
I	8		9						1

图 3-27

本题前期简单的步骤也是一笔带过，重点分析中期稍复杂的基础技巧和后期的高级技巧。

根据排除法，得到 B7=1、F4=1、D3=4、H9=5、I2=5、F1=5、A6=5、B1=9、B2=3、B3=6、C4=6。

利用区块排除法可以得到 C8=9、C7=4、F8=4、F7=6。

在图 3-28 中，四宫可以形成 7、8 数对占位，再结合排除可得到 D1=2 和 E1=1。在六宫可以得到数对 3、9 占位，和剩余空格内的 7、8 数对。到此处无法直观得到线索，需要全盘标注候选数，并得到图 3-29 所示局面。

	1	2	3	4	5	6	7	8	9
A	4					5	3		6
B	9	3	6			8	1	5	
C	7		5	6	1	3	4	9	
D			4				5	1	
E		6		5		4		2	
F	5	9	3	1			6	4	
G				8	5		9		4
H		4		7					5
I	8	5	9						1

图 3-28

	1	2	3	4	5	6	7	8	9
A	4	128	128	29	279	5	3	78	6
B	9	3	6	24	247	8	1	5	27
C	7	28	5	6	1	3	4	9	28
D	2	78	4	39	36789	679	5	1	39
E	1	6	78	5	3789	4	78	2	39
F	5	9	3	1	278	27	6	4	78
G	36	127	127	8	5	126	9	367	4
H	36	4	12	7	2369	1269	28	368	5
I	8	5	9	234	2346	26	27	367	1

图 3-29

图 3-29 中 D 行有显性数对 3、9，可以排除 D6 格的 9，这时 6 列的 9 只能填在 H6 格内。并带出 G6=1、H3=1 和 A2=1。

此时利用基础解法不能继续突破，经过数组和区块的删减候选数后，得到图 3-30 所示局面。

在图 3-30 所示盘面中寻找高级技巧的结构，发现图中四个方框标注格子的位置可以形成 Y-wing 结构，由六宫内两个含 8 的格子，各联系一个含候选数为 2、8 的格子，得到可以删除 F5 和 H7 两格共同影响区域 H5 格内的 2。此时 H 行的 2 只能填在 H7 格内。

后续此题没有特别卡点，观察候选数结合排除法可全部填完，并最终得到答案，如图 3-31 所示。

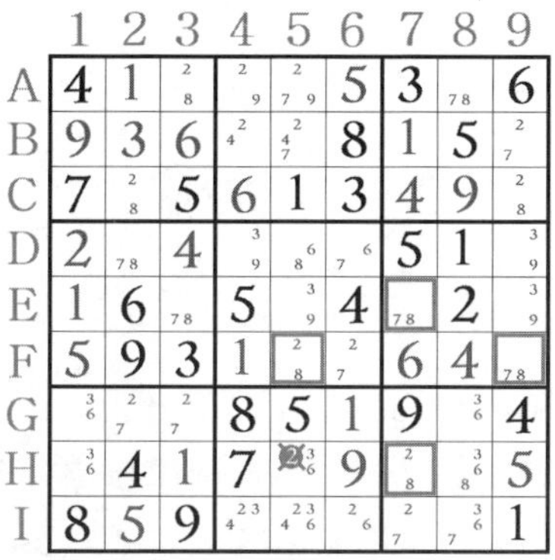

图 3-30

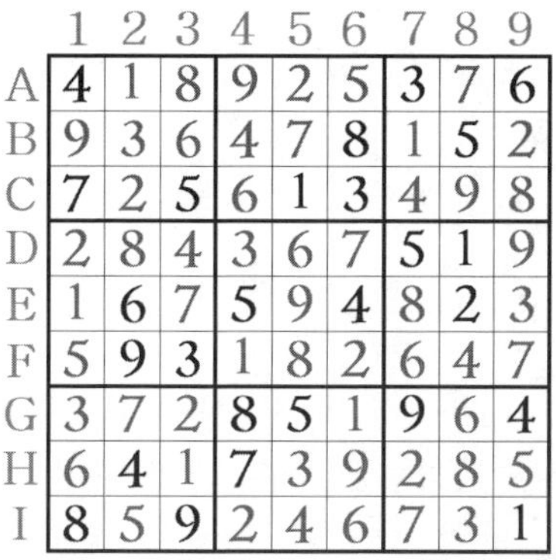

图 3-31

总结：在解蓝天七级难度数独题时，我们综合利用了基础篇学习的各类技巧，并利用候选数运用数对删减了候选数，最终使用高级技巧用的 Y-wing。此类数独题对初学者来说，对技巧要求较高，主要原因是高级技巧中的近十种解法和结构都可能出现，在玩家进阶道路面前设置了一个很大的台阶，想接触技巧玩法的玩家一定要坚持，了解并熟悉本书高级技巧篇中的结构。尤其是其中的单链之双强链、XY-wing 和 Y-wing 这三个结构，作为我们高级技巧结构的重中之重。相信熬过这个阶段，将这些技巧大体掌握后会迎来一个数独新世界，你将进入一个超越普通数独玩家，仅利用直观技巧解题的局面，从而达到可以灵活运用高级技巧解法花式解题的境界。

由于蓝天七级难度所含技巧数量并不太多，只是在中后期出现一两次高级技巧，而这种难度数独题在比赛中也偶有出现，作为终极竞速玩家在前面难度都扫清后，可以尝试做做这类数独题。但对娱乐玩家和技巧玩家的不同点在于，竞速玩家并不需要全盘标注候选数，在直观到中期时尝试快速找出可以利用的矛盾结构，如果用逻辑推理得不到线索就当机立断试数，再继续推理解题。在真题中训练试数与快速求解的能力。本段是对于应对终极数独比赛的终极竞速高手而言的，对于一般玩家，还是采用逻辑解法体会数独推理的乐趣为上。

八、蓝天八级——中度骨灰级（第 71 题）

技巧要求：基础技巧、高级技巧、链的原理、长链与长环

针对玩家：技巧玩家

图 3-32 所示为蓝天八级难度数独题，题中除了考察本书高级技巧的定式外，还对终极解法中的长链或长环有所涉及，不仅要求玩家对基本的高级技巧结构熟悉，还需要了解链的原理及其应用。此难度已经不适合一般玩家娱乐，仅供一些高级技巧结构很熟悉，想进一步接触更复杂结构的玩家练习和研究。到这个阶段的玩家，可以称得上名副其实的技巧玩家了。

	1	2	3	4	5	6	7	8	9
A				7	1	4			
B		6	7					4	
C		5							
D	1			3					7
E	6		3		4		2		8
F	8					1			5
G								7	
H		1					6	2	
I				6	3	9			

图 3-32

虽说是难度较大的数独题，但开始还是会运用些基础解法，我们先将基础解法一一填出。根据排除法得到 C3=1、E8=1、G4=1、C7=7、I1=7、C1=4、H4=4、G3=6、A9=6、D3=5。利用八宫和 A 行内 2 的区块对 1 列排除，得到 1 列内只有 A1 格可以填入 2。根据以上步骤，并经过数组和区块删减候选数后，得到图 3-33 所示局面。

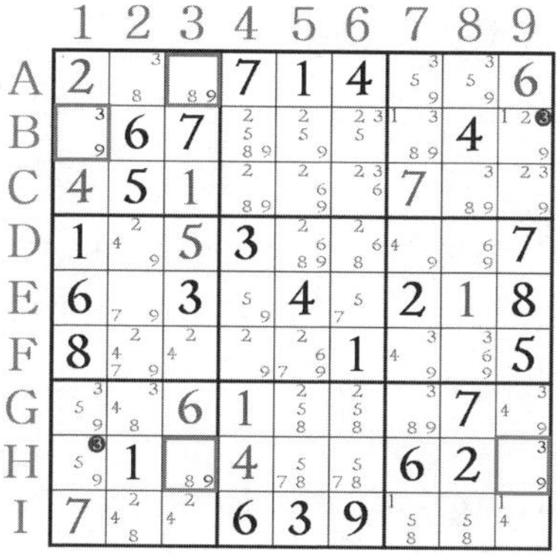

图 3-33

图 3-33 中利用 2 列内的两个候选数 9，结合 B1 格和 H9 两个内的候选数 3、9 构成了 Y-wing 结构，利用该技巧删除 A9 和 H1 格的 3。此时 H 行只有 H9 格可以填入 3。接着又进入到下一个卡点，如图 3-34 所示。

图 3-34 中我们使用不连续环技巧，以 B4 格的 8 为假做起点，按朴素思路推进得到 B7=8、I7=1、I8=5、C8=8、B4=8。由 B4 格的 8 为假为前提又得到了 B4 格的 8 为真，说明 B4 格的 8 就是真的。此处 B4=8 填出后，后面没有再多卡点，利用候选数和排除法可得到本题答案，如图 3-35 所示。

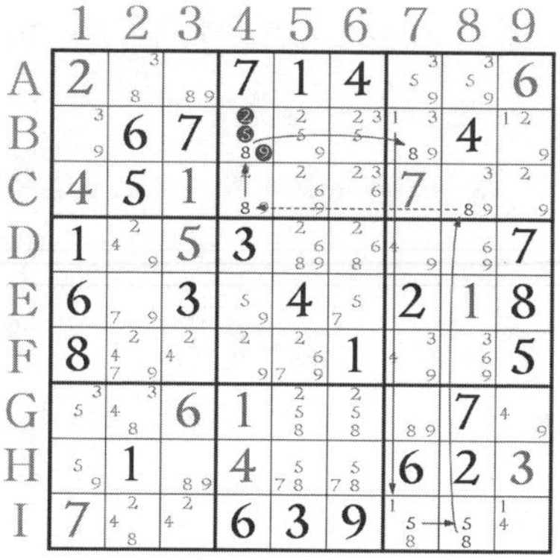

图 3-34

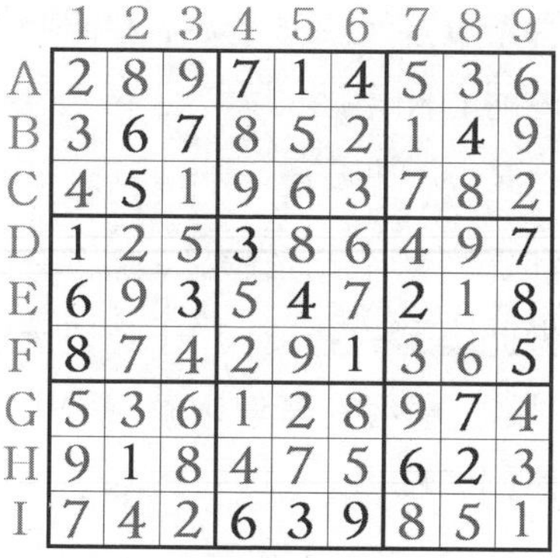

图 3-35

总结：我们在解蓝天八级难度数独题时，只用本书高级技巧篇中的技巧已经力不从心，需要玩家利用链的原理对全盘进行有效的搜索，找出可以利用的结构删除数字，本例题所使用的不连续环技巧，在本书终极技巧篇中有过详细介绍，相信理解此技巧原理的读者，看本例题时不会发生理解上的困难。只是在自己解题时，如何较快速发现这种结构线索，是每个技巧玩家都需要思考和不断摸索的。当然本题还有其他不同的解题方法，但不论哪种方法其难度系数都较高，都在我们高级技巧的基本定式之上。

九、蓝天九级——重度骨灰级（第81题）

技巧要求：基础技巧、高级技巧、终极技巧

针对玩家：极少数技巧高手

图 3-36 所示为蓝天九级难度数独题，需要综合运用本书所有的技巧才有可能逻辑解出的超难数独题。由于难度过大，卡点过多，就算是技巧很好的高手也需要耗费大量精力和时间，才能逐步删减候选数慢慢解出。除了技巧高手自我挑战和寻找新的解题方法外，很少有玩家愿意做此难度题。但网络上往往流传一些类似难度极高，甚至比蓝天九级更难的题，而很多新手或接触数独时间不长的玩家，以为只要多花费一些时间就能慢慢将其解出，殊不知数独题难度到一定程度后发生的是很大的质变，而不是简单多花些时间就可以解决的。如果真想正面逻辑解出此种难度甚至更难的题，你需要将书中所有技巧全部掌握，还需要有极好的耐心和不屈的意志，才有可能逻辑解出这类数独题。

当然，用多层次的试数也可能解出类似题的答案，但这个过程对乐趣和提高都没什么意义，除了有时争口气外，对绝大多数玩家而言并没有做此类题的意义。对于竞速玩家而言用试数，可以接触蓝天七级难度数独题，已经在竞速破解难题上有很强的功力了，不需要在此类题上浪费时间和精力。

本题初始也有几步基础解法，利用排除法依次可以得到：B1=3、D6=4、F3=2、D4=2、D9=9、H1=9。

五宫 6、8 数对占位后，可排除得到 E6=5、F6=3。唯余得到 A5=6。此

时基础解法已无能为力，经过数组和区块对候选数的删减后，得到图 3-37 所示局面。

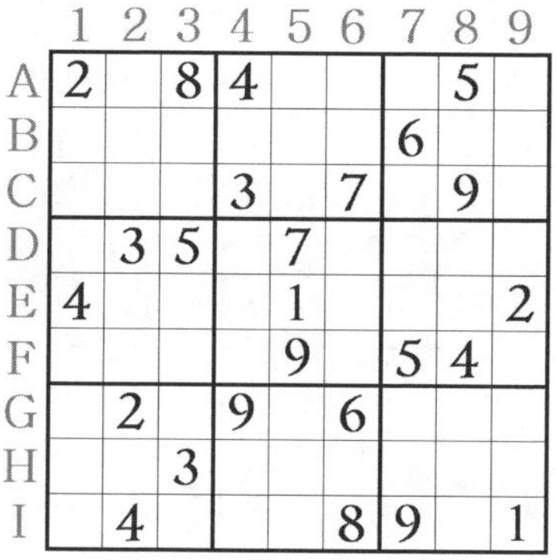

图 3-36

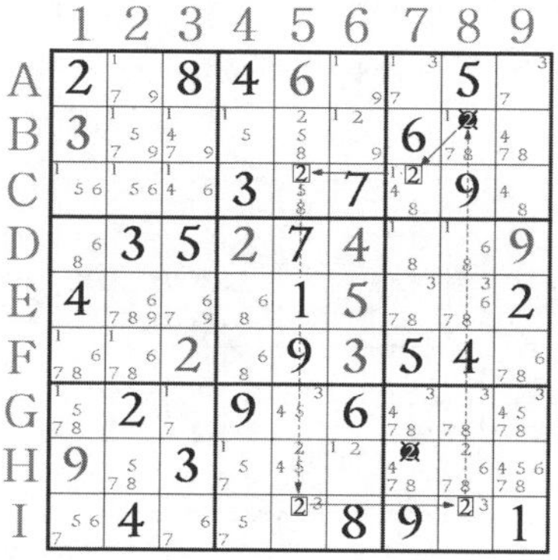

图 3-37

图 3-37 中 C 行和 I 行的候选数 2 形成单链之双强链，删除 B8 和 H7 格的 2，并得到 C7=2。此处将候选数整理后，又遇到下一个卡点，如图 3-38 所示。

图中发现异数链线索，以 D1 格的 6 为假做起点，按朴素思路依次可推导出：D8=6、B8=1、B4=5、I4=7 和 I3=6。并删除起点和终点共同影响的 I1 和 E3 两格内的 6。并得到 I3=6。

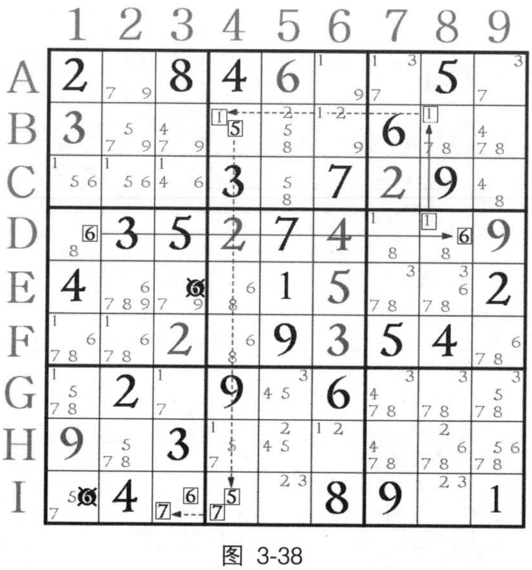

图 3-38

图 3-39 中发现双数链技巧，以 A2 格的 7 为假做起点，顺推出 A6=1、B4=5、C5=8、C9=4、C3=1 和 G3=7，并删除 A2 和 G3 两格共同影响的 B3 和 H2 两格内的 7。此处删除候选数后不能确定已知数字，需要再利用其他技巧再次删数，如图 3-40 所示。

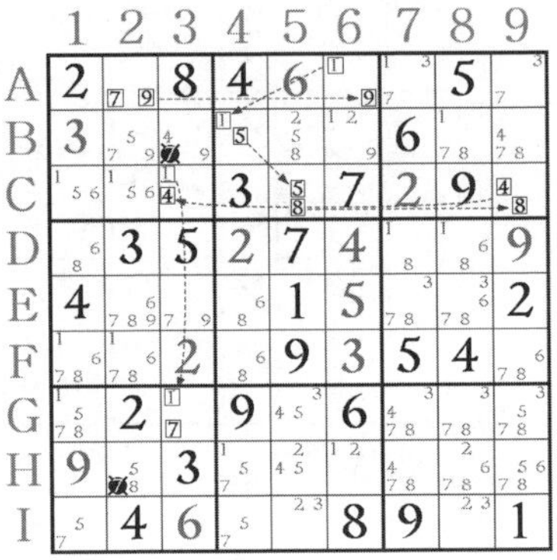

图 3-39

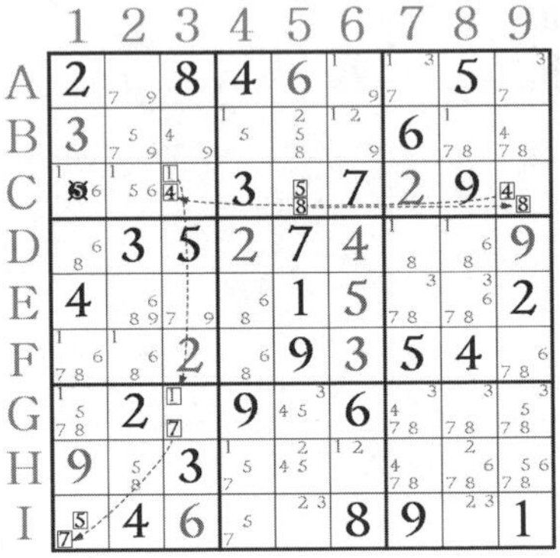

图 3-40

图 3-40 中发现双数链，以 C5 格的 5 为假做起点，并得到 I1=5，所以可以删掉 C5 和 I1 两格共同影响的 C1 格内的 5。这时一宫内的 5 形成区块，可以删掉 H2 格内的 5，故得到 H2=8。整理候选数后，下一步又遇到卡点，如图 3-41 所示。

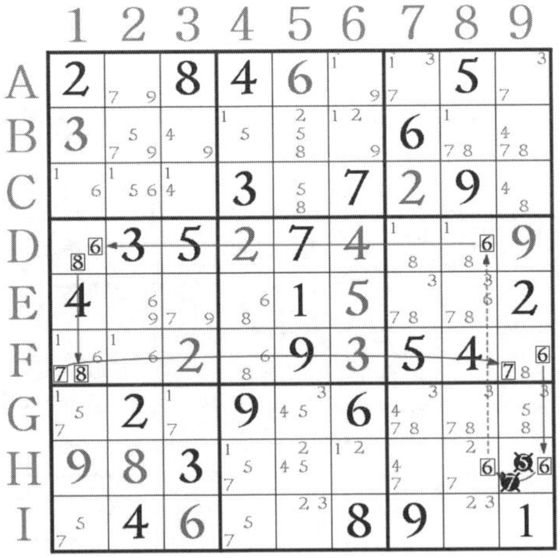

图 3-41

图 3-41 中发现不连续环，以 H9 格的 6 为假做起点，顺推一圈后

又得到 H9 格内 6 为真，故 H9=6。顺带出 G9=5、I1=5、A9=3、I4=7。整理候选后得到图 3-42 所示局面。

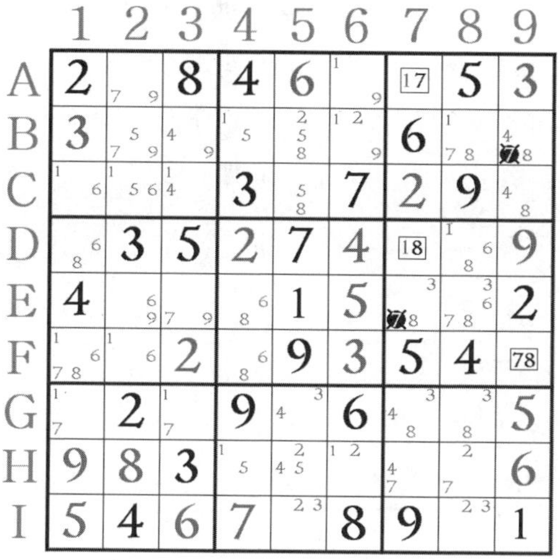

图 3-42

图 3-42 中 A7、E7 和 F9 三格形成 XY-wing，删除掉 B9 和 E7 两格内的 7，并得到 F9=7。后面利用候选数和排除法可以全部填完并得到答案，如图 3-43 所示。

	1	2	3	4	5	6	7	8	9
A	2	7	8	4	6	9	1	5	3
B	3	5	9	1	8	2	6	7	4
C	1	6	4	3	5	7	2	9	8
D	6	3	5	2	7	4	8	1	9
E	4	9	7	8	1	5	3	6	2
F	8	1	2	6	9	3	5	4	7
G	7	2	1	9	3	6	4	8	5
H	9	8	3	5	4	1	7	2	6
I	5	4	6	7	2	8	9	3	1

图 3-43

总结：从这道例题的详解过程中，大家就可以大致了解蓝天九级数独题的难度了，从前中期开始就频繁使用高级技巧，甚至终极技巧。还会出现用高级技巧删数后不能出现已知数，需要继续运用高级技巧删数的复杂局面。虽说详解的思路就是最佳的一个，可能从其他线索观察，可以省去其中的个别步骤，但此难度数独题需要频繁使用高级技巧的概况，是不会有太大改变的。总之，此类难度对绝大多数数独玩家来说都不适合，只是极少数技巧高手在时间充沛时挑战和自我提高的练习题型。

PART

4

世界终极数独比赛真题

WPF
SUDOKU/PUZZLE
GRAND PRIX
2016

WPF SUDOKU GP 2016
INSTRUCTION BOOKLET

ROUND 5

Puzzle authors:

China

Xie Jinbo

Ying Changfeng

Organised by

WORLD PUZZLE FEDERATION

Sudoku GP，是世界智力谜题联合会（WPF）官方举办的网赛，每个月举行一期，由不同国家的出题者出题。2016年共有8期，各国参赛者中以6轮最高分的总和排名，排名前10的选手将在当年世锦赛中参加 GP 轮次，GP 轮次单独设置一项奖杯，中国参与 GP 轮次出题也尚属首次。

本人谢金伯（Xie Jinbo)和应长丰（Ying Changfeng）联手为2016年5月这次赛事出题，本轮共设赛题14道，前12题由谢金伯提供，后两题由应长丰提供，本轮网赛限时90分钟。

GP 官方网站链接：http://gp.worldpuzzle.org/content/sudoku-gp

题目分值表

1. 标准数独 Classic Sudoku ....19 分

2. 标准数独 Classic Sudoku ....25 分

3. 标准数独 Classic Sudoku ....28 分

4. 标准数独 Classic Sudoku ....34 分

5. 标准数独 Classic Sudoku ....39 分

6. 连续数独 Consecutive Sudoku ....24 分

7. 比例数独 Ratio Sudoku ....59 分

8. 堡垒数独 Fortress Sudoku ....50 分

9. 连续数数独 Renban Groups Sudoku..................................65 分

10. %数独 % Sudoku..39 分

11. #数独 # Sudoku...66 分

12. 0-8 摩天楼数独 0-8 Skyscrapers Sudoku.........................70 分

13. 电子表数独 Clock Sudoku ....34 分

14. 三数 24 点数独 24-Trio Sudoku..48 分

总分 TOTAL ....600 分

一、2016 年世界数独锦标赛网络分站赛——第 5 站中国站

例题 1（见图 4-1、图 4-2）：标准数独　将数字 1-9 填入空格内，使每行、每列及每宫内的数字均不重复。

		1	8		2	4		
	6			9			1	
8								9
1			9	8	5			6
	4		3		7		8	
9			4	2	6			1
7								4
	8			4			6	
		6	2		8	3		

图 4-1

5	9	1	8	6	2	4	7	3
3	6	7	5	9	4	2	1	8
8	2	4	1	7	3	6	5	9
1	3	2	9	8	5	7	4	6
6	4	5	3	1	7	9	8	2
9	7	8	4	2	6	5	3	1
7	5	9	6	3	1	8	2	4
2	8	3	7	4	9	1	6	5
4	1	6	2	5	8	3	9	7

图 4-2

例题 2（见图 4-3、图 4-4）：连续数独　标准数独规则基础上，粗线两侧格内数字之差为 1，没有粗线的相邻两格内数字之差不为 1。

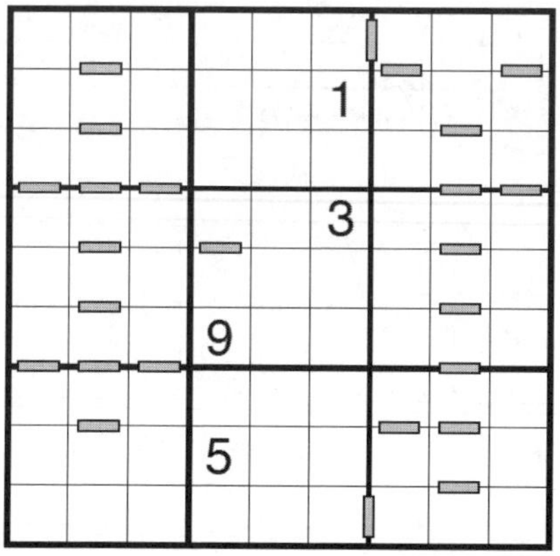

图 4-3

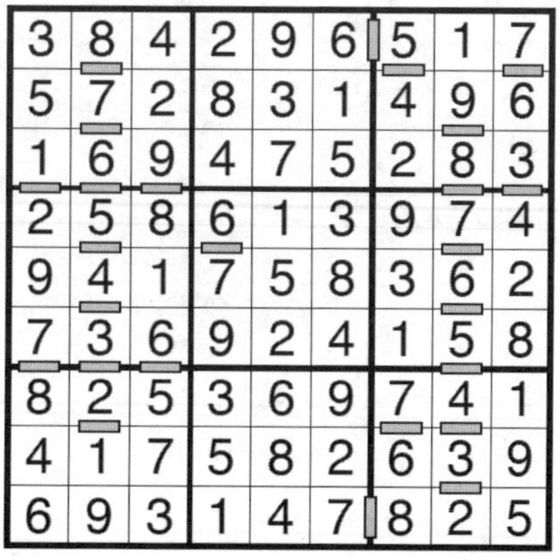

图 4-4

例题 3（见图 4-5、图 4-6）：比例数独　标准数独规则基础上，盘面内提示小数字表示其两侧格内数字的比值。

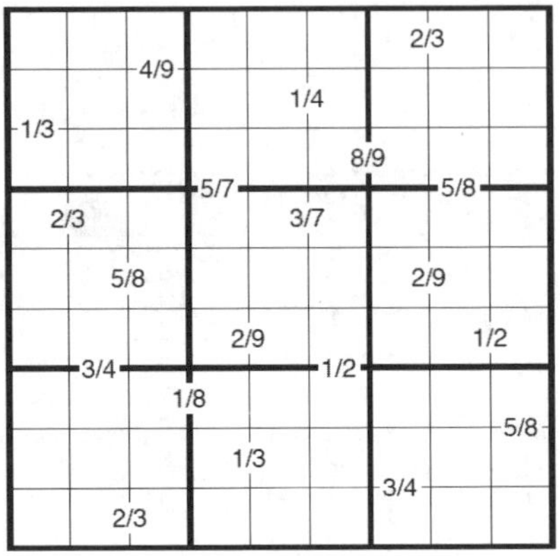

图 4-5

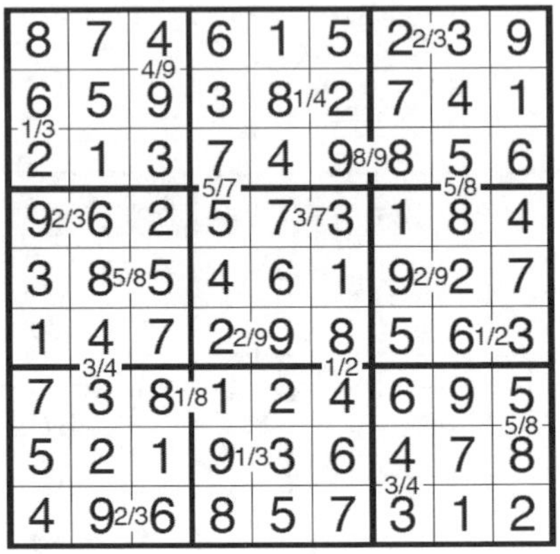

图 4-6

例题 4（见图 4-7、图 4-8）：堡垒数独　标准数独规则基础上，灰色格内数字大于与其相邻白色格内的数值。

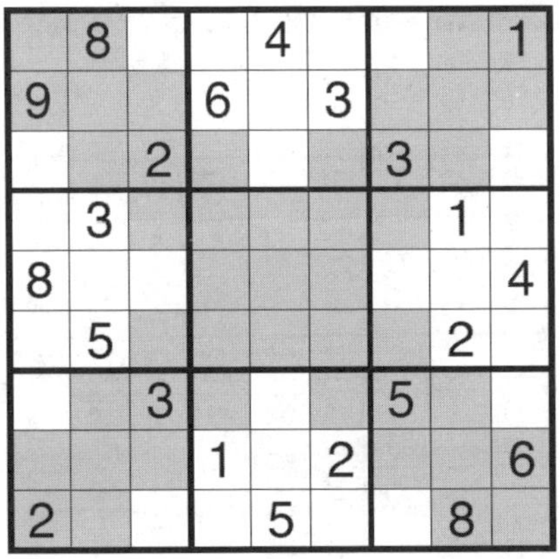

图 4-7

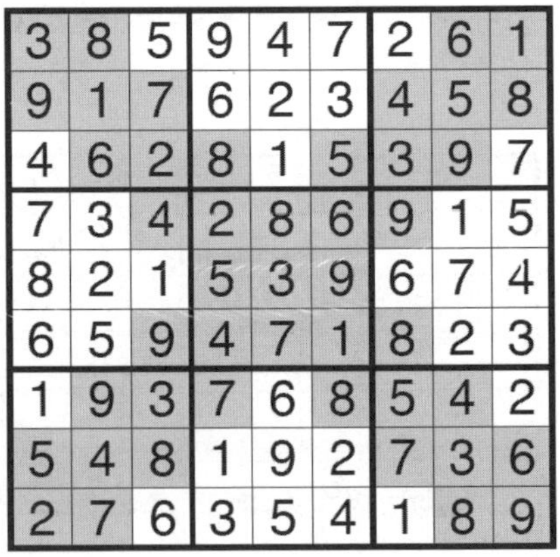

图 4-8

例题 5（见图 4-9、图 4-10）：连续数数独　标准数独规则基础上，彼此相邻在一起的一组灰格内为一串连续的数字，这串数字在本组内位置没有限制。

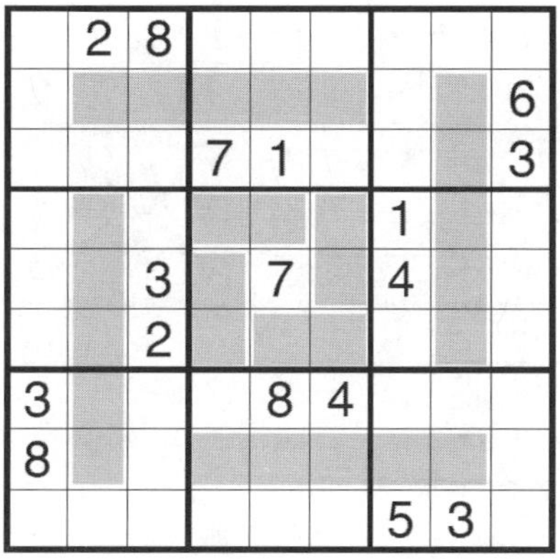

图 4-9

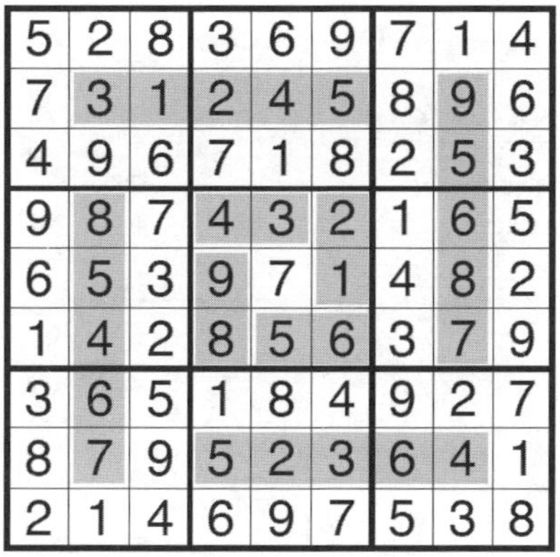

图 4-10

例题 6（见图 4-11、图 4-12）：%数独　标准数独规则基础上，单对角线内数字也为 1~9 不重复，两个圆穿过的八格内为相同的 8 个数字，这两组 8 个数字位置没有限制。

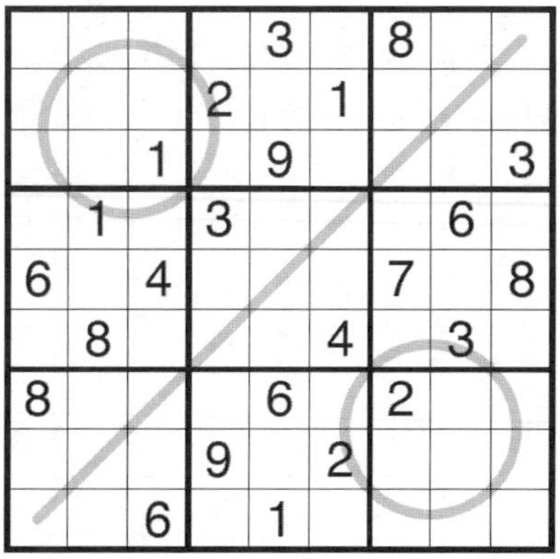

图 4-11

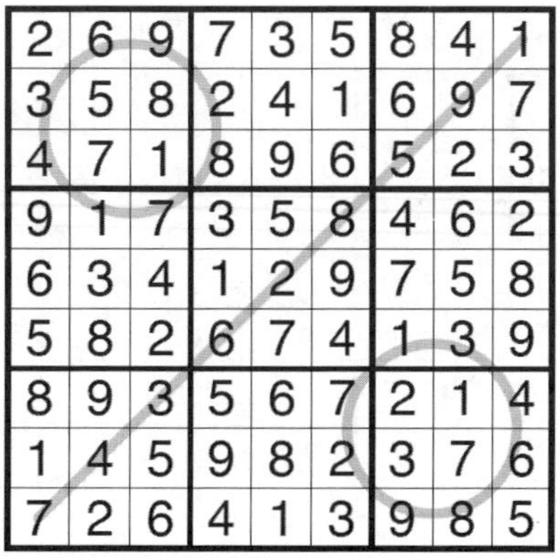

图 4-12

例题 7（见图 4-13、图 4-14）：#数独　标准数独规则基础上，每条灰色斜线穿过的九格内也为 1～9 不重复。

		3					5	
6			3			9		
	1				9			3
		8		6			9	
			7		2			
	5			3		6		
5			4				6	
		6			3			7
	9					8		

图 4-13

9	2	3	8	7	4	1	5	6
6	7	4	3	5	1	9	2	8
8	1	5	6	2	9	7	4	3
7	4	8	1	6	5	3	9	2
3	6	9	7	4	2	5	8	1
1	5	2	9	3	8	6	7	4
5	3	1	4	8	7	2	6	9
2	8	6	5	9	3	4	1	7
4	9	7	2	1	6	8	3	5

图 4-14

例题 8（见图 4-15、图 4-16）：0-8 摩天楼数独　将数字 0-8 填入空格内，使每行、每列及每宫内数字不重复。盘面内数字表示高度不同的楼房，盘面外数字表示从该位置向内观测，可以看到楼房的个数。观测时楼房高的会挡住矮的视线，数字 0 表示平地不计入观测数。

	2	4	2	1	3	4	3	2	2	
2	7								6	2
2										3
3			2	3		7	0			2
3		2			3			1		2
2		8						6		4
3			6				5			2
1				7		3				3
3					5					1
3	2								7	2
	3	2	4	4	1	3	2	4	2	

图 4-15

	2	4	2	1	3	4	3	2	2	
2	7	1	3	8	0	2	4	5	6	2
2	0	4	8	1	6	5	7	2	3	3
3	6	5	2	3	4	7	0	8	1	2
3	5	2	7	0	3	6	8	1	4	2
2	1	8	0	5	7	4	3	6	2	4
3	4	3	6	2	1	8	5	7	0	2
1	8	6	4	7	2	3	1	0	5	3
3	3	7	1	6	5	0	2	4	8	1
3	2	0	5	4	8	1	6	3	7	2
	3	2	4	4	1	3	2	4	2	

图 4-16

例题 9（见图 4-17、图 4-18）：电子表数独　标准数独规则基础上，盘面内被框出显示电子表的位置都显示一组符合现实中的钟点数字，其范围在 12:34～23:59 之间。

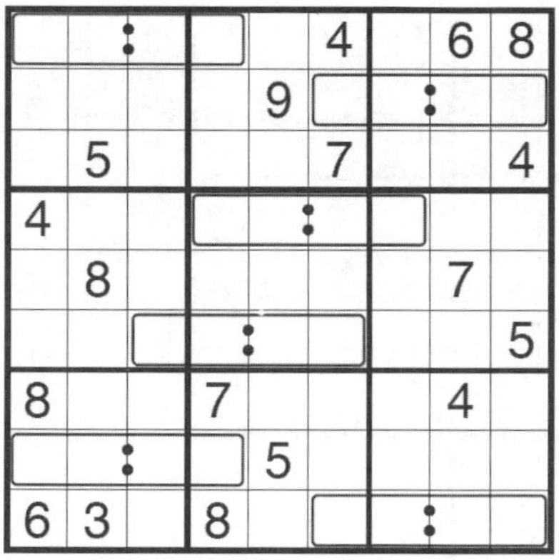

图 4-17

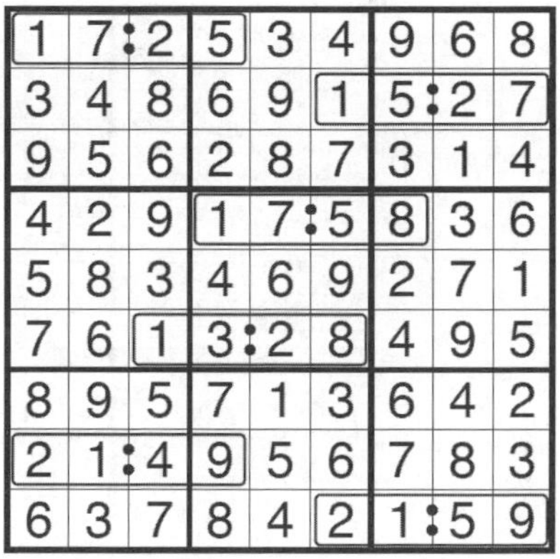

图 4-18

例题 10（见图 4-19、图 4-20）：三数 24 点数独　标准数独规则基础上，盘面内标记灰色线段穿过的三格内数字经过加、减、乘、除这四则运算可以得出 24。

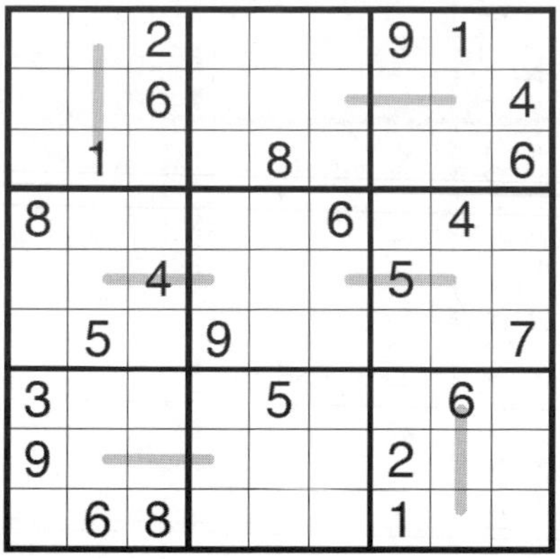

图 4-19

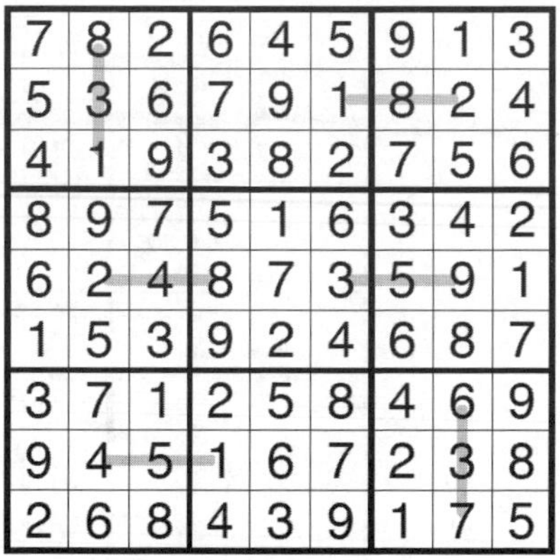

图 4-20

二、2016 年世界数独锦标赛网络分站赛真题

真题第 1 题：标准数独（19 分）

真题第 2 题：标准数独（25 分）

真题第 3 题：标准数独（28 分）

	9		1			8	7	
1								9
			5	7				1
3		7						
		5		6		3		
						4		8
8				5	3			
4								5
	5	9			1		6	

真题第 4 题：标准数独（34 分）

	5	1		2	9			
		7						3
							1	2
7			4		5			
1				7				4
			3		2			8
4	8							
5						6		
			5	4		7	8	

真题第 5 题：标准数独（39 分）

真题第 6 题：连续数独（24 分）

真题第 7 题：比例数独（59 分）

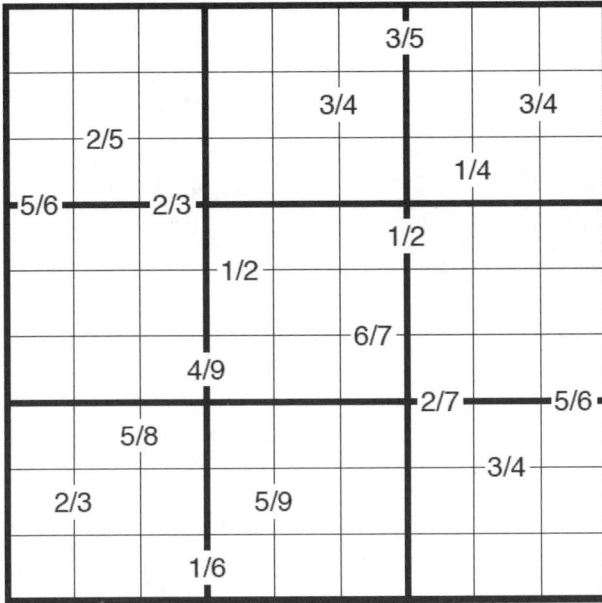

真题第 8 题：堡垒数独（50 分）

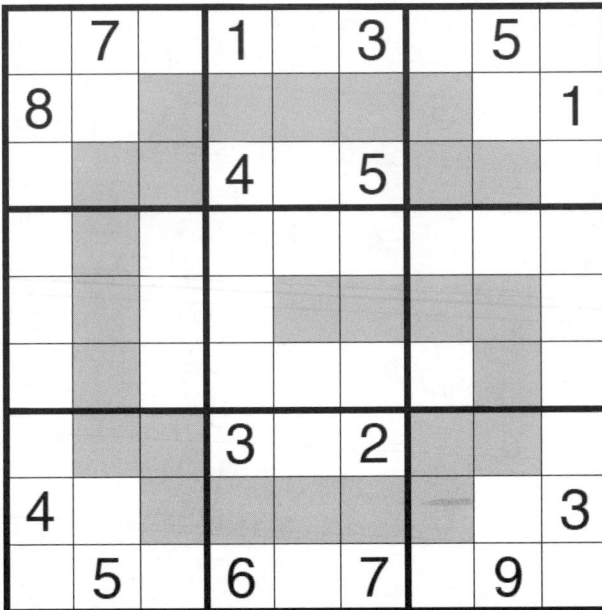

真题第 9 题：连续数数独（65 分）

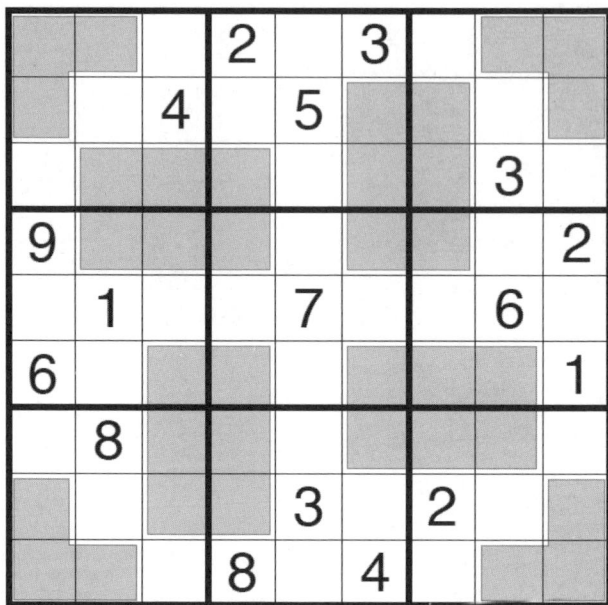

真题第 10 题：％数独（39 分）

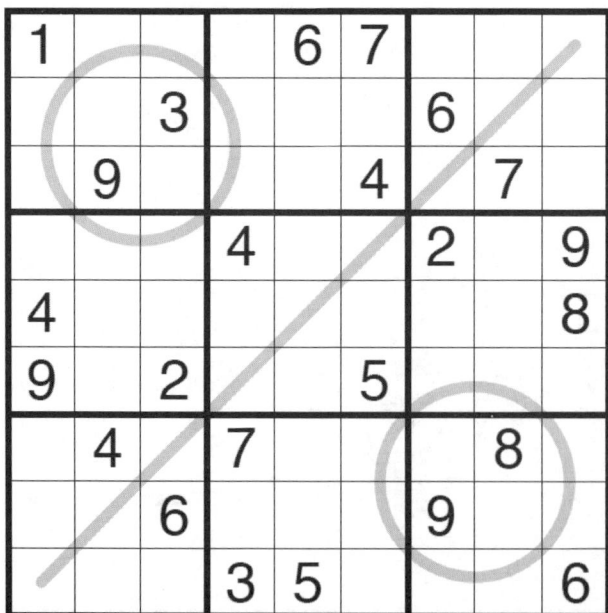

真题第 11 题：#数独（66 分）

真题第 12 题：0-8 摩天楼数独（70 分）

真题第 13 题：电子表数独（34 分）

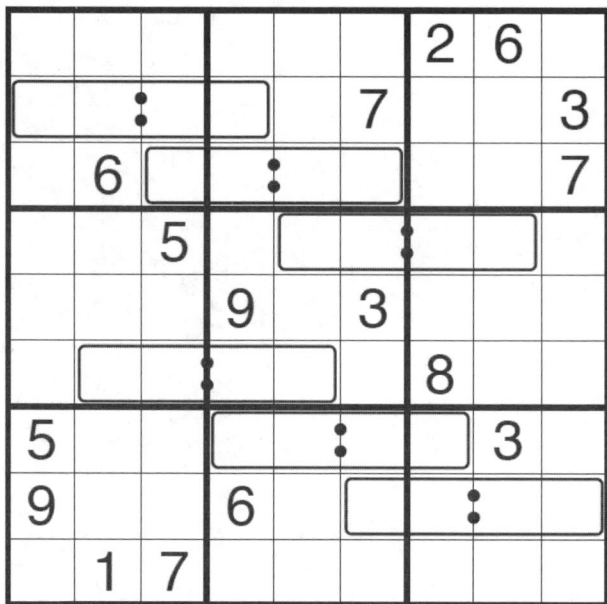

真题第 14 题：三数 24 点数独（34 分）

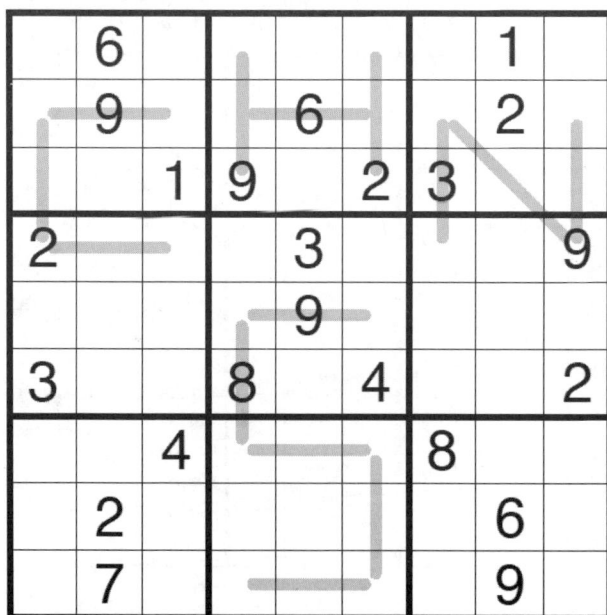

PART 5 数独练习题及 GP5 真题答案

一、蓝天分级数独答案

1. 蓝天一级——初心级 10 题

第1题

```
3 5 1 9 8 4 7 6 2
4 8 6 7 2 5 1 3 9
7 2 9 3 1 6 8 4 5
2 3 7 4 9 1 5 8 6
6 4 5 2 7 8 3 9 1
1 9 8 6 5 3 2 7 4
9 6 2 1 3 7 4 5 8
8 7 4 5 6 2 9 1 3
5 1 3 8 4 9 6 2 7
```

第2题

```
2 4 8 1 6 9 5 7 3
6 9 3 4 5 7 1 2 8
7 5 1 2 8 3 6 4 9
3 2 5 9 4 1 7 8 6
8 7 4 3 2 6 9 5 1
1 6 9 8 7 5 4 3 2
5 1 2 6 3 4 8 9 7
9 8 7 5 1 2 3 6 4
4 3 6 7 9 8 2 1 5
```

第3题

```
9 5 2 1 4 8 3 7 6
4 6 1 7 3 5 9 2 8
7 3 8 6 2 9 5 1 4
8 1 4 3 9 6 7 5 2
6 9 3 2 5 7 8 4 1
2 7 5 8 1 4 6 9 3
5 2 9 4 8 3 1 6 7
1 8 6 5 7 2 4 3 9
3 4 7 9 6 1 2 8 5
```

第4题

```
9 6 7 1 2 3 4 5 8
4 1 3 7 5 8 9 2 6
5 2 8 9 4 6 3 7 1
3 8 2 5 1 7 6 4 9
1 7 4 8 6 9 2 3 5
6 5 9 4 3 2 8 1 7
8 3 6 2 7 5 1 9 4
2 4 5 6 9 1 7 8 3
7 9 1 3 8 4 5 6 2
```

第5题

```
6 8 5 9 4 3 7 2 1
2 4 3 7 8 1 6 9 5
9 1 7 5 2 6 3 4 8
1 7 6 8 2 4 5 3 9
3 2 8 1 9 5 4 6 7
4 5 9 6 3 7 8 1 2
5 3 1 4 7 9 2 8 6
7 9 2 3 6 8 1 5 4
8 6 4 5 1 2 9 7 3
```

第6题

```
6 4 5 3 7 9 2 8 1
1 3 2 8 4 6 5 9 7
8 9 7 2 1 5 4 6 3
5 8 1 7 6 3 9 4 2
3 2 4 5 9 8 7 1 6
7 6 9 1 2 4 8 3 5
2 1 3 4 8 7 6 5 9
4 5 6 9 3 2 1 7 8
9 7 8 6 5 1 3 2 4
```

第 7 题

2	6	1	7	5	3	8	9	4
3	4	7	1	8	9	5	6	2
8	9	5	2	4	6	7	1	3
1	2	3	6	9	5	4	8	7
7	5	4	8	3	1	6	2	9
6	8	9	4	7	2	3	5	1
9	7	8	5	1	4	2	3	6
5	3	6	9	2	7	1	4	8
4	1	2	3	6	8	9	7	5

第 8 题

3	6	5	8	7	9	1	2	4
8	7	2	4	1	3	6	5	9
4	9	1	6	5	2	8	3	7
6	4	7	2	3	1	5	9	8
2	1	9	5	4	8	7	6	3
5	8	3	9	6	7	2	4	1
1	5	8	3	2	4	9	7	6
9	2	4	7	8	6	3	1	5
7	3	6	1	9	5	4	8	2

第 9 题

9	4	5	3	7	8	6	2	1
3	7	2	5	1	6	9	4	8
8	1	6	9	4	2	7	5	3
2	3	1	8	5	7	4	9	6
4	5	8	1	6	9	2	3	7
6	9	7	2	3	4	1	8	5
1	6	3	4	9	5	8	7	2
7	2	4	6	8	3	5	1	9
5	8	9	7	2	1	3	6	4

第 10 题

6	7	9	3	5	4	1	2	8
3	5	4	2	1	8	6	9	7
1	8	2	9	6	7	4	5	3
8	3	5	4	9	1	2	7	6
4	2	6	8	7	3	5	1	9
7	9	1	5	2	6	8	3	4
2	6	3	1	4	9	7	8	5
9	1	7	6	8	5	3	4	2
5	4	8	7	3	2	9	6	1

2. 蓝天二级——入门级 10 题

第 11 题

9	5	3	8	6	2	7	1	4
4	1	6	7	3	9	2	8	5
7	8	2	5	1	4	6	9	3
1	9	4	2	8	5	3	7	6
6	7	5	3	9	1	8	4	2
3	2	8	4	7	6	9	5	1
5	4	7	9	2	3	1	6	8
2	6	9	1	4	8	5	3	7
8	3	1	6	5	7	4	2	9

第 12 题

2	4	7	1	5	9	8	3	6
8	6	9	4	7	3	1	2	5
5	1	3	2	6	8	9	7	4
9	5	6	3	2	1	7	4	8
4	3	1	7	8	6	2	5	9
7	8	2	9	4	5	6	1	3
1	2	8	6	3	4	5	9	7
6	7	4	5	9	2	3	8	1
3	9	5	8	1	7	4	6	2

第 13 题

8	5	9	1	2	6	7	3	4
7	2	6	8	3	4	9	1	5
3	1	4	5	7	9	8	6	2
9	4	2	6	5	3	1	7	8
5	8	3	7	9	1	2	4	6
6	7	1	2	4	8	5	9	3
4	6	7	9	8	2	3	5	1
1	9	8	3	6	5	4	2	7
2	3	5	4	1	7	6	8	9

第 14 题

3	1	8	5	4	2	6	9	7
9	5	6	7	8	1	2	4	3
2	4	7	6	9	3	5	1	8
4	7	5	9	2	8	3	6	1
1	6	2	3	5	4	7	8	9
8	3	9	1	7	6	4	5	2
6	2	1	8	3	5	9	7	4
5	9	4	2	1	7	8	3	6
7	8	3	4	6	9	1	2	5

第 15 题

2	6	1	4	3	8	7	5	9
8	9	7	5	2	1	6	3	4
4	3	5	7	9	6	2	8	1
6	7	8	9	4	5	1	2	3
9	4	3	1	6	2	5	7	8
5	1	2	3	8	7	4	9	6
3	5	6	8	7	4	9	1	2
1	8	4	2	5	9	3	6	7
7	2	9	6	1	3	8	4	5

第 16 题

6	4	3	2	1	7	9	5	8
2	9	8	6	5	3	7	1	4
5	7	1	8	9	4	2	3	6
1	3	4	7	2	9	6	8	5
9	6	5	1	3	8	4	2	7
7	8	2	5	4	6	1	9	3
4	1	6	3	8	2	5	7	9
8	2	7	9	6	5	3	4	1
3	5	9	4	7	1	8	6	2

第 17 题

3	5	8	4	7	1	6	9	2
2	6	9	5	3	8	4	1	7
7	1	4	9	2	6	5	3	8
8	7	6	2	9	3	1	4	5
4	9	5	1	8	7	2	6	3
1	2	3	6	4	5	7	8	9
6	8	2	3	5	4	9	7	1
9	4	7	8	1	2	3	5	6
5	3	1	7	6	9	8	2	4

第 18 题

9	2	8	7	1	3	5	6	4
6	5	4	9	2	8	1	7	3
3	1	7	6	5	4	8	2	9
4	7	1	8	6	5	9	3	2
5	3	9	4	7	2	6	8	1
2	8	6	1	3	9	7	4	5
1	6	2	3	9	7	4	5	8
8	9	3	5	4	6	2	1	7
7	4	5	2	8	1	3	9	6

第 19 题

7	9	1	6	3	2	4	8	5
6	5	3	8	7	4	2	1	9
2	4	8	1	9	5	3	7	6
1	8	4	5	2	9	7	6	3
5	6	7	4	8	3	9	2	1
3	2	9	7	1	6	8	5	4
9	3	5	2	6	8	1	4	7
4	1	2	3	5	7	6	9	8
8	7	6	9	4	1	5	3	2

第 20 题

1	5	4	7	6	3	8	9	2
6	7	9	2	8	1	3	4	5
8	3	2	9	4	5	6	1	7
4	1	8	6	2	7	5	3	9
9	2	7	3	5	4	1	8	6
5	6	3	1	9	8	2	7	4
2	4	1	5	3	9	7	6	8
3	8	5	4	7	6	9	2	1
7	9	6	8	1	2	4	5	3

3. 蓝天三级——初级 10 题

第 21 题

5	1	3	7	8	2	6	9	4
6	8	7	5	4	9	3	2	1
2	4	9	6	1	3	5	8	7
1	5	2	9	7	6	4	3	8
3	7	8	1	5	4	2	6	9
9	6	4	2	3	8	7	1	5
4	9	6	8	2	7	1	5	3
7	2	1	3	9	5	8	4	6
8	3	5	4	6	1	9	7	2

第 22 题

7	2	4	5	8	6	1	9	3
3	5	9	7	1	2	6	4	8
1	8	6	9	4	3	7	5	2
2	9	5	3	6	8	4	1	7
4	3	7	2	9	1	5	8	6
6	1	8	4	5	7	2	3	9
5	4	3	6	2	9	8	7	1
9	6	1	8	3	5	7	2	4
8	7	2	1	3	4	9	6	5

第 23 题

5	4	2	7	9	3	6	1	8
6	9	1	5	8	2	3	4	7
3	8	7	1	4	6	5	9	2
9	5	4	6	2	7	1	8	3
1	7	6	8	3	9	4	2	5
2	3	8	4	1	5	9	7	6
7	6	9	2	5	8	4	3	1
8	2	3	9	6	1	7	5	4
4	1	5	3	7	4	2	6	9

第 24 题

3	2	4	1	5	8	6	7	9
9	8	6	4	7	3	5	2	1
1	7	5	9	2	6	4	3	8
7	5	1	8	3	2	9	4	6
6	9	2	5	4	7	1	8	3
4	3	8	6	1	9	7	5	2
8	1	7	3	9	5	2	6	4
5	6	9	2	8	4	3	1	7
2	4	3	7	6	1	8	9	5

第 25 题

6	5	1	7	9	4	2	3	8
8	2	9	3	6	1	4	7	5
7	4	3	2	5	8	1	6	9
5	7	4	1	3	6	8	9	2
2	9	6	8	4	7	5	1	3
1	3	8	5	2	9	7	4	6
9	6	5	4	7	2	3	8	1
4	1	2	6	8	3	9	5	7
3	8	7	9	1	5	6	2	4

第 26 题

6	2	5	7	4	8	3	1	9
3	9	4	1	6	5	7	2	8
8	7	1	9	2	3	4	6	5
7	3	6	8	1	9	2	5	4
4	5	8	2	3	7	1	9	6
2	1	9	6	5	4	8	7	3
9	6	2	4	8	1	5	3	7
5	8	7	3	9	2	6	4	1
1	4	3	5	7	6	9	8	2

第27题

6	8	1	4	7	2	5	9	3
4	3	7	1	9	5	8	6	2
2	9	5	3	8	6	4	7	1
3	4	9	8	6	7	1	2	5
5	6	8	2	3	1	9	4	7
1	7	2	9	5	4	6	3	8
8	2	3	5	4	9	7	1	6
9	1	6	7	2	8	3	5	4
7	5	4	6	1	3	2	8	9

第28题

5	8	7	4	6	1	2	9	3
6	1	2	9	3	5	4	8	7
9	4	3	2	7	8	1	5	6
1	6	5	3	8	2	7	4	9
2	7	8	6	4	9	3	1	5
4	3	9	5	1	7	8	6	2
3	2	6	8	5	4	9	7	1
7	5	4	1	9	3	6	2	8
8	9	1	7	2	6	5	3	4

第29题

1	3	7	5	4	8	9	2	6
2	9	5	6	3	7	1	8	4
8	4	6	1	9	2	3	7	5
5	2	4	9	8	1	6	3	7
7	8	3	4	6	5	2	1	9
6	1	9	7	2	3	4	5	8
3	6	1	8	5	4	7	9	2
9	7	8	2	1	6	5	4	3
4	5	2	3	7	9	8	6	1

第30题

5	1	9	3	6	2	4	8	7
4	6	7	9	8	1	3	2	5
8	2	3	5	4	7	9	1	6
9	3	4	6	7	8	2	5	1
1	8	6	2	5	9	7	4	3
2	7	5	4	1	3	8	6	9
7	4	2	1	9	5	6	3	8
3	9	1	8	2	6	5	7	4
6	5	8	7	3	4	1	9	2

4. 蓝天四级——中级 10 题

第31题

8	3	6	2	1	4	7	5	9
1	5	4	7	9	3	2	6	8
2	9	7	8	6	5	3	4	1
4	1	2	3	5	7	9	8	6
9	8	5	1	2	6	4	7	3
6	7	3	9	4	8	5	1	2
5	6	8	4	3	2	1	9	7
3	4	9	6	7	1	8	2	5
7	2	1	5	8	9	6	3	4

第32题

1	4	9	2	3	8	7	6	5
6	2	8	1	7	5	4	3	9
7	5	3	6	9	4	8	2	1
3	1	6	8	4	7	9	5	2
2	8	4	5	6	9	1	7	3
5	9	7	3	1	2	6	8	4
9	6	5	4	8	3	2	1	7
4	3	1	7	2	6	5	9	8
8	7	2	9	5	1	3	4	6

第33题

4	9	5	6	2	8	1	7	3
1	3	8	7	5	9	2	6	4
7	6	2	4	1	3	9	5	8
3	8	1	5	6	2	7	4	9
5	4	7	8	9	1	6	3	2
9	2	6	3	4	7	5	8	1
8	1	3	9	7	6	4	2	5
6	5	9	2	8	4	3	1	7
2	7	4	1	3	5	8	9	6

第34题

7	3	4	5	2	9	1	6	8
8	5	1	4	6	7	9	3	2
2	6	9	3	8	1	4	7	5
9	8	7	2	4	5	6	1	3
1	2	6	8	9	3	7	5	4
5	4	3	1	7	6	8	2	9
3	9	8	6	1	2	5	4	7
4	1	5	7	3	8	2	9	6
6	7	2	9	5	4	3	8	1

第35题

4	7	5	2	3	9	1	6	8
1	9	3	5	8	6	7	4	2
8	6	2	7	1	4	9	5	3
6	2	7	8	4	5	3	1	9
9	4	8	1	6	3	5	2	7
5	3	1	9	2	7	6	8	4
3	5	4	6	9	2	8	7	1
7	8	9	4	5	1	2	3	6
2	1	6	3	7	8	4	9	5

第36题

8	4	9	6	5	3	1	7	2
5	7	6	2	1	9	3	4	8
1	3	2	4	8	7	9	6	5
7	2	1	8	3	4	6	5	9
6	8	4	9	7	5	2	1	3
3	9	5	1	2	6	7	8	4
4	5	3	7	6	2	8	9	1
2	6	8	5	9	1	4	3	7
9	1	7	3	4	8	5	2	6

第37题

3	5	7	2	1	4	6	8	9
6	4	9	3	8	7	1	2	5
1	8	2	6	9	5	4	3	7
4	3	6	5	2	8	7	9	1
8	2	1	4	7	9	3	5	6
9	7	5	1	6	3	2	4	8
7	1	4	8	5	2	9	6	3
2	6	8	9	3	1	5	7	4
5	9	3	7	4	6	8	1	2

第38题

8	1	7	3	4	9	6	2	5
6	3	5	8	7	2	1	4	9
9	4	2	6	1	5	8	3	7
2	5	3	9	8	7	4	1	6
1	9	8	2	6	4	5	7	3
7	6	4	5	3	1	9	8	2
4	2	1	7	5	6	3	9	8
3	7	6	1	9	8	2	5	4
5	8	9	4	2	3	7	6	1

第39题

6	9	2	1	4	7	3	8	5
3	5	4	6	9	8	7	2	1
7	8	1	3	5	2	4	6	9
5	1	8	2	6	3	9	7	4
4	3	7	8	1	9	6	5	2
9	2	6	4	7	5	8	1	3
2	7	9	5	8	4	1	3	6
1	4	3	7	2	6	5	9	8
8	6	5	9	3	1	2	4	7

第40题

2	1	7	8	6	4	9	3	5
3	6	8	9	1	5	4	7	2
9	4	5	7	3	2	8	1	6
4	5	1	6	7	9	2	8	3
7	9	2	5	8	3	6	4	1
6	8	3	2	4	1	5	9	7
1	2	9	3	5	8	7	6	4
8	3	6	4	2	7	1	5	9
5	7	4	1	9	6	3	2	8

5. 蓝天五级——高级 10 题

第41题

9	3	8	2	5	7	4	1	6
4	2	5	6	1	3	7	9	8
6	7	1	9	4	8	2	5	3
7	6	4	3	8	5	1	2	9
5	8	2	7	9	1	3	6	4
3	1	9	4	6	2	5	8	7
1	5	3	8	7	6	9	4	2
8	4	7	5	2	9	6	3	1
2	9	6	1	3	4	8	7	5

第42题

4	8	9	3	1	5	2	7	6
6	3	5	4	7	2	8	1	9
1	2	7	9	8	6	5	4	3
2	5	1	8	6	9	7	3	4
3	7	8	1	5	4	9	6	2
9	4	6	7	2	3	1	5	8
7	1	2	6	3	8	4	9	5
8	6	4	5	9	7	3	2	1
5	9	3	2	4	1	6	8	7

第43题

6	3	1	5	7	9	8	4	2
4	8	5	3	2	6	7	1	9
9	2	7	1	4	8	5	3	6
3	7	2	9	6	4	1	5	8
5	6	4	2	8	1	3	9	7
8	1	9	7	3	5	2	6	4
1	5	8	4	9	7	6	2	3
7	9	3	6	1	2	4	8	5
2	4	6	8	5	3	9	7	1

第44题

1	2	4	3	7	6	9	5	8
9	8	3	2	5	1	6	7	4
6	7	5	4	8	9	2	3	1
4	1	7	9	6	2	5	8	3
3	9	2	8	1	5	4	6	7
8	5	6	7	3	4	1	9	2
7	6	9	1	2	3	8	4	5
5	3	1	6	4	8	7	2	9
2	4	8	5	9	7	3	1	6

第45题

2	8	1	5	9	7	6	3	4
3	7	6	1	4	2	5	9	8
4	5	9	3	6	8	2	7	1
7	4	8	9	5	1	3	2	6
5	6	3	7	2	4	1	8	9
1	9	2	8	3	6	7	4	5
8	1	5	4	7	3	9	6	2
9	2	7	6	8	5	4	1	3
6	3	4	2	1	9	8	5	7

第46题

2	6	1	4	5	9	7	8	3
7	5	9	2	3	8	1	6	4
3	8	4	6	7	1	5	9	2
1	3	8	7	4	2	9	5	6
6	2	7	3	9	5	8	4	1
9	4	5	1	8	6	3	2	7
4	9	3	8	2	7	6	1	5
5	1	2	9	6	3	4	7	8
8	7	6	5	1	4	2	3	9

第47题

```
3 2 4 8 9 7 1 5 6
9 1 5 4 2 6 7 8 3
6 7 8 5 3 1 2 9 4
7 3 6 1 8 9 5 4 2
8 4 2 3 6 5 9 7 1
1 5 9 2 7 4 6 3 8
2 8 7 9 1 3 4 6 5
5 6 1 7 4 8 3 2 9
4 9 3 6 5 2 8 1 7
```

第48题

```
4 5 9 6 8 1 2 7 3
7 2 8 3 4 5 6 9 1
1 3 6 7 9 2 4 5 8
8 1 2 4 6 7 5 3 9
5 9 3 2 1 8 7 6 4
6 7 4 5 3 9 8 1 2
9 6 1 8 5 4 3 2 7
3 4 7 9 2 6 1 8 5
2 8 5 1 7 3 9 4 6
```

第49题

```
1 8 5 9 2 7 6 4 3
9 2 3 4 6 1 7 5 8
4 6 7 5 8 3 2 1 9
5 1 6 8 4 2 3 9 7
7 4 9 1 3 6 8 2 5
8 3 2 7 9 5 4 6 1
6 5 4 3 7 9 1 8 2
2 7 1 6 5 8 9 3 4
3 9 8 2 1 4 5 7 6
```

第50题

```
6 8 5 4 1 2 7 9 3
1 3 9 5 7 8 6 2 4
7 2 4 9 6 3 8 5 1
9 5 3 7 8 6 4 1 2
4 7 8 2 5 1 9 3 6
2 1 6 3 9 4 5 8 7
5 9 1 6 3 7 2 4 8
3 6 2 8 4 9 1 7 5
8 4 7 1 2 5 3 6 9
```

6．蓝天六级——超高级 10题

第51题

```
4 7 2 5 8 6 1 3 9
1 6 3 2 7 9 8 4 5
9 5 8 3 1 4 2 6 7
3 2 7 8 9 5 4 1 6
6 9 5 4 3 1 7 8 2
8 4 1 6 2 7 9 5 3
5 1 4 9 6 2 3 7 8
7 8 9 1 5 3 6 2 4
2 3 6 7 4 8 5 9 1
```

第52题

```
1 5 9 8 3 2 4 6 7
3 4 7 5 1 6 2 9 8
6 8 2 9 4 7 1 3 5
5 1 3 4 7 8 6 2 9
7 2 4 1 6 9 8 5 3
8 9 6 3 2 5 7 1 4
9 7 1 2 5 4 3 8 6
4 3 5 6 8 1 9 7 2
2 6 8 7 9 3 5 4 1
```

第53题

```
5 3 2 8 1 7 4 9 6
1 8 4 6 9 5 3 7 2
6 7 9 4 3 2 5 8 1
8 6 1 3 4 9 7 2 5
4 5 3 2 7 8 6 1 9
2 9 7 5 6 1 8 4 3
7 4 6 1 2 3 9 5 8
3 2 5 9 8 4 1 6 7
9 1 8 7 5 6 2 3 4
```

第54题

```
3 2 1 8 4 5 9 6 7
4 9 7 1 3 6 8 2 5
5 8 6 9 2 7 4 1 3
8 1 5 7 9 2 3 4 6
7 3 9 5 6 4 1 8 2
2 5 4 6 1 9 7 3 8
1 7 3 2 5 8 6 9 4
9 6 8 4 7 3 2 5 1
```

第55题

```
3 4 7 6 5 9 8 1 2
8 5 6 1 2 4 9 3 7
9 2 1 7 3 8 5 4 6
4 6 2 9 7 5 3 8 1
7 9 3 4 8 1 2 6 5
5 1 8 2 6 3 7 9 4
1 3 4 5 9 7 6 2 8
2 8 5 3 4 6 1 7 9
6 7 9 8 1 2 4 5 3
```

第56题

```
4 5 1 2 9 7 3 6 8
2 9 6 3 4 8 7 5 1
3 7 8 6 1 5 9 4 2
7 2 3 4 5 9 8 1 6
1 6 9 7 8 2 4 3 5
8 4 5 1 6 3 2 7 9
5 8 4 9 7 6 1 2 3
9 3 7 5 2 1 6 8 4
6 1 2 8 3 4 5 9 7
```

第57题

5	3	8	4	9	7	2	6	1
2	4	1	8	5	6	3	9	7
6	7	9	3	2	1	8	4	5
4	1	2	9	6	5	7	3	8
7	8	6	2	3	4	1	5	9
3	9	5	7	1	8	4	2	6
1	2	7	5	4	9	6	8	3
8	5	4	6	7	3	9	1	2
9	6	3	1	8	2	5	7	4

第58题

9	5	7	1	8	3	4	2	6
1	2	4	5	9	6	3	7	8
6	3	8	4	2	7	5	9	1
8	6	9	2	5	1	7	4	3
3	7	5	6	4	9	1	8	2
4	1	2	3	7	8	6	5	9
5	4	3	8	1	2	9	6	7
7	8	1	9	6	4	2	3	5
2	9	6	7	3	5	8	1	4

第59题

7	3	5	1	9	6	8	2	4
6	4	9	3	2	8	1	5	7
8	1	2	4	7	5	3	9	6
4	5	1	6	8	3	2	7	9
3	2	6	7	5	9	4	8	1
9	7	8	2	1	4	6	3	5
5	6	7	8	4	2	9	1	3
2	9	3	5	6	1	7	4	8
1	8	4	9	3	7	5	6	2

第60题

6	3	7	8	2	1	5	9	4
4	8	1	6	5	9	7	3	2
5	9	2	7	4	3	6	8	1
7	1	8	3	6	4	9	2	5
2	6	9	1	7	5	3	4	8
3	4	5	2	9	8	1	7	6
1	5	3	4	8	7	2	6	9
9	2	4	5	3	6	8	1	7
8	7	6	9	1	2	4	5	3

7. 蓝天七级——轻度骨灰级 10 题

第61题

4	1	8	9	2	5	3	7	6
9	3	6	4	7	8	1	5	2
7	2	5	6	1	3	4	9	8
2	8	4	3	6	7	5	1	9
1	6	7	5	9	4	8	2	3
5	9	3	1	8	2	6	4	7
3	7	2	8	5	1	9	6	4
6	4	1	7	3	9	2	8	5
8	5	9	2	4	6	7	3	1

第62题

2	9	1	7	5	4	3	6	8
7	3	6	8	1	2	5	4	9
8	4	5	9	3	6	1	2	7
9	7	8	5	2	6	4	1	3
6	5	3	1	4	9	7	8	2
4	1	2	3	7	8	6	9	5
5	8	4	2	6	7	9	3	1
3	6	7	9	8	1	2	5	4
1	2	9	4	3	5	8	7	6

第63题

5	1	9	8	2	6	7	3	4
4	8	3	1	7	9	5	6	2
6	7	2	4	5	3	9	1	8
9	5	4	7	6	2	3	8	1
7	6	1	9	3	8	2	4	5
2	3	8	5	4	1	6	7	9
3	9	6	2	1	4	8	5	7
1	2	5	3	8	7	4	9	6
8	4	7	6	9	5	1	2	3

第64题

1	8	9	7	6	4	2	3	5
7	6	3	1	5	2	8	4	9
4	2	5	9	3	8	1	6	7
6	7	8	2	1	3	5	9	4
2	3	1	4	9	5	6	7	8
5	9	4	8	7	6	3	2	1
9	1	6	3	8	7	4	5	2
3	4	7	5	2	1	9	8	6
8	5	2	6	4	9	7	1	3

第65题

8	6	4	5	1	2	7	9	3
5	1	2	3	7	9	8	6	4
9	3	7	8	4	6	5	1	2
2	7	8	4	6	3	1	5	9
6	9	5	7	2	1	4	3	8
1	4	3	9	8	5	6	2	7
7	5	6	2	9	8	3	4	1
4	2	1	6	3	7	9	8	5
3	8	9	1	5	4	2	7	6

第66题

9	2	7	6	4	5	3	8	1
1	8	5	3	2	9	4	7	6
4	3	6	8	1	7	5	9	2
7	6	3	2	8	4	9	1	5
2	5	1	9	6	3	7	4	8
8	9	4	7	5	1	2	6	3
6	7	8	5	9	2	1	3	4
3	1	2	4	7	6	8	5	9
5	4	9	1	3	8	6	2	7

第 67 题

```
7 8 2 4 6 3 5 9 1
3 4 6 1 5 9 2 8 7
9 5 1 8 7 2 3 4 6
6 1 3 5 2 4 8 7 9
2 7 5 9 8 6 1 3 4
4 9 8 7 3 1 6 2 5
5 2 4 3 1 7 9 6 8
8 3 7 6 9 5 4 1 2
1 6 9 2 4 8 7 5 3
```

第 68 题

```
4 9 3 1 2 6 5 8 7
8 5 1 4 7 9 6 3 2
7 2 6 8 5 3 1 9 4
2 6 7 9 8 4 3 1 5
3 1 4 5 6 2 8 7 9
5 8 9 3 1 7 2 4 6
1 7 8 6 9 5 4 2 3
9 3 5 2 4 8 7 6 1
6 4 2 7 3 1 9 5 8
```

第 69 题

```
1 2 8 6 9 7 3 5 4
7 4 6 2 3 5 8 1 9
3 5 9 1 4 8 7 2 6
5 1 2 8 6 3 9 4 7
6 8 7 9 2 4 1 3 5
9 3 4 5 7 1 6 8 2
2 7 5 3 8 9 4 6 1
4 6 3 7 1 2 5 9 8
8 9 1 4 5 6 2 7 3
```

第 70 题

```
8 7 2 9 1 5 6 4 3
6 5 9 3 4 8 2 7 1
1 3 4 6 2 7 8 9 5
9 4 1 8 3 2 7 5 6
3 2 7 5 6 1 4 8 9
5 8 6 7 9 4 1 3 2
7 9 8 1 5 6 3 2 4
2 6 3 4 8 9 5 1 7
4 1 5 2 7 3 9 6 8
```

8. 蓝天八级——中度骨灰级 10 题

第 71 题

```
2 8 9 7 1 4 5 3 6
3 6 7 8 5 2 1 4 9
4 5 1 9 6 3 7 8 2
1 2 5 3 8 6 4 9 7
6 9 3 5 4 7 2 1 8
8 7 4 2 9 1 3 6 5
5 3 6 1 2 8 9 7 4
9 1 8 4 7 5 6 2 3
7 4 2 6 3 9 8 5 1
```

第 72 题

```
9 2 4 3 1 5 7 8 6
1 7 5 6 2 8 3 9 4
8 6 3 9 7 4 2 5 1
5 3 1 7 6 2 9 4 8
4 9 7 1 8 3 6 2 5
6 8 2 5 4 9 1 7 3
7 5 9 8 3 6 4 1 2
2 1 6 4 5 7 8 3 9
3 4 8 2 9 1 5 6 7
```

第 73 题

```
2 8 1 9 3 6 4 5 7
5 9 4 1 8 7 3 6 2
7 3 6 2 4 5 1 8 9
1 7 5 3 6 4 9 2 8
6 2 3 7 9 8 5 1 4
9 4 8 5 1 2 7 3 6
4 5 7 6 2 3 8 9 1
8 1 2 4 5 9 6 7 3
3 6 9 8 7 1 2 4 5
```

第 74 题

```
1 8 4 6 3 9 2 7 5
9 5 6 2 4 7 1 8 3
3 2 7 8 1 5 9 4 6
2 7 5 3 8 6 4 1 9
8 3 1 4 9 2 5 6 7
6 4 9 7 5 1 3 2 8
5 1 2 9 6 8 7 3 4
4 9 8 1 7 3 6 5 2
7 6 3 5 2 4 8 9 1
```

第 75 题

```
5 1 3 7 4 9 2 8 6
8 2 4 3 6 1 9 5 7
7 6 9 8 2 5 1 3 4
3 8 2 9 5 6 4 7 1
1 4 6 2 3 7 5 9 8
9 7 5 4 1 8 3 6 2
6 5 7 1 9 4 8 2 3
2 9 1 6 8 3 7 4 5
4 3 8 5 7 2 6 1 9
```

第 76 题

```
3 6 2 8 1 9 5 4 7
1 8 5 2 4 7 6 3 9
4 9 7 3 6 5 2 1 8
7 4 8 6 2 3 1 9 5
5 3 9 4 7 1 8 2 6
6 2 1 9 5 8 4 7 3
2 7 3 5 8 4 9 6 1
8 1 6 7 9 2 3 5 4
9 5 4 1 3 6 7 8 2
```

第 77 题

6	7	8	9	2	3	5	1	4
5	1	9	4	8	6	2	7	3
2	4	3	1	7	5	6	9	8
3	6	1	8	5	7	4	2	9
9	8	2	3	6	4	7	5	1
7	5	4	2	9	1	3	8	6
4	9	5	6	1	2	8	3	7
8	3	7	5	4	9	1	6	2
1	2	6	7	3	8	9	4	5

第 78 题

5	4	1	9	7	6	8	3	2
8	9	7	2	5	3	6	1	4
6	2	3	8	4	1	9	7	5
2	1	9	3	8	7	4	5	6
3	6	4	1	9	5	2	8	7
7	8	5	6	2	4	1	9	3
9	3	8	7	6	2	5	4	1
1	5	2	4	3	8	7	6	9
4	7	6	5	1	9	3	2	8

第 79 题

7	5	8	1	9	3	6	4	2
3	4	6	8	5	2	7	9	1
9	1	2	7	4	6	5	3	8
2	6	3	4	7	9	8	1	5
1	7	4	5	2	8	9	6	3
5	8	9	3	6	1	4	2	7
6	9	5	2	3	7	1	8	4
8	2	7	6	1	4	3	5	9
4	3	1	9	8	5	2	7	6

第 80 题

2	3	8	9	5	1	4	7	6
1	6	5	7	3	4	9	8	2
7	4	9	6	2	8	1	3	5
9	1	6	5	8	3	2	4	7
8	7	2	4	1	9	6	5	3
4	5	3	2	7	6	8	9	1
3	9	1	8	6	5	7	2	4
5	2	4	1	9	7	3	6	8
6	8	7	3	4	2	5	1	9

9. 蓝天九级——重度骨灰级 10 题

第 81 题

2	7	8	4	6	9	1	5	3
3	5	9	1	8	2	6	7	4
1	6	4	3	5	7	2	9	8
6	3	5	2	7	4	8	1	9
4	9	7	8	1	5	3	6	2
8	1	2	6	9	3	5	4	7
7	2	1	9	3	6	4	8	5
9	8	3	5	4	1	7	2	6
5	4	6	7	2	8	9	3	1

第 82 题

1	5	4	8	3	2	9	7	6
8	7	2	6	5	9	1	3	4
6	9	3	1	7	4	5	2	8
5	6	1	3	9	7	4	8	2
3	4	9	2	8	5	7	6	1
2	8	7	5	4	1	6	9	3
7	3	8	4	1	5	2	6	9
9	1	6	7	2	3	8	4	5

第 83 题

5	8	3	4	7	2	1	6	9
4	6	7	5	9	1	2	8	3
1	9	2	6	8	3	4	5	7
8	5	9	3	1	7	6	4	2
6	7	1	2	4	5	3	9	8
3	2	4	9	6	8	5	7	1
7	3	8	1	5	4	9	2	6
2	4	6	7	3	9	8	1	5
9	1	5	8	2	6	7	3	4

第 84 题

3	2	5	9	1	7	4	8	6
8	9	6	2	3	4	1	5	7
4	7	1	5	8	6	3	9	2
7	6	3	1	9	5	8	2	4
2	5	9	3	4	8	6	7	1
1	4	8	7	6	2	9	3	5
5	8	4	6	7	3	2	1	9
6	1	2	8	5	9	7	4	3
9	3	7	4	2	1	5	6	8

第 85 题

1	9	4	3	6	7	5	2	8
7	2	6	4	5	8	3	9	1
3	8	5	2	9	1	4	6	7
8	6	9	1	4	5	2	7	3
2	4	7	8	3	6	1	5	9
5	1	3	7	2	9	6	8	4
9	5	1	6	7	4	8	3	2
4	7	2	5	8	3	9	1	6
6	3	8	9	1	2	7	4	5

第 86 题

2	7	9	1	8	6	4	5	3
4	6	3	9	5	7	1	8	2
8	1	5	4	3	2	6	7	9
6	5	7	3	2	9	8	1	4
1	3	8	5	6	4	9	2	7
9	2	4	7	1	8	5	3	6
5	4	2	6	7	1	3	9	8
3	8	6	2	9	5	7	4	1
7	9	1	8	4	3	2	6	5

第87题

1	9	8	4	2	5	7	6	3
6	3	5	1	8	7	2	4	9
2	7	4	6	9	3	1	5	8
4	8	2	7	5	9	6	3	1
7	6	9	3	1	2	4	8	5
5	1	3	8	6	4	9	7	2
8	4	7	9	3	1	5	2	6
9	5	6	2	7	8	3	1	4
3	2	1	5	4	6	8	9	7

第88题

7	2	8	3	6	5	1	4	9
4	9	5	1	8	7	6	2	3
3	6	1	2	9	4	8	7	5
8	3	4	9	5	2	7	1	6
5	1	6	4	7	8	3	9	2
2	7	9	6	1	3	5	8	4
6	8	7	5	2	9	4	3	1
1	4	2	7	3	6	9	5	8
9	5	3	8	4	1	2	6	7

第89题

2	5	4	6	1	8	3	9	7
8	9	7	5	4	3	6	2	1
6	3	1	2	7	9	5	4	8
3	4	2	8	6	1	7	5	9
5	8	6	3	9	7	4	1	2
1	7	9	4	5	2	8	6	3
9	6	8	7	2	4	1	3	5
4	2	3	1	8	5	9	7	6
7	1	5	9	3	6	2	8	4

第90题

6	8	7	2	3	5	9	1	4
2	3	9	4	8	1	5	6	7
5	1	4	6	7	9	8	3	2
3	7	1	9	5	2	4	8	6
9	5	8	3	6	4	2	7	1
4	6	2	7	1	8	3	5	9
8	4	6	1	9	3	7	2	5
1	2	3	5	4	7	6	9	8
7	9	5	8	2	6	1	4	3

二、世界终极数独比赛真题答案

真题1

1	7	4	8	9	3	5	2	6
3	6	5	1	4	2	9	7	8
8	2	9	5	6	7	3	4	1
7	1	3	4	5	6	8	9	2
2	5	6	3	8	9	4	1	7
4	9	8	2	7	1	6	3	5
6	4	2	9	1	8	7	5	3
5	8	1	7	3	4	2	6	9
9	3	7	6	2	5	1	8	4

真题2

3	1	9	8	4	2	5	7	6
5	7	4	1	3	6	9	2	8
2	8	6	9	5	7	1	3	4
8	4	2	6	1	9	7	5	3
1	9	7	5	8	3	4	6	2
6	3	5	7	2	4	8	9	1
4	5	3	2	9	1	6	8	7
9	6	1	3	7	8	2	4	5
7	2	8	4	6	5	3	1	9

真题3

5	9	6	1	3	4	8	7	2
1	7	4	6	8	2	5	3	9
2	3	8	5	7	9	6	4	1
3	8	7	4	1	5	9	2	6
9	4	5	2	6	8	3	1	7
6	2	1	3	9	7	4	5	8
8	6	2	7	5	3	1	9	4
4	1	3	9	2	6	7	8	5
7	5	9	8	4	1	2	6	3

真题4

3	5	1	8	2	9	4	6	7
6	2	7	1	5	4	8	9	3
8	9	4	6	3	7	5	1	2
7	3	8	4	1	5	9	2	6
1	6	2	9	7	8	3	5	4
9	4	5	3	6	2	1	7	8
4	8	6	7	9	1	2	3	5
5	7	9	2	4	3	6	8	1
2	1	3	5	8	6	7	4	9

真题5

4	8	3	2	6	1	5	7	9
9	5	6	7	8	3	4	2	1
7	2	1	4	9	5	3	6	8
5	7	4	6	3	8	9	1	2
3	1	9	5	2	7	8	4	6
2	6	8	9	1	4	7	5	3
6	4	2	8	7	9	1	3	5
8	3	5	1	4	2	6	9	7
1	9	7	3	5	6	2	8	4

真题6

6	5	8	4	1	7	3	9	2
4	9	3	5	6	2	1	7	8
7	2	1	8	9	3	4	5	6
1	7	9	6	2	8	5	4	3
8	3	6	9	5	4	2	1	7
5	4	2	3	7	1	8	6	9
9	1	7	2	3	5	6	8	4
2	6	4	1	8	9	7	3	5
3	8	5	7	4	6	9	2	1

真题 7

1	4	8	2	6	5	3	7	9
7	2	9	1	3	4	5	6	8
6	5	3	7	8	9	4	1	2
5	7	2	8	1	3	6	9	4
8	9	6	4	5	7	1	2	3
3	1	4	9	2	6	7	8	5
9	8	5	3	7	1	2	4	6
4	6	7	5	9	2	8	3	1
2	3	1	6	4	8	9	5	7

真题 8

9	7	4	1	8	3	2	5	6
8	2	5	7	9	6	4	3	1
1	3	6	4	2	5	9	8	7
5	6	2	8	3	4	7	1	9
3	4	1	2	7	9	8	6	5
7	9	8	5	6	1	3	4	2
6	8	9	3	1	2	5	7	4
4	1	7	9	5	8	6	2	3
2	5	3	6	4	7	1	9	8

真题 9

8	6	9	2	4	3	1	7	5
7	3	4	1	5	9	8	2	6
1	5	2	7	8	6	4	3	9
9	4	3	6	1	5	7	8	2
2	1	5	3	7	8	9	6	4
6	7	8	4	9	2	3	5	1
5	8	7	9	2	1	6	4	3
4	9	6	5	3	7	2	1	8
3	2	1	8	6	4	5	9	7

真题 10

1	2	4	8	6	7	5	9	3
8	7	3	5	9	2	6	4	1
6	9	5	1	3	4	8	7	2
5	3	7	4	8	1	2	6	9
4	6	1	9	2	3	7	5	8
9	8	2	6	7	5	1	3	4
2	4	9	7	1	6	3	8	5
3	5	6	2	4	8	9	1	7
7	1	8	3	5	9	4	2	6

真题 11

8	6	3	7	1	2	5	9	4
4	1	2	9	3	5	7	6	8
5	9	7	6	4	8	1	3	2
6	2	8	5	7	3	9	4	1
1	3	4	8	9	6	2	5	7
7	5	9	4	2	1	6	8	3
3	8	5	2	6	7	4	1	9
9	7	1	3	5	4	8	2	6
2	4	6	1	8	9	3	7	5

真题 12

	3	4	2	3	1	4	4	3	3	
3	0	1	7	4	8	2	3	6	5	3
4	4	6	8	1	3	5	0	2	7	2
4	3	5	2	7	0	6	4	1	8	1
4	1	7	3	0	2	8	5	4	6	2
2	5	8	0	3	6	4	2	7	1	3
1	8	0	5	2	1	7	6	3	4	4
2	6	3	1	8	4	0	7	5	2	4
2	7	2	4	6	5	3	1	8	0	1
	2	4	4	2	3	3	3	1	4	

真题 13

7	3	9	4	8	1	2	6	5
1	5	4	2	6	7	9	8	3
8	6	2	3	5	9	4	1	7
4	9	5	7	1	8	3	2	6
6	7	8	9	2	3	5	4	1
3	2	1	5	4	6	8	7	9
5	8	6	1	9	4	7	3	2
9	4	3	6	7	2	1	5	8
2	1	7	8	3	5	6	9	4

真题 14

7	6	2	3	5	8	9	1	4
8	9	3	4	6	1	7	2	5
5	4	1	9	7	2	3	8	6
2	8	6	5	3	7	1	4	9
4	1	7	2	9	6	5	3	8
3	5	9	8	1	4	6	7	2
1	3	4	6	2	9	8	5	7
9	2	5	7	8	3	4	6	1
6	7	8	1	4	5	2	9	3

读 者 意 见 反 馈 表

亲爱的读者：

感谢您对中国铁道出版社有限公司的支持，您的建议是我们不断改进工作的信息来源，您的需求是我们不断开拓创新的基础。为了更好地服务读者，出版更多的精品图书，希望您能在百忙之中抽出时间填写这份意见反馈表发给我们。随书纸制表格请在填好后剪下寄到：北京市西城区右安门西街8号中国铁道出版社有限公司大众出版中心 巨凤 收（邮编：100054）。此外，读者也可以直接通过电子邮件把意见反馈给我们，E-mail地址是：herozyda@foxmail.com。我们将选出意见中肯的热心读者，赠送本社的其他图书作为奖励。同时，我们将充分考虑您的意见和建议，并尽可能地给您满意的答复。谢谢！

- —

所购书名：_____

个人资料：

姓名：_____ 性别：_____ 年龄：_____ 文化程度：_____

职业：_____ 电话：_____ E-mail：_____

通信地址：_____ 邮编：_____

- —

您是如何得知本书的：

□书店宣传 □网络宣传 □展会促销 □出版社图书目录 □老师指定 □杂志、报纸等的介绍 □别人推荐
□其他（请指明）_____

您从何处得到本书的：

□书店 □邮购 □商场、超市等卖场 □图书销售的网站 □培训学校 □其他

影响您购买本书的因素（可多选）：

□内容实用 □价格合理 □装帧设计精美 □带多媒体教学光盘 □优惠促销 □书评广告 □出版社知名度
□作者名气 □工作、生活和学习的需要 □其他

您对本书封面设计的满意程度：

□很满意 □比较满意 □一般 □不满意 □改进建议

您对本书的总体满意程度：

从文字的角度 □很满意 □比较满意 □一般 □不满意
从技术的角度 □很满意 □比较满意 □一般 □不满意

您希望书中图的比例是多少：

□少量的图片辅以大量的文字 □图文比例相当 □大量的图片辅以少量的文字

您希望本书的定价是多少：

本书最令您满意的是：

1.
2.

您在使用本书时遇到哪些困难：

1.
2.

您希望本书在哪些方面进行改进：

1.
2.

您需要购买哪些方面的图书？对我社现有图书有什么好的建议？

您更喜欢阅读哪些类型和层次的经管类书籍（可多选）？

□入门类 □精通类 □综合类 □问答类 □图解类 □查询手册类 □实例教程类

您在学习计算机的过程中有什么困难？

您的其他要求：